高职高专"十三五"规划

 U0638399

财会专业系列

纳税筹划项目化教程

主 编 王 龙
副主编 周宏斌 许宗兴

微信扫一扫

教师教学
资源服务

微信扫一扫

加入财会交流圈
与精英导师
一对一问答

南京大学出版社

图书在版编目(CIP)数据

纳税筹划项目化教程 / 王龙主编. — 南京:南京
大学出版社,2017.8
高职高专"十三五"规划教材. 财会专业系列
ISBN 978-7-305-19111-4

Ⅰ. ①纳… Ⅱ. ①王… Ⅲ. ①税收筹划—高等职业教
育—教材 Ⅳ. ①F810.423

中国版本图书馆 CIP 数据核字(2017)第 179215 号

出版发行 南京大学出版社
社　址 南京市汉口路 22 号　　　邮编　210093
出 版 人 金鑫荣

书　　名 **纳税筹划项目化教程**
主　　编 王 龙
责任编辑 陈家霞　蔡文彬　　　编辑热线 025 - 83597482

照　排 南京理工大学资产经营有限公司
印　刷 赣榆县赣中印刷有限公司
开　本 787×1092 1/16 印张 16.75 字数 420 千
版　次 2017 年 8 月第 1 版　2017 年 8 月第 1 次印刷
ISBN 978-7-305-19111-4
定　价 41.80 元

网　　址:http://www.njupco.com
官方微博:http://weibo.com/njupco
官方微信号:njupress
销售咨询热线:(025)83594756

前　言

当前,伴随着国家财税体制改革的稳步推进,广度和深度前所未有。财经类专业涉税课程也面临亟待完善的紧迫任务。作为高职高专财经类专业的核心课程,"纳税筹划项目化教程"课程也要服务于"基于工作过程"的教学要求,充分考虑企业常用、能用、便用的实际,以"任务驱动、工作导向型新思路"来满足企业岗位的要求。

本教材正是在适应国家财税体制机制改革的背景下编写的,坚持"理实一体,学做合一",以培养学生的纳税筹〔……〕会计实务处理能力为主线,体现"工学结合"并将"教、学、做"融为一体。它让〔……〕〔……〕社会人员在税收实践中所应具备的职业标准、纳税筹划要求及实现〔……〕〔……〕和方法。

〔……〕纳税筹划成果的基础上,结合作者10多年的纳税筹划专业〔……〕〔……〕成,具有以下特点。

〔……〕强。本教材结合近几年来国家税收新政,无论是"营改〔……〕调整,同步更新了不同税境下的纳税筹划案例,归纳和〔……〕的筹划新思路和方法,并体现在任务完成结论中,做到"理实一〔……〕

〔……〕经典,总结精练,便于操作。本教材精选了企业常见的近百个经典案例,优化了数据推理及会计实务处理,在比较了不同纳税策略的方案下,在任务完成结论中确定最佳纳税方案,然后再通过分组工作提升操作技能。每一项目的业务技能自测能够让学生通过训练,进一步理解和掌握所学知识。

本书由王龙担任主编,周宏斌、许宗兴担任副主编。其中主要内容由王龙编写,周宏斌、许宗兴两位税务界、企业管理界专家提供了大量翔实的政策参考与案例。

本教材在编写及出版过程中,参考、引用了国内外有关本学科的相关著作、研究成果和国家税收法律法规,得到了单位领导、同仁、有关专家及南京大学出版社的大力支持和帮助,在此深表感谢。

由于作者学识水平有限,书中难免有疏漏和不足之处,恳请读者批评指正。若有意见、建议或指正,请发送至邮箱yacjxy@163.com。

本教材可以作为高职高专院校的教材,也可以作为财税会计培训机构的参考教材,还适合作为企业高管、会计人员、报税专员及爱好财税等人士的自学用书。

编　者

2017 年 8 月

合格证
工卡号 10　质检员 3 号
如有质量问题请与
0518-86288225 联系调换

目　录

项目一 纳税筹划概述

任务一 正确认知纳税筹划的含义

➤ 任务达成目标

1. 掌握纳税筹划的基本含义，了解纳税筹划的动因、特点等；
2. 熟悉纳税筹划应具备的条件。

➤ 核心技能

掌握纳税筹划的基本含义与特点，熟知纳税筹划应具备的条件。

➤ 任务思维导图

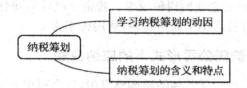

➤ 任务知识

（1）根据国务院的决定，从 2000 年 1 月 1 日起，个人独资企业和合伙企业不再缴纳企业所得税，只对投资者个人取得的生产经营所得征收个人所得税。合伙企业以每一个合伙人为纳税义务人。在计算个人所得税时，其税率比照"个体工商户的生产经营所得"应税项目，适用 5%～35% 的五级超额累进税率。

（2）根据《税法》的规定，合伙企业的投资者按照合伙企业的全部生产经营所得和合伙协议约定的分配比例确定应纳税所得额，合伙协议没有约定分配比例的，以全部生产经营所得和合伙人数量平均计算每个投资者的应纳税所得额。投资者的费用扣除标准，由各省、自治区、直辖市地方税务局确定，投资者的工资不得在税前扣除。

➤ 任务导入

李某与其两位朋友毕业后准备创业，打算合开一家花店，预计年盈利 30 万元。

问：花店是采取合伙制形式还是有限责任公司形式？哪种形式的税收负担较轻呢？

> ➤ **任务实施**

一、商议个体工商户形式下应纳税额的计算

假如成立个体工商户，且李某及其两位合伙人各占 1/3 的股份，企业利润平分，三位合伙人的工资为每人每月 3 500 元，当地税务局规定的费用扣除标准也为每人每月 3 500 元。则每人应纳税所得额为 100 000[（300 000＋3 500×12×3）÷3－3 500×12]元，适用 35% 的个人所得税税率。

二、具体计算个体工商户形式下的应纳税额

个体工商户形式下，其相关数据计算如下：

每位合伙人应纳个人所得税＝100 000×35%－14 750＝35 000－14 750＝20 250（元）

三位合伙人应纳税额合计＝20 250×3＝60 750（元）

税收负担率＝60 750÷300 000×100%＝20.25%

三、商议成立有限责任公司形式下应纳税额的计算

若成立有限责任公司，根据《税法》的规定，有限责任公司性质的私营企业是企业所得税的纳税义务人，一般适用 25% 的企业所得税税率。若企业税后利润分配给投资者，则还要按"股息、利息、红利"所得税目计算缴纳个人所得税，适用税率为 20%。

四、具体计算有限责任公司形式下的应纳税额

有限责任公司形式下，假如无其他纳税调整事项，该公司相关数据计算如下：

应纳所得税税额＝300 000×25%＝75 000（元）

税后净利润＝300 000－75 000＝225 000（元）

每位投资者获得净利润时的应纳个人所得税税额＝225 000÷3×20%＝15 000（元）

三位股东应纳个人所得税税额合计＝15 000×3＝45 000（元）

公司与个人应纳所得税税额合计＝75 000＋45 000＝120 000（元）

税收负担率为：120 000÷300 000×100%＝40%

> ➤ **任务完成结论**

由以上计算可知，采取有限责任公司形式比采用合伙制形式多负担税款 59 250（120 000－60 750）元，税收负担率提高了 19.75%（40%－20.25%）。

对于国家而言，税是企业的"贡献"，但从会计的角度来看，税又是企业的一项费用。税对企业的这种负担会影响纳税人经济利益最大化目标的实现。随着市场竞争的加剧，企业产品销售价格的上涨速度慢于产品成本的提高速度，企业的利润空间越来越小，税在企业剩余价值中的比例上升，对企业的影响日益凸显。

如果纳税人的税费负担较重，在现行的税收法律体系短时间内不可能有大的改变的情况下，纳税人只有三条路径可以选择。

（1）偷税（逃税），即通过违法行为实现规避税负的目的。偷税的违法性注定这种行为只

能是一条"死胡同"。

（2）纳税人产生逆向选择行为，消极对待高税负。如压缩经济活动规模，这种做法最终会被市场竞争所淘汰。

（3）进行纳税筹划，实现减轻税负。这才是企业迎接市场挑战，依法纳税的必由之路，是顺应目前国家政策法规的明智之举，也是企业的唯一选择。

➤ 分组工作

一、认知纳税筹划的含义与特点

1. 含义

任何一个企业在产生经营活动的情况下，必然需要履行纳税义务，进而需要进行纳税筹划。所谓纳税筹划（tax planning），又称为税收筹划、税务筹划，是指纳税人在不违反法律的前提下，通过对主体的设立、投资、经营、理财等活动进行合理科学的筹划和安排，实现纳税最小化、企业价值最大化的目的。

图1-1 纳税筹划的特点

2. 特点

纳税筹划一般具有四个特点，即非违法性、目的性、专业性、风险性，如图1-1所示。

二、纳税筹划应具备的条件

（1）筹划者要精通财会税收知识；
（2）筹划者要具备良好的职业素养；
（3）筹划者要熟悉企业的经营环境和自身特点；
（4）筹划主体要具备一定的经营规模和收入规模。

任务二 熟悉纳税筹划的有效法理

➤ 任务达成目标

1. 掌握纳税筹划的基础知识，能识别其与偷（逃）税、漏税、欠税、抗税、骗税的区别；
2. 能预估纳税筹划的风险，并能采取纳税筹划的风险防范措施。

➤ 核心技能

辨识纳税筹划与偷（逃）税、漏税、欠税、抗税、骗税。

➤ **任务思维导图**

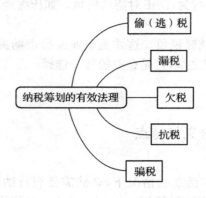

➤ **任务知识**

一、偷（逃）税

偷税是指纳税人伪造、变造、隐匿、擅自销毁账簿、记账凭证，或者在账簿上多列支出或者不列、少列收入，或者经税务机关通知申报而拒不申报或者进行虚假的纳税申报，不缴或者少缴应纳税款的行为。

二、漏税

漏税是指纳税单位和个人无意识发生漏缴税款的行为。

三、欠税

欠税是指纳税单位和个人超过税务机关核定的纳税期限，没有按时缴纳拖欠税款的行为。

暴力抗税莫逞能 拘留判刑来严惩

四、抗税

抗税是指纳税人以暴力、威胁等手段拒不缴纳税款的行为，拒绝接受税务机关检查的行为。此外，威胁、围攻、殴打税务人员等行为也属于抗税。

五、骗税

骗税是指纳税人用假报出口等虚构事实或隐瞒真相的方法，经过公开、合法的程序，利用国家税收优惠政策，骗取减免税或者出口退税的行为。

➤ **任务导入**

2015年元月，甲、乙、丙三人合伙在A县租房办塑编厂。2016年6月，A县国税工作人员得知其辖区内有管户，便到该厂进行纳税检查并要求其提供账本，合伙事务执行人甲称，他们刚开业没有账本，后国税工作人员根据甲自报的有关情况经核算，让甲补缴了2016年2月至6月的增值税1 200元。2016年7月,该厂以甲之名办理了个体工商登记,同年9月以甲之名办理了税务登记。甲补缴税款后仍不愿提供账本,国税工作人员只好根据甲的自报月销售额,参照同行规定标准,按"双定户"征收税款。至2017年4月,甲按税务机关核定的"双定户"标准共缴纳增值税1 670元。同年7月,国税局接到举报和有关部门反映,该厂有偷税嫌疑,便成立了专项核查组,对该厂的纳税情况进行稽核,甲、乙、丙仍继续隐匿账本。后国税局工作人员通过县纪检部门将甲所记账本调出。在此期间,甲、乙、丙为达到偷税目的,又将生产设备进行转移。经查,该厂从2015年元月至2017年7月含税销售总额为1 384 219.59元,应缴增值税为40 317.08[1 384 219.59÷(1+3%)×3%]元,而其实际缴纳的增值税为2 870元,尚有37 447.08元的未缴税款。

问:该厂是否已构成逃税罪?

> **任务实施**

一、熟悉一般偷(逃)税违法行为与逃税罪

按照《税收征管法》第六十三条的规定,偷税的手段主要有以下几种:

(1)伪造(设立虚假的账簿、记账凭证)、变造(对账簿、记账凭证进行挖补、涂改等)、隐匿和擅自销毁账簿、记账凭证;

(2)在账簿上多列支出(以冲抵或减少实际收入)或者不列、少列收入;

(3)不按照相关规定办理纳税申报,经税务机关通知申报仍然拒不申报;

(4)进行虚假的纳税申报,即在纳税申报过程中制造虚假情况,如不如实填写或者提供纳税申报表、财务报表及其他的纳税资料等。

对于一般的偷税行为,税务机关的处罚措施如下:

(1)对纳税义务人偷税的,由税务机关追缴其不缴或者少缴的税款及滞纳金,并处其不缴或者少缴税款的50%以上5倍以下的罚款;构成犯罪的,依法追究其刑事责任。

(2)扣缴义务人采取上述手段,不缴或者少缴已扣、已收税款的,由税务机关追缴其不缴或者少缴的税款及滞纳金,并处其不缴或者少缴税款的50%以上5倍以下的罚款;构成犯罪的,依法追究其刑事责任。

2009年2月28日开始施行的《刑法》修正案,以"逃税罪"取代"偷税罪",增加了"初次补税免罪"的规定。《刑法》第二百○一条规定:"纳税人采取欺骗、隐瞒手段进行虚假纳税申报或者不申报,逃避缴纳税款数额较大并且占应纳税额百分之十以上的,处三年以下有期徒刑或者拘役,并处罚金;数额巨大并且占应纳税额百分之三十以上的,处三年以上七年以下有期徒刑,并处罚金。""扣缴义务人采取前款所列手段,不缴或者少缴已扣、已收税款,数额较大的,依照前款的规定处罚。""对多次实施前两款行为,未经处理的,按照累计数额计算。""有第一款行为,经税务机关依法下达追缴通知后,补缴应纳税款,缴纳滞纳金,已受行政处罚的,不予追究刑事责任;但是,五年内因逃避缴纳税款受过刑事处罚或者被税务机关给予二次以上行政处罚的除外。"

二、会判别逃税罪成立的最低标准

逃税罪是结果犯,它必须达到法定结果才能成立。法定结果有两个,其一,逃税数额达1

万元以上,且占应纳税额的 10%;其二,行为人因逃税受到两次行政处罚。这两点呈并列关系,行为人只要具备其中一点,即构成逃税罪。

三、在任务案例中做具体分析

在本任务案例中,该厂从 2015 年元月至 2017 年 7 月应缴纳的增值税为 40 317.08 元,而其实际缴纳的增值税为 2 870元,尚有 37 447.08 元的未缴税款。在犯罪主体方面,甲、乙、丙三人合伙在 A 县租房办塑编厂,并于 2016 年 7 月以甲之名办理了个体工商登记,所以按照《税法》的规定,甲作为合伙企业事务执行人应为纳税义务人,符合逃税罪的主体要求。甲明知自己应缴纳税款,出于直接故意,采取隐匿账本和转移生产设备等手段逃避缴纳税款,其主观上具有逃避缴纳应缴税款的义务而非法获利的目的,符合逃税罪的主观要件。在犯罪客体方面,该厂置国家法律于不顾,逃避纳税,其行为破坏了国家的税收征管制度,完全符合逃税罪的客观特征。该厂偷逃国家增值税税款达 37 447.08 元,占应纳税额的比例为 92.88%(37 447÷40 317.08×100%),超过《刑法》界定逃税罪的 10% 的比例。

综上所述,该厂的行为已构成逃税罪。

➢ 任务完成结论(如表 1-1 所示)

表 1-1　相关概念比较一览表

比较点＼类别	纳税筹划	避　税	偷(逃)税、抗税、骗税
法律性质	合法	非违法	违法
政府态度	倡导	反对	制裁处罚
风险性	低风险	风险较高	高风险
实施手段	主要利用税收优惠或者选择机会	主要利用税法漏洞	利用非法手段
立法意图	体现	违背	违反
经济影响	促进经济良性发展	影响乃至破坏市场规则	违背公平竞争原则,破坏经济秩序

➢ 分组工作

能有效预估纳税筹划风险并进行防范。

在企业经营过程中,总是存在着各种各样不确定因素,如设计方案的缺陷,方案实施不当,政府政策的频繁变化,成本与收益不对等等,这些因素的客观存在会导致纳税筹划方案失败、纳税筹划目标落空、偷(逃)税等违法行为认定等而发生的各种损失的可能性,我们统称为纳税筹划风险。对这些潜在的风险,我们一般应采取以下措施:

(1)定时和不定时与主管税务机关做有效沟通,建立维护和谐的税收征纳关系。

（2）密切关注企业外部条件的变化，不断修正完善纳税筹划方案。

（3）加强业务学习，不断提高纳税筹划相关人员的技能素质。

（4）积极争取企业各部门的协作、配合与支持。

（5）尽量避免纳税成本最终超过纳税收益。

任务三　熟悉企业一般纳税筹划的步骤

➢ 任务达成目标

掌握企业一般纳税筹划的步骤。

➢ 核心技能

会草拟税务策划书（提纲）。

×××有限责任公司税务策划书

第一部分　前言

第二部分　委托单位的基本情况

第三部分　委托单位的节税策划要求

第四部分　税务策划方案的设计思路及依据

第五部分　税务策划方案设计及比较分析

第六部分　税务策划方案的实施条件及调整要求

第七部分　结束语

企划单位：×××公司

策　划　人：×××

完成日期：××××年×月×日

➢ 任务思维导图

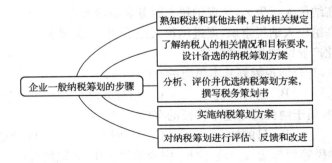

业 务 技 能 自 测

一、单选题

1. 税法规定,纳税人以 1 个月或者一个季度为一个纳税期的,自期满之日起 15 日内申报纳税。马会计从纳税筹划的角度考虑,每月总是到纳税期限届满前一天才申报纳税,马会计的纳税筹划目标是(　　)。

A. 实现税负最小化 　　　　　　　　B. 实现纳税风险最小化

C. 实现企业价值最大化 　　　　　　D. 实现资金时间价值最大化

2. 在税负能够转嫁的条件下,纳税人并不一定是(　　)。

A. 实际负税人 　　　　　　　　　　B. 法人

C. 代扣代缴义务人 　　　　　　　　D. 代收代缴义务人

3. 根据《税收征管法》的规定,纳税人未按规定设置、保管账簿或者保管记账凭证和有关资料,以及未按照规定将财务制度或者会计处理方法报送税务机关备查的,由税务机关责令限期改正,逾期不改的处(　　)以下罚款。

A. 1 000 元 　　　　B. 2 000 元 　　　　C. 3 000 元 　　　　D. 5 000 元

4. 纳税人采取暴力、威胁方法拒不缴纳税款的行为属于(　　)。

A. 偷(逃)税 　　　B. 骗税 　　　　　C. 抗税 　　　　　D. 欠税

5. 下列关于纳税筹划的认识中,不正确的是(　　)。

A. 纳税筹划是纳税人在生产经营过程中的一个环节

B. 纳税筹划只能在纳税行为前进行

C. 纳税筹划的最终目标是实现税负最小化

D. 纳税筹划是纳税人的一项权利

二、多选题

1. 下列选项中,属于纳税人进行纳税筹划的意义的有(　　)。

A. 有利于促进税制改革

B. 有利于提高纳税人竞争力,实现纳税人财务利益最大化

C. 有利于提高纳税人纳税意识,促进纳税人经营、财务管理水平

D. 有利于优化产业结构和资源配置

2. 下列选项中,符合纳税筹划基本思路的有(　　)。

A. 合理避税 　　　B. 绝对节税 　　　C. 相对节税 　　　D. 企业价值最大化

3. 下列选项中,属于纳税筹划基本特征的有(　　)。

A. 合法性 　　　　B. 目的性 　　　　C. 专业性 　　　　D. 风险性

4. 下列关于纳税筹划与偷(逃)税、抗税、骗税的说法中,正确的有(　　)。

A. 纳税筹划是指在遵行税收法律法规的前提下,当存在两个或两个以上纳税方案时,为实现最小合理纳税而进行设计和运筹

B. 纳税筹划的实质是依法合理纳税,并最大限度地降低纳税风险,尽可能地减少应缴税

款的一种合法经济行为

C. 纳税筹划类似于赌博,最终目的也是为了偷漏税

D. 偷(逃)税、抗税和骗税是在违反国家相关税法的前提下,实施的有利于个人或企业的单方面行为,使用非法手段,达到降低或免除税负,甚至弄虚作假、欺上瞒下,最终会受到法律制裁的违法行为

5. 根据《税收征收管理法》的规定,下列各项中,属于偷税行为的有(　　　　)。

A. 隐匿账簿、凭证,少缴应纳税款的

B. 进行虚假纳税申报,少缴应纳税款的

C. 在账簿上多列支出,少缴应纳税款的

D. 以暴力、威胁方法拒不缴纳应纳税款的

三、判断题

1. 目的性是指纳税筹划具有明确的目的即追求企业价值最大化,这是纳税筹划的前提条件,也是纳税筹划的最基本要求。　　　　　　　　　　　　　　　　　　　　　　　(　　)

2. 个人在短时间内设计一项相对复杂的纳税筹划方案是完全可行的。　　　(　　)

3. 所有纳税人都希望减轻税负,但前提是不违法。　　　　　　　　　　　(　　)

4. 任何部门、单位和个人做出的与税法相抵触的决定一律无效,税务机关不得执行。

(　　)

5. 随着税收法律法规的不断调整和变化,企业内外各种因素使得纳税筹划结果存在着确定性。　　　　　　　　　　　　　　　　　　　　　　　　　　　　　　　　　(　　)

四、实践训练

简述避税与偷(逃)税的区别。

依法诚信纳税
共建和谐社会

项目二　增值税的纳税筹划

任务一　熟悉增值税一般纳税人与小规模纳税人身份的筹划方法

➤ 任务达成目标

1. 掌握增值税一般纳税人与小规模纳税人的划分,能通过对纳税人身份的选择进行筹划;

2. 熟悉通过合并、分立转换纳税人身份进行纳税筹划的方法。

➤ 核心技能

掌握增值率判别法与抵扣率判别法。

➤ 任务思维导图

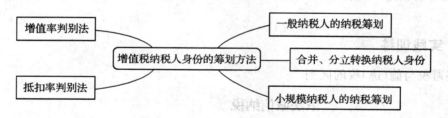

➤ 任务知识

一、增值税一般纳税人与小规模纳税人的认定标准(见表 2-1)

表 2-1　增值税一般纳税人与小规模纳税人认定标准的区分

分类 标准	一般纳税人	小规模纳税人	图　例
从事生产货物或提供应税劳务,或以其为主兼营货物批发或零售的纳税人(适用 50% 的标准)	年应税销售额≥50 万元	年应税销售额<50 万元	生产企业 小规模　　　一般 50万元

（续表）

标准＼分类	一般纳税人	小规模纳税人	图　例
从事货物批发或零售的纳税人	年应税销售额≥80万元	年应税销售额＜80万元	批发企业 小规模　　一般 80万元
应税服务年销售额标准（"营改增"类）	应税服务年销售额≥500万元（不含税销售额）	年应税销售额＜500万元	服务企业 小规模　　一般 500万元

1. 定量标准——经营规模

纳税人同时兼有增值税应税货物、劳务，以及应税服务销售额时，如何确定？

假设某商业批发企业兼营应税服务项目，有下列情形：

（1）批发零售年销售额 85 万元，应税服务年销售额 400 万元，由于批发零售年销售额达到 85 万元，因而认定为一般纳税人；

（2）批发零售年销售额 70 万元，应税服务年销售额 505 万元，由于应税服务年销售额达到 505 万元，因而认定为一般纳税人；

（3）批发零售业务年销售额 70 万元，应税服务年销售额 450 万元，合计 520 万元，虽然合计金额分别超过了货物批发或零售年销售额 80 万元和应税服务年销售额 500 万元的标准，但由于货物批发或零售的年销售额未超过 80 万元，应税服务年销售额未超过 500 万元，因而不应认定为一般纳税人。

2. 定性标准——纳税人性质和会计核算程度

（1）年应税销售额超过小规模纳税人标准的其他个人（自然人）按小规模纳税人纳税；非企业性单位和不经常发生应税行为的企业可自行选择是否按小规模纳税人纳税。

（2）年应税销售额未超过标准以及新开业的纳税人，有固定的经营场所，会计核算健全，能准确提供销项税额、进项税额的可认定为一般纳税人。

二、一般纳税人和小规模纳税人的区别（见表 2－2）

表 2－2　一般纳税人和小规模纳税人的区别

项目	一般纳税人	小规模纳税人
税率	适用 17％、11％、6％、0 四档税率	适用 3％的征收率
账务处理	（1）购买商品并取得增值税专用发票时： 借：库存商品等 　　应交税费——应交增值税（进项税额） 　　贷：银行存款等 （2）销售商品并采用不同的税率时： 借：银行存款（或应收账款） 　　贷：主营业务收入 　　　　应交税金——应交增值税（销项税额）	（1）购进商品并全额计入成本时： 借：库存商品等 　　贷：银行存款等 （2）销售商品并采用不同的征收率时： 借：银行存款（或应收账款） 　　贷：主营业务收入 　　　　应交税金——应交增值税

（续表）

项目	一般纳税人	小规模纳税人
使用发票	销售货物或提供应税劳务可以开具增值税专用发票,购进货物或接受应税劳务可以作为当期进项税抵扣	一般只能使用增值税普通发票,特殊情况下可以由国税局代开值税专用发票;购进货物或接受应税劳务即使取得了增值税专用发票也不能抵扣增值税进项税额
应交税费的计算方法	购进扣税法,即当期应纳增值税税额=当期销项税额-当期进项税额-上期留抵税额	简易计征办法,即当期应纳增值税税额=当期销售额×征收率

➤ 任务导入

甲零售企业现为增值税小规模纳税人,年应纳增值税销售额(含税)为80万元,该企业会计核算制度健全,有条件被认定为一般纳税人,此时可抵扣的不含税购进额为50万元。

问:该企业是否应该选择成为一般纳税人?

➤ 任务实施

一、掌握销售额增值率判别法

销售额增值率是指增值额占销售额的比率。当增值税税率与征收率一定的情况下,就存在一个一般纳税人与小规模纳税人税收负担公平的数值,我们称之为税负无差别平衡点增值率。现假设纳税人不含销售额为 S,销货适用的增值税税率为 T_1,可抵扣的不含税购货金额为 P,购货适用的增值税税率为 T_2,征收率为 3%,则具体计算步骤为:

(1) 计算增值率。

$$增值率=(S-P)\div S\times100\%$$

(2) 计算增值税应纳税额。

$$一般纳税人增值税应纳税额=S\times T_1-P\times T_2$$

$$小规模纳税人增值税应纳税额=S\times3\%$$

(3) 计算纳税平衡点。令两种纳税人税负相同,则有:

$$S\times T_1-P\times T_2=S\times3\%$$

可得:

$$增值率=(S-P)\div S=1-(T_1-3\%)/T_2$$

将增值税税率和征收率带入上式,可以计算出两类纳税人税负无差别平衡点增值率(见表2-3)。

表2-3 常见的两类纳税人税负无差别平衡点增值率、抵扣率

一般纳税人销货税率	一般纳税人进货税率	小规模纳税人征收率	纳税平衡点增值率	纳税平衡点抵扣率
17%	17%	3%	17.65%	82.35%
17%	11%	3%	−27.27%	127.27%
17%	6%	3%	−133.33%	233.33%
11%	17%	3%	52.94%	47.06%
11%	11%	3%	27.27%	72.73%
11%	6%	3%	−33.33%	133.33%

结论1:当实际增值率等于无差别平衡点增值率时,选择一般纳税人身份与选择小规模纳税人身份的增值税税负相同;当实际增值率大于无差别平衡点增值率时,选择一般纳税人身份比选择小规模纳税人身份的增值税税负重,选择小规模纳税人可以节税;当实际增值率小于无差别平衡点增值率时,选择一般纳税人身份比选择小规模纳税人身份的增值税税负轻,选择一般纳税人可以节税。

二、掌握抵扣率判别法

上述测算方法比较复杂,前提是所有的购进项目均能取得可抵扣的增值税专用发票,在实际工作中,往往有些购进项目无法取得增值税专用发票,或者取得的增值税专用发票不合法、认证不符,此时就无法抵扣。因此,实践中可以将销售额增值率判别法转换为可抵扣购进额占销售额比率判断法,即抵扣率判别法。

$$抵扣率=1-增值率$$

将增值率带入上式,不难算出两类纳税人税负无差别平衡点抵扣率(见表2-3)。

结论2:当实际抵扣率等于无差别平衡点抵扣率时,选择一般纳税人身份与选择小规模纳税人身份的增值税税负相同;当实际抵扣率大于无差别平衡点抵扣率时,选择一般纳税人身份比选择小规模纳税人身份的增值税税负轻,选择一般纳税人可以节税;当实际抵扣率小于无差别平衡点抵扣率时,选择一般纳税人身份比选择小规模纳税人身份的增值税税负重,选择小规模纳税人可以节税。

三、对任务案例进行纳税筹划

若采用销售额增值率判别法,则:

增值率$=(S-P)\div S=[80\div(1+17\%)-50]\div[80\div(1+17)\%]\times100\%=26.88\%>17.65\%$

根据结论1,此时选择作为小规模纳税人可节税。具体验证过程如下:

方案一:选择成为一般纳税人,则:

应纳增值税税额$=80\div(1+17\%)\times17\%-50\times17\%=3.12$(万元)

方案二:继续保留小规模纳税人身份,则

应纳增值税税额$=80\div(1+3\%)\times3\%=2.33$(万元)

若采用抵扣率判别法,则:

抵扣率＝1－增值率＝1－26.88％＝73.12％＜82.35％

根据结论2,此时选择作为小规模纳税人可节税。具体验证同上。

➤ 任务完成结论

从以上分析可以看出,方案二比方案一少缴纳增值税0.79(3.12－2.33)万元,因此应当选择方案二。

➤ 分组工作

明确增值税纳税人身份筹划的其他因素。

会计实践中,企业在进行增值税纳税人身份的筹划时,除了考虑增值税税负因素之外,还应注意增值税相关税费(包括城市与维护建设税、教育费附加、地方教育费附加、基金)、纳税人身份转化成本、企业产品的性质及相关客户的要求对纳税人身份的制约、转换后导致的产品收入和成本的增加或者减少、营销策略的变动及合同的签订等因素。

➤ 能力拓展

实践训练1:会通过合并转换纳税人身份进行纳税筹划。

甲公司为工业企业,属于小规模纳税人,年含税销售额为48万元,该公司含税购货金额为35万元。另有乙公司属于商业企业,为小规模纳税人,年含税销售额为63万元,该企业含税购货金额为52万元,主要经营甲公司产品。若甲公司有意将乙公司合并,成立产销一体化公司,且是否合并对乙公司并无大的影响。请对以上业务进行纳税筹划。

筹划过程如下:

方案一:甲、乙两个小规模纳税人保持现状,则:

甲公司应纳增值税税额＝48÷(1＋3％)×3％＝1.40(万元)

乙公司应纳增值税税额＝63÷(1＋3％)×3％＝1.83(万元)

甲、乙两公司应纳增值税税额合计＝1.4＋1.83＝3.23(万元)

方案二:甲公司与乙公司合并,并申请成立一般纳税人,则:

合并后的公司应纳增值税税额＝(48＋63)÷(1＋17％)×17％－(35＋52)÷(1＋17％)×17％＝3.49(万元)

➤ 任务完成结论

方案二比方案一要多缴纳增值税0.26(3.49－3.23)万元且小规模纳税人通过合并一旦转化为一般纳税人,就不能再恢复成为小规模纳税人。如果企业原有的销售客户大多也是小规模纳税人,则企业是不适合作为一般纳税人的,况且身份转换还得考虑变更费用因素。所以,综合考虑该企业应当选择方案一。

实践训练2:会通过分立转换纳税人身份进行纳税筹划。

A公司属于增值税一般纳税人,年不含税销售收入为500万元,适用17％的增值税税率,购进材料不含税金额为40万元。销售过程中,既有开具增值税专用发票的业务,也有开具增值税普通发票的业务,其中开具增值税普通发票的业务为70万元。请对以上业务进行纳税筹划。

企业销项税额过大,而进项税额较低时,往往税负比较重,在此情况下,小规模纳税人身份虽不能抵扣进项税额,但是整体税负较低。对于经营规模不大的企业可以采用这种方法。但对于经营规模较大的此类企业,由于其本身已具备一般纳税人资格,可以考虑分立出去一个小规模纳税人,这样便可以在一定程度上降低增值税税负。

方案一:继续保持现状,则:

该公司应纳增值税税额＝500×17％－40×17％＝78.2(万元)

方案二:将开具增值税普通发票的业务分出去,重新注册一个B公司,且为小规模纳税人,将其销售收入控制在80万元以下,则:

A公司应纳增值税税额＝(500－70)×17％－40×(500－70)÷500×17％＝73.1－5.85＝67.25(万元)

B公司应纳增值税税额＝70×3％＝2.1(万元)

A、B两家公司缴纳增值税税额合计＝67.25＋2.1＝69.35(万元)

➤ 任务完成结论

方案二比方案一要少缴纳增值税8.85(78.2－69.35)万元。如果企业的销售客户大多是一般纳税人,则企业本身是不适合作为小规模纳税人的。此外,一般纳税人转变为小规模纳税人时应考虑经营规模、信誉度等条件变

化给自身带来的不利影响,所以对于一般纳税人应做利弊分析后再做选择。

任务二　掌握增值税采购行为(进项税额)的纳税筹划

➤ 任务达成目标

1. 掌握增值税一般纳税人从小规模纳税人购买货物进行纳税筹划的分析方法;
2. 熟悉小规模纳税人选择供货方的纳税筹划方法;
3. 能通过购货对象的选择进行纳税筹划。

➤ 核心技能

掌握价格折扣平衡点的应用。

➤ 任务思维导图

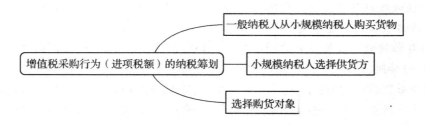

➤ 任务知识

一、进项税额

进项税额是与销项税额相对应的一个概念。它是指纳税人购进货物、无形资产或不动产或者接受加工修理修配劳务、服务所支付或者负担的增值税税额。这里的购进货物或接受应税劳务包括外购(含进口)货物或接受应税劳务、以物易物换入货物、抵偿债务收入货物、接受投资转入的货物、接受捐赠转入的货物,以及在购销货物过程当中支付的运费。在确定进项税额抵扣时,必须按《税法》的规定严格审核。

企业在开具增值税专用发票的情况下,销售方收取的销项税额,就是购买方支付的进项税额。一般纳税人计算应纳增值税时,销项税额扣减进项税额后的数字才是应缴纳的增值税。因此,进项税额的大小直接关系到纳税额的多少。一般进项税额应采用以下公式进行计算:

$$进项税额＝(外购原料、燃料、动力)÷(1＋税率)×税率$$

进项税额是已经支付的钱,在编制会计分录时应记在借方,但应注意以下几点:

(1) 进项税额与销项税额相对应;

(2) 进项税额并不都可以从销项税额中抵扣;

(3) 进项税额的确定方法:以票抵扣;计算抵扣。

根据《财政部 国家税务总局关于简并增值税税率有关政策的通知》(财税〔2017〕37 号)的规定,自 2017 年 7 月 1 日起,简并增值税税率结构,取消 13％的增值税税率。现将有关政策摘录如下:

一、纳税人销售或者进口下列货物,税率为 11％:

农产品(含粮食)、自来水、暖气、石油液化气、天然气、食用植物油、冷气、热水、煤气、居民用煤炭制品、食用盐、农机、饲料、农药、农膜、化肥、沼气、二甲醚、图书、报纸、杂志、音像制品、电子出版物。

二、纳税人购进农产品,按下列规定抵扣进项税额:

(一) 除本条第(二)项规定外,纳税人购进农产品,取得一般纳税人开具的增值税专用发票或海关进口增值税专用缴款书的,以增值税专用发票或海关进口增值税专用缴款书上注明的增值税额为进项税额;从按照简易计税方法依照 3％征收率计算缴纳增值税的小规模纳税人取得增值税专用发票的,以增值税专用发票上注明的金额和 11％的扣除率计算进项税额;取得(开具)农产品销售发票或收购发票的,以农产品销售发票或收购发票上注明的农产品买价和 11％的扣除率计算进项税额。

(二) 营业税改征增值税试点期间,纳税人购进用于生产销售或委托受托加工 17％税率货物的农产品维持原扣除力度不变。

(三) 继续推进农产品增值税进项税额核定扣除试点,纳税人购进农产品进项税额已实行核定扣除的,仍按照《财政部 国家税务总局关于在部分行业试行农产品增值税进项税额核定扣除办法的通知》(财税〔2012〕38 号)、《财政部 国家税务总局关于扩大农产品增值税进项税额核定扣除试点行业范围的通知》(财税〔2013〕57 号)执行。其中,《农产品增值税进项税额核定扣除试点实施办法》(财税〔2012〕38号印发)第四条第(二)项规定的扣除率调整为11%;第(三)项规定的扣除率调整为按本条第(一)项、第(二)项规定执行。

(四)纳税人从批发、零售环节购进适用免征增值税政策的蔬菜、部分鲜活肉蛋而取得的普通发票,不得作为计算抵扣进项税额的凭证。

(五)纳税人购进农产品既用于生产销售或委托受托加工17%税率货物又用于生产销售其他货物服务的,应当分别核算用于生产销售或委托受托加工17%税率货物和其他货物服务的农产品进项税额。未分别核算的,统一以增值税专用发票或海关进口增值税专用缴款书上注明的增值税额为进项税额,或以农产品收购发票或销售发票上注明的农产品买价和11%的扣除率计算进项税额。

(六)《中华人民共和国增值税暂行条例》第八条第二款第(三)项和本通知所称销售发票,是指农业生产者销售自产农产品适用免征增值税政策而开具的普通发票。

二、一般纳税人应纳税额的计算原理(见图2-1)

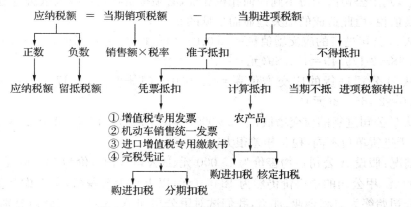

图2-1 一般纳税人应纳税额的计算原理

➤ 任务导入

根据《税法》的规定,增值税一般纳税人可以开具17%、11%、6%的增值税专用发票,同理,一般纳税人从其他一般纳税人处采购货物、接受应税劳务和应税服务,就可以按照对方开具的增值税专用发票上注明的税额进行抵扣,这也是会计实践中基本的以票抵税途径。若小规模纳税人能给予采购方价格上一定程度的折扣,一般纳税人也可以考虑将小规模纳税人作为供货方。但现实中小规模纳税人是不能自行开具增值税专用发票的,若一般纳税人从小规模纳税人处采购货物,只能有以下两种选择路径:

路径1:由小规模纳税人到税务机关代开3%的增值税专月发票并提供给一般纳税人,一般纳税人只能按照3%的增值税征收率进行抵扣;

路径2:小规模纳税人只能提供给一般纳税人普通发票,但该发票上的税额一般纳税人是不能抵扣的。

问:规模纳税人究竟能给一般纳税人多大的折扣才能弥补其因扣除率低,或者不能取得增值税专用发票而产生的损失呢?

➢ 任务实施

一、对比分析一般纳税人在什么情况下向何种企业进货更有利

第一种情况:假设甲公司为增值税一般纳税人,欲购进一批应税货物,现有 A、B、C 三家公司同时向其推荐同样的货物。A 公司是增值税一般纳税人,能够提供符合规定的增值税专用发票;B、C 两家公司均为小规模纳税人享受企业所得税优惠税率,但 B 公司承诺能提供由其主管税务机关代开的注明 3‰ 征收率的增值税专用发票;C 公司只能提供增值税普通发票。若 A、B、C 三家公司的货物售价一样(均为含税价 15 000 元),则 A 公司无疑成为甲公司首选的购货对象,因为甲公司向 A 公司购货时能获用 A 公司开具的增值税专用发票,甲公司在该批货物销售后(假定含税售价为 18 000 元,不考虑其他费用因素),已支付的进项税额能够全额抵扣。若选择 B 公司为进货对象,则甲公司也能取得扣税凭证,但扣税率为 3‰,将有可能导致甲公司购货时已支付的进项税额得不到足额抵扣,本环节必须多缴纳增值税。若选择 C 公司为购货对象,则甲公司由于得不到任何扣税凭证,必须按货物销售收入依法定增值税税率全额计算缴纳增值税,由此造成的损失是显而易见的。

甲公司从 A 公司进货的应交增值税 $= 18\ 000 \div (1+17\%) \times 17\% - 15\ 000 \div (1+17\%) \times 17\% = 2\ 615.38 - 2\ 179.49 = 435.89$(元)

甲公司从 B 公司进货的应交增值税 $= 18\ 000 \div (1+17\%) \times 17\% - 15\ 000 \times 3\% = 2\ 615.38 - 450 = 2\ 165.38$(元)

甲公司从 C 公司进货的应交增值税 $= 18\ 000 \div (1+17\%) \times 17\% = 2\ 615.38$(元)

可见,由于进货单位不同,税负相差很大。

第二种情况:假设 A 公司货物售价为 15 000 元、B 公司货物售价为 14 000 元、C 公司货物售价为 13 000 元,甲公司的销售价仍然为 18 000 元,以上均为含税价,不考虑其他费用因素。同时假设甲公司始终为盈利企业,那么,我们试对甲公司向 A、B、C 三家公司分别购货取得的相对收益做以下定量分析:

甲公司从 A 公司进货的应交增值税 $= 18\ 000 \div (1+17\%) \times 17\% - 15\ 000 \div (1+17\%) \times 17\% = 435.89$(元)

甲公司从 B 公司进货的应交增值税 $= 18\ 000 \div (1+17\%) \times 17\% - 14\ 000 \times 3\% = 2\ 615.38 - 420 = 2\ 195.38$(元)

甲公司从 C 公司进货的应交增值税 $= 18\ 000 \div (1+17\%) \times 17\% = 2\ 615.38$(元)

值得注意的是,甲公司向 B 公司购货时只取得注明 3‰ 税率的增值税专用发票,向 C 公司购货只能取得不能抵扣进项税额的增值税普通发票,从 B 公司进货比向 A 公司购货少抵扣了 1 759.49(2 195.38-435.89)元的进项税额,从 C 公司进货比从 A 公司进货少抵扣了 2 179.49(2 615.38-435.89)元税款,而且还必须代征 7‰ 的城建税、3‰ 的教育费附加和 2‰ 的地方教育费附加,以及实际税率减按 10‰ 征收的企业所得税。因此,甲公司向 B 公司进货时,实际需要缴纳的税费合计为 2 678.37[2 195.38+2 195.38×(7‰+3‰+2‰+10‰)]元。甲公司向 C 公司进货时,实际需要缴费的税费合计为 3 190.76[2 615.38+2 615.38×(7‰+3‰+2‰+10‰)]元。

从表面看,甲公司从 A、B、C 三家公司进货的毛利(含税售价减去含税进价)分别为 3 000 元、4 000 元、5 000 元,但税后收益(毛利减去缴纳税费)却是:

甲公司向 A、B、C 三家公司购货的收益分别为 2 564.11(18 000－15 000－435.89)元、1 321.63(18 000－14 000－2 678.37)元和 1 809.24(18 000－13 000－3 190.76)元。

比较上述两种情况可知,虽然进货价格有较大差别,但是公司的税后收益仍然 A>C>B。一般来说,能索取 17%、3%专用发票和不能索取专用发票时的税费总额是依次递增的。因此,即使小规模纳税人在售价上有一定的价格优势,但对一般纳税人来说,向能提供增值税合法凭证的供货企业购进货物仍然能获得相对大的收益。至于小规模纳税人比一般纳税人同类货物的价格折让多少才能使向其购货的一般纳税人不受损失,要通过比较价格折让临界点来确定。

二、推导价格折让临界点

设任意一个增值税一般纳税人,当某货物的含税销售额为 S(适用 17%税率)时,该货物的采购情况分别为索取 17%、3%专用发票和不索取专用发票,含税购进额分别为 A、B 和 C(供货质量相同),城建税和教育费附加两项合计按 12%计算,企业所得税税率为 25%,为了方便起见,我们暂不考虑采购费用对所得税的影响,也不考虑资金时间价值的计算。令增值税税率为 17%,征收率为 3%,以购、销双方互不吃亏状态下的现金净流量为标准,则有:

$$现金净流量＝现金流入额－现金流出额$$
$$＝含税销售额－(含税购进额＋应纳增值税＋应纳城建税＋$$
$$应纳教育费附加＋应纳地方教育费附加)－应纳企业所得税$$

(1) 采购企业能取得 17%的增值税专用发票时:

现金净流量 ＝ $S－\{A＋[S/(1＋17\%)×17\%－A/(1＋17\%)×17\%]＋[S/(1＋17\%)×17\%－A/(1＋17\%)×17\%]×(7\%＋3\%＋2\%)\}－\{S/(1＋17\%)－A/(1＋17\%)－[S/(1＋17\%)×17\%－A/(1＋17\%)×17\%]×(7\%＋3\%＋2\%)×25\%\}＝0.630 1S－0.630 1A$ (1)

(2) 同理,不难计算出取得 3%的增值税专用发票情况下采购企业的现金净流量。

现金净流量＝0.630 1S－0.726B　　　　　　　　　　　　　　　　(2)

(3) 同理,不难计算出不能取得增值税专用发票情况下采购企业的现金净流量。

现金净流量＝0.630 1S－0.75C　　　　　　　　　　　　　　　　(3)

现在,采购企业以(1)式购、销双方互不吃亏状态下的现金净流量为标准,若令(2)式等于(1)式,即索取 3%增值税专用发票情况下的现金净流量与(1)式这个标准现金净流量相等,可求出(2)式中的 B 与(1)式中的 A 之比为 86.79%。也就是说,当采购企业在增值税税率为 17%,城建税税率为 7%,教育费附加为 3%、地方教育费附加为 2%、企业所得税税率为 25%的境遇下,当采购企业能索取 3%的增值税专用发票购货时,只要供货方给予一般纳税人含税价 13.21%(1－86.79%)的价格折让,采购企业就不会吃亏。同样的方法,能够计算出采购企业在不能索取增值税专用发票的情况下,售货方的价格折让临界点分别为 15.99%。具体见下表 2－4:

表 2－4　　一般纳税人价格折让临界点

一般纳税人的抵扣率	小规模纳税人的抵扣率	价格优惠临界点(含税)
17%	3%	86.79%
17%	0	84.01%

➤ **任务完成结论**

对于增值税一般纳税人来说,在购货时运用价格折让临界点原理,就可以放心大胆地跟小规模纳税人打交道,只要所购货物的质量符合要求,价格折让能够达到相应的临界点指数,增值税一般纳税人完全可以弃远求近,从自己周围的小规模纳税人那里购货,以节省采购时间和采购费用,增加企业效益。

➤ **分组工作**

分别从采购企业(一般纳税人)和供货企业(小规模纳税人)的角度展开讨论。

某服装生产企业(增值税一般纳税人)每年要外购棉布 500 吨。每年从某外省市棉纺厂(一般纳税人)购入,假定每吨价格为 3 万元(含税价)。当地有几家规模较小的棉纺企业(小规模纳税人),所生产棉布的质量可与该外省市棉纺厂生产的棉布相媲美。假定当地棉纺企业能从税务局开出 3% 的增值税专用发票,那么,该服装生产企业以什么价格从小规模纳税人那里购货才不会吃亏呢? 按上面的公式可计算出该业能索取 3% 增值税专用发票时的价格折让临界点为 13.21%,即该服装生产企业只要以每吨 26 037[30 000×(1−13.21%)]元的价格购入,就不会吃亏。如果考虑到运费的支出,以这个价格购入还会节省不少费用。

对于小规模纳税人来说,运用价格折让临界点原理,在销售产品时可以保护自己的既得利益。例如,可用折价临界点来反驳或说服购货方(增值税一般纳税人)无理的折价要求,促使购、销双方达成共识,互惠互利,平等合作。

任务三 掌握增值税销售行为(销项税额)的纳税筹划

➤ **任务达成目标**

1. 掌握商业折扣的纳税筹划技术;
2. 掌握现金折扣的纳税筹划技术;
3. 掌握实物折扣的纳税筹划技术;
4. 掌握返还现金的纳税筹划技术;
5. 熟悉直销行为的纳税筹划技术;
6. 熟悉代销行为的纳税筹划技术。

> **核心技能**

　　能对商业折扣、现金折扣、实物折扣、返还现金、直销、代销等销售行为进行纳税筹划。

> **任务思维导图**

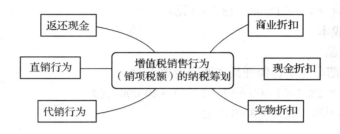

> **任务知识-1**

　　商业折扣又称为折扣销售,是指实际销售商品或提供劳务时,将价目单中的报价打一个折扣后提供给客户,这个折扣就叫作商业折扣。

　　商业折扣通常以百分数明列出来,如以 5%、10% 的形式表示出来,买方只需按照标明价格的百分比付款即可。商业折扣通常作为促销的手段,目的是扩大销路,增加销量。一般情况下,商业折扣都直接从商品价目单价格中扣减,购买单位应付的货款和销售单位所应收的货款,都根据直接扣减商业折扣后的价格来计算。因此,商业折扣对企业的会计记录没有影响。

　　根据国家税务总局《关于折扣额抵减增值税应税销售额问题通知》(国税函〔2010〕56 号)的规定:"纳税人采取折扣方式销售货物,如果销售额和折扣额在同一张发票上分别注明的,可按折扣后的销售额征收增值税。"纳税人采取折扣方式销售货物,销售额和折扣额在同一张发票上分别注明是指销售额和折扣额在同一张发票上的"金额"栏分别注明的,可按折扣后的销售额征收增值税。未在同一张发票"金额"栏注明折扣额,而仅在发票的"备注"栏注明折扣额的,折扣额不得从销售额中减除。

　　对于基本的商业折扣形式来说,会计处理和税法规定是一致的。

　　例如,某超市属于增值税一般纳税人,增值税税率为 17%。为抢抓商机,增加销量,某节日前开展促销活动,母婴柜前期开展"折扣销售"方式出售"大华牌全脂婴幼儿奶粉",售(标)价 23.4 元/袋(200g),成本为 13.5 元/袋。规定在促销期内凡消费者在本柜一次购买 5 袋指定奶粉的,按七折优惠价格成交。月末结账前,经核算 1 月份消费者一次购买 5 袋的有 200 次,共出售了 1 000 袋,钱货当时两清(不考虑其他零售数额)。

　　(1) 假定折扣部分与销售额开具在同一张发票上时:

　　主营业务收入 = 23.4×1 000×70%÷(1+17%) = 14 000(元)

销项税额＝14 000×17％＝2 380（元）

借：库存现金   16 380

  贷：主营业务收入   14 000

    应交税费——应交增值税（销项税额） 2 380

同时，结转销售成本：

主营业务成本＝13.5×1 000＝13 500（元）

借：主营业务成本   13 500

  贷：库存商品   13 500

（2）假定折扣部分与销售额开具在两张发票上时：

主营业务收入＝23.4×1 000÷（1＋17％）＝20 000（元）

销项税额＝20 000×17％＝3 400（元）

借：库存现金   16 380

  销售费用   7 020

  贷：主营业务收入   20 000

    应交税费——应交增值税（销项税额） 3 400

同时，结转销售成本：

主营业务成本＝13.5×1 000＝13 500（元）

借：主营业务成本   13 500

  贷：库存商品   13 500

但是随着企业促销方式的发展变化，在基本的商业折扣形式之外，又衍生出多种其他形式，如返利、买物赠物、优惠积分卡、折扣券（代金券），有奖销售等。这些促销形式虽然从外表看各不相同，但有一个共同的特点，就是其伴随着销售行为而产生，并且与销售行为不可分割，因此，从本质上看仍属于商业折扣，通过预先筹划，是可以按商业折扣的规定进行会计处理和纳税的。

➤ 任务导入-1

某市内大型购物广场有限公司为增值税一般纳税人，适用17％的增值税税率，企业所得税税率为25％。假定每销售1 000元（含税价，下同）的商品其成本为800元（含税价），购进货物能取得增值税专用发票，针对节假日来临的时机，公司策划部策划出了以下两种方案：

方案一：对购物满1 000元消费者返还100元现金；

方案二：购物满1 000元，赠送100元的商品（成本80元，含税价）。

请对该公司的上述方案进行纳税筹划。

➤ 任务实施-1

一、掌握直接返现方式下的纳税筹划及会计处理

方案一：直接返还现金方式。若顾客购物满1 000元，返还现金100元。在这种方式下，企业返还的现金属于赠送行为，不允许在企业所得税前扣除，100元成本应作为销售费用处理，同时，企业还应代扣代缴顾客有偿取得的100元所得的个人所得税。顾客得到的100元属

于税后净收益,个人所得税应由商场承担。因此,商场赠送现金时需要缴纳增值税、城建税、教育费附加和地方教育费附加、企业所得税和为消费者代扣代缴的个人所得税。

(1) 应纳增值税税额 $=1\,000\div(1+17\%)\times17\%-800\div(1+17\%)\times17\%=29.1$(元)

同时缴纳城建税、教育费附加和地方教育费附加 $=29.1\times(7\%+3\%+2\%)=3.49$(元)

(2) 代扣代缴个人所得税 $=100\div(1-20\%)\times20\%=25$(元)

(3) 企业利润总额 $=(1\,000-800)\div(1+17\%)-100-25-3.49=42.45$(元)

由于赠送的现金成本及代扣代缴的个税不允许在税前扣除,因此:

应纳企业所得税 $=$ 调整后的利润总额 $\times$ 企业所得税税率 $=(42.45+100+25)\times25\%=41.86$(元)

税后净利润 $=$ 利润总额 $-$ 应纳企业所得税 $=42.45-41.86=0.59$(元)

其会计处理如下(为了方便处理,假设买了 1 000 元的时候就进行会计处理,全为现销):

① 确认销售收入时:

销售收入 $=1\,000-100=900$(元)

主营业务收入 $=1\,000\div(1+17\%)=854.7$(元)

销项税额 $=854.7\times17\%=145.3$(元)

借:库存现金 900
　　销售费用 100
　　贷:主营业务收入 854.7
　　　　应交税费——应交增值税(销项税额) 145.3

② 结转销售成本时:

主营业务成本 $=800\div(1+17\%)=683.76$(元)

借:主营业务成本 683.76
　　贷:库存商品 683.76

③ 计提企业所得税及须由企业承担并代扣代缴的个人所得税时:

借:所得税费用 41.86
　　销售费用 25
　　贷:应交税费——应交所得税 41.86
　　　　应交税费——代扣代缴个人所得税 25

此外,实践中还有冲抵后期货款的方式。如某品牌生产企业销售政策规定,若经销商每月平均完成任务量 10 万元,全年累计任务量达到 120 万元就可享受返利 2%,返利冲抵后期货款。2016 年度,A 经销商每月购货 10 万元,应享受返利 2.4 万元。则这 2.4 万元在 2017 年开给 A 企业的销售发票中作为折扣处理。但采用这种方法会产生以下两个缺陷,需要特别注意:

(1) 由于后期销售额不确定,若后期销售额小于前期,可能造成折扣太大、销售净额偏低。

(2) 如果与经销商中止业务,剩余返利的处理面临难题。此时企业支付的返利,因无法做到在同一张发票上注明折扣,也就无法在计算增值税时从销售额中减除,在企业所得税方面,纳税人销售货物给购货方的回扣,其支出不得在所得税前列支而收到返利的经销商,却要缴纳企业所得税,并要按税法中关于平销返利的规定计算冲减进项税额。

二、掌握买物赠物方式下的纳税筹划及会计处理

方案二:购物满 1 000 元,赠送 100 元商品(成本 80 元,含税价)。

税收法规中的赠送,强调的是无偿性,对外捐赠是指企业自愿无偿将其有权处分的合法财产赠送给合法的受赠人,用于与生产经营活动没有直接关系的公益事业的行为。促销政策中的搭赠予税收法规中的赠送本质区别在于,买物赠物是有偿的,而赠送是无偿的。

实践中,买物赠物可采取两种途径,一是将赠品记入成本;二是将赠品在发票中体现,同时以赠品价格作为商业折扣。根据《税法》的规定,纳税人将自产、委托加工或购买的货物无偿赠送给他人视同销售,应计算销项税额,缴纳增值税。本案例中,视同销售的销项税应由商场承担,且赠送商品成本不允许在企业所得税前扣除。同时,对于消费者在购物过程中取得的 100 元的商品,商场还应代扣代缴个人所得税。

(1) 应纳增值税=销售 1 000 元的商品应缴纳的增值税+视同销售 100 元商品应缴纳的增值税=$[1\,000\div(1+17\%)\times17\%-800\div(1+17\%)\times17\%]+[100\div(1+17\%)\times17\%-80\div(1+17\%)\times17\%]=29.1+2.91=32.01$(元)

应交城建税和教育费附加=$32.01\times(7\%+3\%+2\%)=3.84$(元)

(2) 代顾客缴纳的个人所得税=$100\div(1-20\%)\times20\%=25$(元)

(3) 企业利润总额=营业收入-营业成本-营业税金及附加-销售费用=$[1\,000\div(1+17\%)-800\div(1+17\%)]-80-3.84-25=62.1$(元)

(4) 由于赠送的商品成本及代扣代缴的个税不允许在税前扣除,因此,应纳企业所得税=调整后的税前利润×企业所得税税率=$[62.1+80+25+100\div(1+17\%)-80\div(1+17\%)]\times25\%=(252.57-68.38)\times25\%=46.05$(元)

(5) 净利润=税前利润-应纳企业所得税=$62.1-46.05=16.05$(元)

其会计处理如下:

① 确认销售收入时:

主营业务收入=$1\,000\div(1+17\%)=854.7$(元)

销售税额=$854.7\times17\%=145.3$(元)

借:库存现金   1 000

 贷:主营业务收入   854.7

  应交税费——应交增值税(销项税额)   145.3

同时,计提城建税和教育费附加:

城建税=$145.3\times7\%=10.17$(元)

教育费附加=$145.3\times(3\%+2\%)=7.27$(元)

借:营业税金及附加   17.44

 贷:应交税费——应交城建税   10.17

  应交税费——应交教育费附加   7.27

② 结转销售成本时:

主营业务成本=$800\div(1+17\%)=683.76$(元)

借:主营业务成本   683.76

 贷:库存商品   683.76

③ 对于赠品,其成本应作为销售费用处理,赠送商品时:

库存商品＝80÷(1＋17%)＝68.38(元)

销项税额＝68.38×17%＝11.62(元)

借:销售费用　　　　　　　　　　　　　　　　　　80

　　贷:库存商品　　　　　　　　　　　　　　　　68.38

　　　　应交税费——应交增值税(销项税额)　　　11.62

④ 计提企业所得税及须由企业代扣代缴的个人所得税时:

借:所得税费用　　　　　　　　　　　　　　　　46.05

　　销售费用　　　　　　　　　　　　　　　　　25

　　贷:应交税费——应交所得税　　　　　　　　46.05

　　　　应交税费——代扣代缴个人所得税　　　　25

采取买物赠物的促销政策应注意以下几点:

(1) 对于赠品的会计处理,或记入成本,或记入收入并同时做折扣,表明赠品是销售业务的一部分。不能将赠品记为销售费用或营业外支出。

(2) 企业应有明确的促销政策作为开展活动的依据,同时明确活动的起止时间。

(3) 在结转销售成本时,必须同步结转主货物与赠品的价值,并且在数量上保持一致,使收入与成本相配比。

➤ 任务知识- 2

现金折扣又称为销货折扣,是指企业在销售货物或者提供应税劳务之后,为了鼓励客户在一定期限内早日偿还货款而给予客户的折扣优惠。对于销售企业来说,称为销货折扣;对于购货企业来说,称为购货折扣。现金折扣通常发生在以赊销方式销售货物及提供劳务的交易之中,企业为了鼓励客户提前偿付货款,通常与债务人达成协议,债务人在不同的期限内可以享受不同比例的折扣。现金折扣一般用符号"折扣/付款日期"表示。例如,5/10 表示买方在 10 日内付款,可以享受售价的 5%的折扣;3/20 表示买方在 11 日—20 日内付款,可以按售价享受 3%的折扣;$n/30$ 表示这笔交易额付款期限为 30 日之内,若 20 日之后 30 日之内付款,不享受任何的折扣。现金折扣使得企业应收账款的实收数额,随着客户付款的时间不同而有所差异。这样,就产生了应收账款的现金折扣计价核算问题。

现金折扣会计处理方法一般有总价法与净价法两种。我国会计实务中通常采用总价法。即企业在销售业务发生时,应收账款和销售收入按未扣减现金折扣前实际发生的现金折扣作为对购货方提前付款的鼓励性支出。

现金折扣的税务处理规则。根据《增值税暂行条例》的规定,现金折扣(销售折扣)的折扣额不得从销售额中扣除,折扣额应计入财务费用。根据《企业所得税法》的规定,债权人为鼓励债务人在规定的期限内付款而向债务人提供的债务扣除属于现金折扣,销售商品涉及现金折扣的,应当按扣除现金折扣前的金额确定销售商品收入金额,现金折扣在实际发生时作为财务费用扣除。通俗地说,税法不管你什么时候收款,以什么样的方式收款,反正你的商品值这么多钱,你就要按这个价钱缴纳这么多的税。不过也确实发生了损失,就把它计入财务费用,等企业所得税时再予以扣除。

➤ **任务导入-2**

甲公司与乙公司均为增值税一般纳税人,适用的增值税税率为17%。4月5日,甲公司和乙公司签订销售合同约定销售商品一批,按价目表上标明的价格计算,不含增值税的售价总额为20万元,为鼓励乙公司及早付清款项,甲公司在合同中约定货到后的现金折扣条件为"2/10,1/20,n/30"。货物于4月7日运达乙公司,经核对验货后入库。

请对以上业务进行纳税筹划及会计处理。

➤ **任务实施-2**

一、计算销售折扣方式下的增值税销项税额及会计处理

方案一:采取销售折扣方式,甲企业应按照20万元全额计算增值税。

应纳销项税额=20×17%=3.4(万元)

采用总价法的会计分录为:

借:应收账款　　　　　　　　　　　　　　　　　　　234 000
　　贷:主营业务收入　　　　　　　　　　　　　　　　200 000
　　　　应交税费——应交增值税(销项税额)　　　　　34 000

假定乙公司在4月17日前付款,则甲企业现金折扣含增值税税额的会计核算如下:

现金折扣=234 000×2%=4 680(元)

借:银行存款　　　　　　　　　　　　　　　　　　　229 320
　　财务费用　　　　　　　　　　　　　　　　　　　4 680
　　贷:应收账款　　　　　　　　　　　　　　　　　234 000

假定乙公司在4月27日前付款,则:

现金折扣=23 400×1%=2 340(元)

借:银行存款——　　　　　　　　　　　　　　　　　231 660
　　财务费用——　　　　　　　　　　　　　　　　　2 340
　　贷:应收账款　　　　　　　　　　　　　　　　　234 000

假定乙公司在5月7日前付款,则乙企业不享受现金折扣:

借:银行存款　　　　　　　　　　　　　　　　　　　234 000
　　贷:应收账款　　　　　　　　　　　　　　　　　234 000

若以上业务现金折扣不含增值税税额,甲企业的会计核算如下:

假定乙公司在4月17日前付款,则:

借:银行存款　　　　　　　　　　　　　　　　　　　230 000
　　财务费用　　　　　　　　　　　　　　　　　　　4 000
　　贷:应收账款　　　　　　　　　　　　　　　　　234 000

假定乙公司在4月27日前付款,则:

借:银行存款　　　　　　　　　　　　　　　　　　　232 000
　　财务费用　　　　　　　　　　　　　　　　　　　2 000
　　贷:应收账款　　　　　　　　　　　　　　　　　23 400

假定乙公司在 5 月 7 日前付款,则:

借:银行存款   234 000

 贷:应收账款   234 000

二、变"销售折扣"为"折扣销售"的纳税筹划

方案二:现甲公司主动压低该批货物价格,将合同金额降低为 16 万元,相当于给乙公司 20% 的折扣后的金额,同时在合同中约定,购货方超过 10 天付款加收 4.68 万元的违约金。这种情况下,甲公司的收入并无实时性影响,且回款变得更有保障。

若乙公司按时履约,在 10 天内付完货款,则:

甲企业应纳增值税销项税额 $= 16 \times 17\% = 2.72$(万元)

比方案一少缴纳的增值税 $3.4 - 2.72 = 0.68$(万元)

若乙方没有在 10 天内付款,甲企业就可以向对方收取 4.68 万元的违约金,并以"全部价款和价外费用"计算增值税应纳税额,则:

甲企业应纳增值税销项税额 $= [16 + 4.68 \times (1 + 17\%)] \times 17\% = 3.4$(万元)

这样与方案一的增值税税负相同。

➤ 任务完成结论- 2

由于事前约定违约金,一般情况下,购货方会选择按时付款,超过合同约定的时间付款,对购货方来说是不利的,而对销货方来讲是很划算的,不仅收入能增加 4.68 万元(含增值税),更可以迟缴增值税,因此方案二优于方案一。

记忆口诀:折扣销售分开扣,销售折扣不抵扣。

➤ 任务知识- 3

实物折扣俗称"加量不加价",是指在销售货物的过程中,当购买方所购货物达到一定数量时,销售方即配送或赠送一定数量的货物。常见的形式有"买一赠一""买十赠一"等降价销售、捆绑销售(送同类不同型号产品、送非同类产品);赠送小礼品;有奖销售等。这种折扣方式通过无偿赠送货物降低了货物的单位售价,从而给购货方一定的优惠。现行会计制度通常的做法是将折扣额冲减当期的销售收入,类似于商业折扣方式销售货物的会计处理方法。实物折扣的实质是以"货物"取代"价格"的商业折扣,即以赠送货物代替价格折让的商业折扣。

根据《增值税暂行条例》及实施细则的有关规定,折扣销售(也就是会计中的商业折扣)仅限于货物价格的折扣,如果销货方将自产、委托加工和购买的货物用于实物折扣,则该实物款项不能从货物销售额中减除,应"视同销售货物"中的"无偿赠送他人"计算缴纳增值税。

根据《企业所得税法》及实施条例的有关规定,企业以"买一赠一"等方式组合销售本企业商品的,不属于捐赠,应将总的销售金额按各项商品的公允价值比例来分摊确认各项销售收入,计入企业所得税收入总额。

根据国家税务总局《关于印发〈增值税若干具体问题的规定〉的通知》(国税发〔1993〕154号)、国家税务总局《关于折扣额抵减增值税应税销售额问题通知》(国税函〔2010〕56 号)的规定:"纳税人采取折扣方式销售货物,如果销售额和折扣额在同一张发票上分别注明的,可按折扣后的销售额征收增值税;如果将折扣额另开发票,不论其在财务上如何处理,均不得从销售

额中减除折扣额。"纳税人采取折扣方式销售货物,销售额和折扣额在同一张发票上分别注明是指销售额和折扣额在同一张发票上的"金额"栏分别注明金额的,可按折扣后的销售额征收增值税。未在同一张发票上的"金额"栏注明折扣额的,折扣额不得从销售额中减除。

根据国家税务总局《关于确认企业所得税收入若干问题的通知》(国税函〔2008〕875号)的规定:"企业为促进商品销售而在商品价格上给予的价格扣除属于商业折扣,商品销售涉及商业折扣的,应当按照扣除商业折扣后的金额确定销售商品收入金额。"如"买一送一"、满就送自产产品等,增值税销售额不得减除折扣额,企业所得税销售收入不得扣除折扣额。

➤ 任务导入-3

某啤酒厂对A型啤酒销售实行实物折扣,买10箱啤酒赠送1箱,某购物中心一次性购买该厂A型啤酒400箱,同时啤酒厂另赠送购物中心A型啤酒40箱,货款尚未收回,A型啤酒不含税单价为每箱30元,生产成本为每箱25元,双方均为增值税一般纳税人,适用17%的增值税税率。

请对以上业务进行纳税筹划及会计处理。

➤ 任务实施-3

一、计算实物折扣方式下的增值税销项税额及会计处理

方案一:采取实物折扣方式,啤酒厂销售400箱A型啤酒,应按照12 000(30×400)元全额计算增值税。

应纳销项税额=12 000×17%=2 040(元)

赠送40箱啤酒视同销售,则:

应纳增值税销项税额=30×17%×40=204(元)

应纳增值税合计=2 040+204=2 244(元)

其会计处理如下:

(1) 确认销售收入时:

借:应收账款　　　　　　　　　　　　　　　　　　　　　　14 040

　　贷:主营业务收入——A型啤酒　　　　　　　　　　　　　　　12 000

　　　　应交税金——应交增值税(销项税额)　　　　　　　　　　　2 040

(2) 结转正常销售成本时:

主营业务成本=25×400=10 000(元)

借:主营业务成本　　　　　　　　　　　　　　　　　　　　10 000

　　贷:产成品——A型啤酒　　　　　　　　　　　　　　　　　10 000

(3) 实物折扣40箱A型啤酒时:

实物折扣的计税金额=25×40=1 000(元)

销项税额=30×17%×40=204(元)

借:营业外支出　　　　　　　　　　　　　　　　　　　　　1 204

　　贷:产成品——A型啤酒　　　　　　　　　　　　　　　　　1 000

　　　　应交税金——应交增值税(销项税额)　　　　　　　　　　　204

（4）结转赠送成本时：

借：主营业务成本　　　　　　　　　　　　　　　　　　　　1 000

　　贷：产成品—A 型啤酒　　　　　　　　　　　　　　　　　　　　1 000

二、变"实物折扣"为"价格折扣"的纳税筹划

将实物折扣在开发票时变为价格折扣，即原价 30 元每箱的 A 型啤酒打九折，且将总折扣额写在发票上的"金额"栏备注处，则：

该啤酒厂销售 400 箱 A 型啤酒应纳销项税额＝30×0.9×400×17％＝1 836（元）

➤ 任务完成结论- 3

通过变换折扣方式，企业可以在发票上分别开具销售货物和赠送货物的数量、单价和金额，并在同一张发票上开具赠送货物折扣数量的折扣金额，或者企业开具发票时，将销售货物和赠送货物的各自原价和折扣额在同一张发票上注明。经过这样处理后，企业就符合国税发〔1993〕154 号文件的规定，可以按照折扣后的销售额纳税。

我们不难发现，方案二比方案一少缴纳增值税 2 04（2 040－1 836）元，因此应选择方案二。

➤ 任务知识- 4

直销是指直销企业招募直销员，由直销员在固定营业场所之外直接向最终消费者推销产品的经销方式。按照世界直销协会的定义，直销是指在固定零售店铺以外的地方（例如，个人住所、工作地点或者其他场所），由独立的营销人员以面对面的方式，通过讲解和示范方式将产品和服务直接介绍给消费者，进行消费品的行销。

根据国家税务总局《关于直销企业增值税销售额确定有关问题的公告》（国家税务总局公告 2013 年第 5 号）的规定：

（1）直销企业先将货物销售给直销员，直销员再将货物销售给消费者的，直销企业的销售额为其向直销员销售的全部价款和价外费用。直销员再将货物销售给消费者时，应按照规定缴纳增值税。

（2）直销企业通过直销员向消费者销售货物，直接向消费者收取货物，直销企业的销售额为其向消费者收取的全部价款和价外费用。

➤ 任务导入- 4

甲化妆品公司雇佣一些兼职人员采用直销方式推销产品，由公司与业务员签订劳务合同，其中有这样的条款："业务员在本公司的提货价必须与销售给客户的零售价格一致，然后根据销售额的 5％从公司获取销售提成。"当年该公司直销收入为 2 000 万元，进项税额为 180 万元。

请对该公司的上述业务进行纳税筹划。

➤ 任务实施- 4

一、计算分两道环节下的应纳增值税税额

方案一：执行原合同条款，分两道环节计算企业应纳增值税税额。

第一道环节,公司将商品按照提货价销售给业务员,则:

应纳增值税 = 2 000×17% - 150 = 340 - 180 = 160(万元)

第二道环节,业务员再将商品按照零售价销售给消费者,则:

应纳增值税 = 2 000×3% = 60(万元)

显然,这 60 万元的增值税业务员不可能去缴纳,只能由公司代缴。

二、修改合同条款,单一环节直销下的应纳增值税税额

方案二:为了避免小规模纳税人从一般纳税人处购货的情况,公司修改合同条款为:"业务员必须以公司的名义去销售,按照公司统一定价销售给消费者,然后根据销售额的 5% 从公司获得提成。"这种情形下,公司仅有一道销售环节,真正属于公司直销到客户。

应纳增值税 = 2 000×17% - 180 = 340 - 180 = 160(万元)

➤ 任务完成结论- 4

本案例中,我们不难看出,由于环节的减少,方案二比方案一少缴纳增值税 60 万元,因此应选择方案二。实践中,由于两类纳税人的增值税计算方法不同,纳税人的实际税负并不相同,所以在个人(小规模纳税人)为企业(一般纳税人)的直销业务中,应当尽量避免小规模纳税人从一般纳税人处购进货物,然后再由个人对外销售的合同条款。

➤ 任务知识- 5

代销又称为委托代销,是指委托方以支付手续费等经济利益为条件,将自己的货物交付给他人,由他人代为销售的一种商品销售方式。这种销售方式一方面能减少委托方的商品积压和库存压力、仓储费用,尤其对于初创企业来说,这对扩大商品覆盖面和影响力极有帮助;另一方面也能减少受托方的商品资金占用和经营风险。在很多情况下,对委托方和受托方来说几乎是一种双赢的销售模式,因此有越来越多的商家采用。

代销商品方式通常有两种,一种为收取手续费方式,即双方签订的代销协议明确规定了代销商品的售价,受托方必须严格按规定售价销售商品,在售出商品后根据代销清单上的商品数量按协议规定的费率向委托方收取手续费,同时销售商品所得款项扣除手续费后必须汇还委托方。这种代销货物视同销售行为,价外费用是销售时向购买方收取的,并非向委托方收取,不属于价外费用,也不属于平销返利行为,属于兼营行为。另一种为视同买断方式,即由委托方和受托方签订协议,委托方按协议价收取所代销商品的货款,受托方可将代销商品加价出售,实际售价与协议价之间的差额归受托方所有,受托方不再另外收取手续费。一般在委托方收到代销清单或者收到全部或者部分货款时,再确认本企业的销售收入。未收到代销清单或者货款时,发出代销货物满 180 天后再确认本企业的销售收入。

➤ 任务导入- 5

某市甲、乙两公司均为增值税一般纳税人,甲公司生产并销售净水器,每台售价为 3 000 元(不含税),由于刚推向市场,虽初步得到市场肯定并取得一定的销售业绩和口碑,但同类产品竞争激烈。为扩大市场份额,进一步扩大产品影响力,提高销售额,拟同乙公司(国内

家电零售连锁企业)签定代销协议,委托乙公司代销。暂时有两个代销协议方案,双方可以协商选择。

方案一:采用收取手续费方式。乙公司根据代销产品销售额(不含税)的20%收取手续费,即每售出一台,乙公司可收取600元手续费作为收入,余款2400元支付给甲公司。

方案二:采用视同买断方式。乙公司每售出一台净水器,甲公司按2400元/台的协议价与乙公司结算,乙公司在市场上仍以3000元/台的价格销售甲公司净水器,实际售价与协议价的差额600元归乙公司所有。首批暂定代销20000件。

请对该公司的上述业务进行纳税筹划。

➤ **任务实施-5**

一、计算不考虑资金回笼时间及不考虑利用金融工具(如银行理财)获取收益的情况

方案一:收取手续费方式下,双方的收益和应缴纳税金的情况如下:

甲公司:

假定甲公司该产品的生产成本为1500元(不含税)且不考虑应计入产品成本的制造费用,至年底结账时,收到乙公司代销清单合计20000件。应纳城建税税率7%、应纳教育费附加费率3%、应纳地方教育费附加2%。

根据《增值税暂行条例实施细则》第四条的规定,将货物交付其他单位或个人代销,企业应视同销售,委托方与受托方均要缴纳增值税。

甲公司的收入增加额=(3000-600)×20000=48000000(元)

甲公司增值税销项税额=20000×3000×17%=10200000(元)

甲公司增值税进项税额=20000×1500×17%=5100000(元)

甲公司应纳增值税=10200000-5100000=5100000(元)

甲公司应纳城建税、教育费附加及地方教育费附加=5100000×(7%+3%+2%)=612000(元)

甲公司结转的产品成本=20000×1500=30000000(元)

甲公司支付的代销手续费=20000×600=12000000(元)

甲公司所得税前收益=20000×3000-30000000-612000-12000000=17388000(元)

乙公司:

根据《关于全面推开营业税改征增值税试点的通知》(财税〔2016〕36号)附件2《营业税改征增值税试点有关事项的规定》第一条第(一)项的规定:

试点纳税人销售货物、加工修理修配劳务、服务、无形资产或者不动产适用不同税率或者征收率的,应当分别核算适用不同税率或者征收率的销售额,未分别核算销售额的,按照以下方法适用税率或者征收率:

1. 兼有不同税率的销售货物、加工修理修配劳务、服务、无形资产或者不动产,从高适用税率。

2. 兼有不同征收率的销售货物、加工修理修配劳务、服务、无形资产或者不动产,从高适

用征收率。

3. 兼有不同税率和征收率的销售货物、加工修理修配劳务、服务、无形资产或者不动产，从高适用税率。

乙公司收取的手续费必须缴纳增值税，由于乙公司在此方式下购进的商品价格等于售出价格，因此增值税销项税额等于进项税额，相抵后无须缴纳增值税。

乙公司取得的收入＝20 000×600＝12 000 000(元)

乙公司(收取手续费属于兼营应税服务)应纳增值税＝20 000×600×6％＝720 000(元)

乙公司应纳城建税、教育费附加及地方教育费附加＝720 000×(7％＋3％＋2％)＝86 400(元)

乙公司所得税前收益＝12 000 000－86 400＝11 913 600(元)

甲、乙两家公司合计收入增加 60 000 000 元，则：

缴纳税额合计＝5 100 000＋612 000＋720 000＋86 400＝6 518 400(元)

方案二：采取视同买断方式下，双方的收益和应缴纳税金的情况如下

甲公司：

甲公司的收入增加额＝2 400×20 000＝48 000 000(元)

甲公司增值税销项税额＝20 000×2 400×17％＝8 160 000(元)

甲公司增值税进项税额＝20 000×1 500×17％＝5 100 000(元)

甲公司应纳增值税＝8 160 000－5 100 000＝3 060 000(元)

甲公司应纳城建税、教育费附加及地方教育费附加＝3 060 000×(7％＋3％＋2％)＝367 200(元)

甲公司结转的产品成本＝20 000×1 500＝30 000 000(元)

甲公司所得税前收益＝20 000×2 400－30 000 000－367 200＝17 632 800(元)

乙公司：

对于乙公司来说，视同买断方式实质上与一般的商品购销并无太大区别，相当于是以2 400元/台的价格购买净水器，再以 3 000 元/台的价格出售。

甲公司的收入增加额＝(3 000－2 400)×20 000＝12 000 000(元)

乙公司增值税销项税额＝20 000×3 000×17％＝10 200 000(元)

乙公司增值税进项税额＝20 000×2 400×17％＝8 160 000(元)

乙公司应纳增值税＝10 200 000－8 160 000＝2 040 000(元)

乙公司应纳城建税、教育费附加及地方教育费附加＝2 040 000×(7％＋3％＋2％)＝244 800(元)

乙公司所得税前收益＝20 000×(3 000－2 400)－244 800＝11 755 200(元)

甲、乙两家公司合计收入增加 60 000 000 元，则：

缴纳税额合计＝3 060 000＋367 200＋2 040 000＋244 800＝5 712 000(元)

➤ 任务完成结论-5

本案例中，若将委托企业与受托企业作为一个整体来筹划，方案二比方案一少缴纳流转税806 400(6 518 400－5 712 000)元。不难看出，视同买断的方式比收取手续费的代销方式更有利，因此应选择方案二。

在实际运用中,采取视同买断代销方式的前提是双方都是增值税一般纳税人。若委托方与受托方不全是增值税一般纳税人,不妨采取租赁经营的方式,这种方式一般适用于所有小规模纳税人的生产企业需要借助一般纳税人的商业企业开拓市场,或者一般纳税人的生产企业需要借助小规模纳税人的商业企业开拓市场的各种情况,也适用于小规模纳税人之间的各种委托代销业务。若委托方与受托方有一方属于增值税小规模纳税人或者双方都是小规模纳税人,还应该考虑自行销售方式。需要注意的是,委托方与受托方在签订代销合同时发出的货物应该在 180 天内售出,并能及时取得销售收入。

➤ 分组工作

总结常见的几种折扣方式销售货物的税务处理(见表 2-5)。

表 2-5 常见的几种折扣方式销售货物的税务处理

销售方式	发生时间	产生原因	表现形式	税务处理
折扣销售 价格折扣	在销售货物或者应税劳务之时	购货方购数量较大	买 10 件折扣 10%,买 20 件折扣 20%	销售额和折扣额必须在同一张发票上分别注明,才可按折扣后的余额作为销售额计算增值税
折扣销售 实物折扣	在销售货物或者应税劳务之时	促销	买一台微波炉送一桶食用油	该实物款不能从货物销售额中减除,且应按"视同销售"中的"赠送他人"计算增值税
销售折扣 现金折扣	在销售货物或者应税劳务之后	鼓励购货方及早偿还货款,融通资金	10 天内付款折扣 2%,否则全额付款	折扣额不得从销售额中减除
销售折让	在销售货物或者应税劳务之后	品种或数量等引起的部分货物的退折	销价 200 元,售后发现外观瑕疵折让 10 元	对销售折让可按折让后的销售额,但注意在折让的处理过程中如何开红字专用发票

任务四   掌握增值税混合销售与兼营的纳税筹划

➤ 任务达成目标

1. 理解并辨别混合销售与兼营的区别;
2. 能利用混合销售与兼营在税率上的差异进行纳税筹划。

➤ 核心技能

掌握增值税混合销售与兼营的纳税筹划。

➤ 任务思维导图

➤ 任务知识

混合销售与兼营的概念、特点及税务处理原则见表2-6：

表2-6 混合销售与兼营的概念、特点及税务处理原则

经营行为		概念和特点	税务处理原则
混合销售	概念	一项销售行为既涉及货物又涉及服务,强调在"一项销售行为中"存在着两类经营项目的混合	按纳税人主营项目的性质来划分适用的项目来缴纳增值税。 一般情况下,销售货物为主的企业的混合销售按照销售货物缴纳增值税,销售服务为主的企业的混合销售按照销售服务缴纳增值税
	特点	销售货物与提供服务之间存在因果关系、从属关系和内在联系	
兼营	概念	纳税人销售货物、加工修理修配劳务、服务、无形资产或者不动产适用不同税率或者征收率	按纳税人的核算水平来计征,分别核算划清销售额,适用不同的税率或征收率计税。 未分别核算销售额的,一律从高从重计税
	特点	强调同一纳税人存在两类经营项目,但不是发生在同一销售行为中,二者无从属关系	

➤ 任务导入-1

某建筑材料商店主营建筑材料批发和零售,同时对外承接安装、装饰工程作业。20×7年6月,该商店承接安装、装饰工程作业总收入为100万元,为进行安装装饰工程购进材料取得的增值税专用发票上注明的税额为8.26万元,销售建筑材料的增值税适用税率为17%,安装装饰作业的增值税适用税率为11%。

请根据以上业务对该公司进行纳税筹划。

➤ 任务实施-1

一、设计纳税筹划思路

由于现行增值税法对增值税混合销售的税务处理原则为"依主业征税",所以企业就可以通过控制销售和服务所占的比例,结合销售货物和服务的税率(征收率)的大小,来选择按照销售货物还是提供服务缴纳增值税。即在混合销售行为中,若想按照销售货物类缴纳增值税,则尽量使得纳税人从事货物的生产、批发或者零售的年货物销售额超过50%;反之,若想按照提供劳务类

缴纳增值税,则尽量使得纳税人从事货物的生产、批发或者零售的年货物销售额低于50%。

二、计算两种方案下的企业应纳增值税

方案一:若该商店从事货物的生产、批发或者零售的年货物销售额超过 50%,则按照销售货物缴纳增值税。

应纳增值税=100÷(1+17%)×17%-8.26=14.53-8.26=6.27(万元)

方案一:若该商店从事货物的生产、批发或者零售的年货物销售额低于 50%,则按照提供服务缴纳增值税。

应纳增值税=100÷(1+11%)×11%-8.26=9.91-8.26=1.65(万元)

➤ 任务完成结论-1

方案二比方案一少缴纳增值税 4.62(6.27-1.65)万元,因此应当选择方案二。但这里要注意一点,增值税的一般纳税人在对混合销售业务进行纳税筹划时,事先必须要得到税务机关的认可,即对于纳税人的主业是以销售货物为主还是以提供服务为主的判定,必须要由主管国家税务机关根据年货物销售额的一定比例判定,而不是纳税人想当然地操作。

➤ 任务导入-2

某婚庆公司为增值税一般纳税人,同时对外承接婚礼设备租赁、舞台布置等作业。20×7年 7 月,该公司共取得营业额 300 万元,其中,提供设备租赁收入 200 万元,提供婚礼舞台布置、婚礼主持等服务取得收入 100 万元,当月可抵扣的进项税额合计 20 万元。

请为该公司的上述业务进行纳税筹划。

➤ 任务实施-2

一、设计税务筹划思路

根据《营业税改征增值税试点实施办法》第三十九条的规定:"纳税人兼营销售货物、劳务、服务、无形资产或者不动产,适用不同税率或者征收率的,应当分别核算适用不同税率或者征收率的销售额;未分别核算的,从高适用税率。"

根据《营业税改征增值税试点有关事项的规定》第一条第(一)项的规定,试点纳税人销售货物、加工修理修配劳务、服务、无形资产或者不动产适用不同税率或者征收率的,应当分别核算适用不同税率或者征收率的销售额,未分别核算销售额的,按照以下方法适用税率或者征收率:

(1)兼有不同税率的销售货物、加工修理修配劳务、服务、无形资产或者不动产,从高适用税率。

(2)兼有不同征收率的销售货物、加工修理修配劳务、服务、无形资产或者不动产,从高适用征收率。

(3)兼有不同税率和征收率的销售货物、加工修理修配劳务、服务、无形资产或者不动产,从高适用税率。

二、计算两种方案下的企业应纳增值税

方案一:若该公司未分别核算营业额,则:

应纳增值税＝300÷(1＋17%)×17%－20＝43.59－20＝23.59(万元)

方案一:若该公司分别核算营业额,则:

应纳增值税＝[200÷(1＋17%)×17%＋100÷(1＋6%)×6%]－20＝34.72－20＝14.72(万元)

➤ 任务完成结论-2

方案二比方案一少缴纳增值税 8.87(23.59－14.72)万元,因此应当选择方案二。值得注意的是,增值税的一般纳税人有形动产租赁服务(包括有形动产融资租赁和有形动产经营租赁)适用的税率为 17%。实践中,有的纳税人既销售蔬菜又销售其他增值税应税货物的,也如此例应分别核算。但要注意的是,现行税法对从事蔬菜批发、零售的纳税人销售的蔬菜免征增值税。但各种蔬菜罐头不属于免税范围。

对销项税额的税收筹划的关键在于销售额,尽量合法合理的使销售额减少。

(1) 尽量不要让包装物作价随同货物一起销售,而应采取收取包装物押金的形式,且包装物押金单独核算。

(2) 采取合理方式坐支,少记销售收入。

(3) 视同销售的情况下,作价尽量合法合理地使销售额减少。

(4) 采取合理方式,回扣冲减销售额。

(5) 采用用于本企业继续加工的方式,避免作为对外销售处理。

(6) 纳税人因销售退回或折让而退还的增值税,应从当期的销项税额中扣除。

(7) 采取特殊的销售方式,如折扣销售、销售折扣、销售折让、以旧换新、以物易物。

(8) 注意用电子商务形式,以减少纳税。

任务五　掌握"营改增"后选择运输服务提供方的纳税筹划

➤ 任务达成目标

会选择运输服务提供方进行纳税筹划。

➤ 核心技能

能正确处理从销项税额中抵扣进项税额。

➤ 任务思维导图

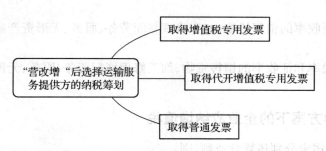

➤ 任务知识

根据《营业税改征增值税试点实施办法》第二十五条的规定

下列进项税额准予从销项税额中抵扣：

（一）从销售方取得的增值税专用发票（含税控机动车销售统一发票，下同）上注明的增值税额。

（二）从海关取得的海关进口增值税专用缴款书上注明的增值税额。

（三）购进农产品，除取得增值税专用发票或者海关进口增值税专用缴款书外，按照农产品收购发票或者销售发票上注明的农产品买价和13％的扣除率计算的进项税额。计算公式为：

$$进项税额＝买价×扣除率$$

买价是指纳税人购进农产品在农产品收购发票或者销售发票上注明的价款和按照规定缴纳的烟叶税。购进农产品，按照《农产品增值税进项税额核定扣除试点实施办法》抵扣进项税额的除外。

（四）从境外单位或者个人购进服务、无形资产或者不动产，自税务机关或者扣缴义务人取得的解缴税款的完税凭证上注明的增值税额。

根据《营业税改征增值税试点实施办法》第二十七条的规定：

下列项目的进项税额不得从销项税额中抵扣：

（一）用于简易计税方法计税项目、免征增值税项目、集体福利或者个人消费的购进货物、加工修理修配劳务、服务、无形资产和不动产。其中涉及的固定资产、无形资产、不动产，仅指专用于上述项目的固定资产、无形资产（不包括其他权益性无形资产）、不动产。

纳税人的交际应酬消费属于个人消费。

（二）非正常损失的购进货物，以及相关的加工修理修配劳务和交通运输服务。

（三）非正常损失的在产品、产成品所耗用的购进货物（不包括固定资产）、加工修理修配劳务和交通运输服务。

（四）非正常损失的不动产，以及该不动产所耗用的购进货物、设计服务和建筑服务。

（五）非正常损失的不动产在建工程所耗用的购进货物、设计服务和建筑服务。

纳税人新建、改建、扩建、修缮、装饰不动产，均属于不动产在建工程。

（六）购进的旅客运输服务、贷款服务、餐饮服务、居民日常服务和娱乐服务。

（七）财政部和国家税务总局规定的其他情形。

本条第（四）项、第（五）项所称货物，是指构成不动产实体的材料和设备，包括建筑装饰材料和给排水、采暖、卫生、通风、照明、通讯、煤气、消防、中央空调、电梯、电气、智能化楼宇设备及配套设施。

➤ 任务导入

某市甲企业为增值税一般纳税人，20×7年3月欲销售一批货物，找第三方物流公司进行运输，现有以下三种方案可供选择：

方案一：由乙企业（增值税一般纳税人）负责运输，并能取得乙企业开具的增值税专用发

票,注明价款为 46 157.82 元;

方案二:由丙企业(增值税小规模纳税人)负责运输,取得由税务机关代开的增值税专用发票,注明价款为 44 596.17 元;

方案三:由丁企业(增值税小规模纳税人)负责运输,取得丁企业普通发票,注明金额为 42 386.25元;

请为该公司的上述业务进行纳税筹划。

> **任务实施**

一、设计纳税筹划思路

企业在购进运输服务时,一般应考虑对方提供的运输服务的价格和可抵扣的增值税进项税额、运输服务的质量、企业信用、耗用时间等多方面因素。尤其对于存在的可抵扣进项税额应重点关注,因为这不仅会使企业的实际税收负担减少,还会相应减少企业的城建税及教育费附加、地方教育费附加及基金的缴纳。因此,通过比较不同方案下的现金净流量或者现金流出量的大小,最终选择现金净流量或现金流出量最小的方案。

二、计算三种方案下的企业应纳增值税

方案一:甲企业接受乙企业提供的运输服务,购进时取得增值税专用发票上注明的价款为 46 157.82 元。

甲企业的现金流出量 $= 46\ 157.82 - 46\ 157.82 \times 11\% \times (1 + 7\% + 3\%) = 46\ 157.82 - 5\ 585.1 = 40\ 572.72$(元)

方案二:甲企业接受丙企业提供的运输服务,购进时取得代开的增值税专用发票上注明的价款为 44 596.17 元。

甲企业的现金流出量 $= 44\ 596.17 - 44\ 596.17 \times 3\% \times (1 + 7\% + 3\%) = 44\ 596.17 - 1\ 471.67 = 43124.5$(元)

方案三:甲企业接受丁企业提供的运输服务,购进时取得丁企业普通发票,注明金额为 42 386.25元。

甲企业的现金流出量 $= 42\ 386.25$(元)

> **任务完成结论**

方案一比方案二的现金流出量少 4 023.45(44 596.17－40 572.72)元,方案一比方案三的现金流出量少 1 813.53(42 386.25－40 572.72)元,因此应当选择方案一。

任务六 熟悉增值税税收优惠的纳税筹划

➤ 任务达成目标

1. 熟悉增值税免税的含义及纳税筹划；

2. 掌握起征点与免征额政策，以及现行税法中关于起征点的规定，并能计算采用起征点进行纳税筹划。

➤ 核心技能

能利用免税政策、起征点政策进行纳税筹划。

➤ 任务思维导图

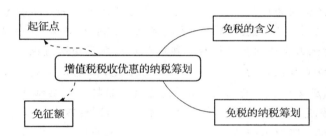

➤ 任务知识-1

一、增值税免税的含义、类别与经济后果

1. 增值税免税的含义

免税是指税法对某些纳税人或征税对象免予征税的规定，是国家为了实现一定的政治、经济目的而给予某些纳税人或征税对象的鼓励或照顾措施，属于税收优惠的形式之一。增值税免税是指税法对某些纳税人或征税对象免予征收增值税的优惠政策。免税政策一直被我国作为一项减轻纳税人负担的税收优惠措施而广泛运用。

2. 增值税免税的类别

目前，世界上已有170多个国家和地区开征了增值税，这些国家和地区采用的增值税免税形式可分为有抵扣权的免税和无抵扣权的免税两类。

有抵扣权的免税是指允许享受免税待遇的纳税人无须缴纳免税环节的增值税，还可以抵扣进项税额。

无抵扣权的免税是指对特定的生产经营项目免征增值税，但不允许纳税人抵扣这些免税项目耗用的投入物所缴纳的税款。也就是说，在无抵扣权的免税形式下，经营者不需要缴纳增值税，但必须负担购入的货物、劳务或服务在以前的阶段缴付的全部增值税税款。无抵扣权的免税又可分为以下两种形式：第一种是对应税项目的生产经营过程中的某一阶段免征增值税，但此阶段之前的各个阶段不予免税;第二种是对特定的纳税人免税,即这些纳税人的所有应税项目都可以享受免征增值税。

3. 增值税免税的经济后果

由于增值税采用税款抵扣机制,层层抵扣、环环征税,并以增值税专用发票等税款抵扣凭证作为维持该机制运行的载体。所以,在无抵扣权的免税形式下,纳税人在某一环节享受增值税免税待遇,就意味着增值税抵扣链条中断,该环节上的纳税人丧失了抵扣权,必须负担此前的所有流转环节已由国家征收的增值税税款。由此可见,享受增值税免税待遇并不意味着不负担增值税。并且,在免税环节上享受增值税免税待遇的纳税人,在销售免税货物、提供免税劳务或服务时,不能向购买方开具增值税专用发票等税款抵扣凭证,可能影响企业产品销售价格和销售数量,对企业经营和产业发展产生负面影响。

因此,增值税一般纳税人如果存在免税收入,应根据具体情况进行适用不同政策的情况下具体税负的详细测算,以确定利弊,择优选择。

➤ 任务导入-1

甲有机化肥生产企业为增值税一般纳税人,其生产的化肥一直享受增值税免税优惠政策。该企业生产的有机化肥既作为最终消费品直接销售给农业生产者,又作为原材料销售给其他化工企业,这些其他化工企业均为增值税一般纳税人。在享受增值税免税优惠的情况下,该有机化肥生产企业每吨有机化肥的对外售价均为 1 000 元,每吨有机化肥的生产成本为 702 元。这 702 元中包含从"应交税费——应交增值税(进项税额转出)"明细账户中转入的 102 元,也就是因为享受增值税免税优惠政策而导致的原材料被购进后不能抵扣的进项税额。该有机化肥生产企业生产有机化肥所用的原材料均从一般纳税人处采购并取得增值税专用发票,从购入原材料到投入生产直至生产出产成品的时间为 7 天。该有机化肥生产企业适用 10% 的企业所得税税率。

2017 年年初,该有机化肥生产企业的管理层讨论了是否放弃享受增值税免税优惠的问题。有关的资料如下:假设放弃享受增值税免税优惠后,为了不影响销售量,销售给农业生产者的有机化肥的含税售价仍为 1 000 元/吨;但由于放弃享受增值税免税优惠政策后购买方能够取得该有机化肥生产企业开具的增值税专用发票用于抵扣进项税额,所以把销售给其他化工企业的有机化肥的价格提高为不含税售价 1 000 元/吨。

问:以销售总量为 100 吨为例,对农业生产者的销售量超过多少时,和享受增值税免税优惠相比,放弃增值税免税优惠将对该有机化肥生产企业不利?

➤ 任务实施-1

一、掌握现行税法中关于增值税免税的相关规定

国家税务总局《关于明确有机肥产品执行标准的公告》(税务总局 2015 年第 86 号公告)中,就享受增值税免税政策的有机肥产品执行标准做出调整。该公告中明确,自 2016 年 1 月 1 日起,有机肥按《有机肥料》(NY525—2012)、《有机—无机复混肥料》(GB18877—2009)、《生物有机肥》(NY884—2012)标准执行。今后,有机肥产品的国家标准、行业标准如在执行过程中有更新、替换,统一按最新的国家标准、行业标准执行。该公告明确,我国从 2015 年 9 月 1

日起,化肥生产销售和进口恢复征收增值税,同时保留了有机类肥料国内生产销售的增值税免税优惠政策。

根据《增值税暂行条例》第十条的规定:"用于免征增值税项目的购进货物或者应税劳务,其进项税额不得从销项税额中抵扣。"

根据《增值税条例实施细则》第二十一条的规定:"条例第十条第(一)项所称购进货物,不包括既用于增值税应税项目(不含免征增值税项目)也用于非增值税应税项目、免征增值税(以下简称免税)项目、集体福利或者个人消费的固定资产。"

根据《营业税改征增值税试点实施办法》第二十七条的规定:"下列项目的进项税额不得从销项税额中抵扣:(一)用于简易计税方法计税项目、免征增值税项目、集体福利或者个人消费的购进货物、加工修理修配劳务、服务、无形资产和不动产。其中涉及的固定资产、无形资产、不动产,仅指专用于上述项目的固定资产、无形资产(不包括其他权益性无形资产)、不动产。"

第二十六条:"一般纳税人兼营免税项目或者非增值税应税劳务而无法划分不得抵扣的进项税额的,按下列公式计算不得抵扣的进项税额:不得抵扣的进项税额=当月无法划分的全部进项税额×当月免税项目销售额、非增值税应税劳务营业额合计÷当月全部销售额、营业额合计"

根据国家税务总局《关于加强免征增值税货物专用发票管理的通知》(国税函〔2005〕780号)的规定:"增值税一般纳税人销售免税货物,一律不得开具专用发票(国有粮食购销企业销售免税粮食除外)。如违反规定开具专用发票的,则对其开具的销售额依照增值税适用税率全额征收增值税,不得抵扣进项税额,并按照《中华人民共和国发票管理办法》及其实施细则的有关规定予以处罚。"

《营业税改征增值税试点实施办法》第四十八条规定:"纳税人发生应税行为适用免税、减税规定的,可以放弃免税、减税,依照本办法的规定缴纳增值税。放弃免税、减税后,36个月内不得再申请免税、减税。"

二、根据上述规定,我们可以得出的结论

第一,用于免征增值税项目的购进货物或劳务不能抵扣进项税额。

第二,专用于免税项目的购进固定资产、无形资产(不包括其他权益性无形资产)、不动产进项税额不能抵扣;既用于增值税应税项目也用于免征增值税项目、集体福利的固定资产、无形资产(不包括其他权益性无形资产)、不动产,购进时的进项税额可以全额抵扣。

第三,除固定资产、无形资产(不包括其他权益性无形资产)、除不动产外的购进货物或劳务既用于增值税应税项目也用于免征增值税项目而无法划分不得抵扣的进项税额的,按公式计算不得抵扣的进项税额。

第四,增值税一般纳税人销售免税货物,一律不得开具专用发票(国有粮食购销企业销售免税粮食除外)。

第五,纳税人可以放弃免税,放弃免税后,36个月内不得再申请,36个月后可以再申请。

三、在任务案例中做具体分析

设对农业生产者的销售量为M吨,则对其他化工企业的销售量为$(100-M)$吨。为了便于解答和易于理解,以如下的相关会计分录作为辅助的分析工具,不考虑除增值税和企业所得税之外的其他税费因素。

方案一:享受增值税免税优惠。在这种情况下,该有机化肥生产企业不需要计算增值税销项税额,也不能抵扣增值税进项税额,相关的会计分录如下:

(1)购进1吨原材料,做会计分录如下:

借:原材料		702
贷:银行存款(或应付账款等)		702

(2)把购入的1吨原材料转入生产,做会计分录如下:

借:生产成本		702
贷:原材料		702

(3)向农业生产者销售1吨有机化肥,做会计分录如下:

借:银行存款(或应收账款等)		1 000
贷:主营业务收入——销售给农业生产者的收入		1 000

向其他化工企业销售1吨有机化肥,做会计分录如下:

借:银行存款(或应收账款等)		1 000
贷:主营业务收入——销售给其他化工企业的收入		1 000

(4)结转1吨有机化肥的销售成本(不考虑原材料之外的其他成本项目),做会计分录如下:

借:主营业务成本		702
贷:库存商品(或生产成本)		702

方案二:放弃增值税免税优惠。在这种情况下,该有机化肥生产企业应当计算增值税销项税额,并且可以抵扣采购原材料等负担的增值税进项税额,假定有机化肥增值税税率为11%,设购进原材料税率都不变,相关的会计分录如下:

(1)购进1吨原材料,做会计分录如下:

借:原材料		600
应交税费——应交增值税(进项税额)		102
贷:银行存款(或应付账款等)		702

(2)把购入的1吨原材料转入生产,做会计分录如下:

借:生产成本		600
贷:原材料		600

(3)向农业生产者销售1吨有机化肥,做会计分录如下:

主营业务收入=1 000÷(1+11%)=900.9(元)

销项税额=900.9×11%=99.1(元)

借:银行存款(或应收账款等)		1 000
贷:主营业务收入——销售给农业生产者的收入		900.9
应交税费——应交增值税(销项税额)		99.1

向其他化工企业销售1吨有机化肥,做会计分录如下:

销项税额=1 000×11%=110(元)

借:银行存款(或应收账款等)		1 110
贷:主营业务收入——销售给其他化工企业的收入		1 000
应交税费——应交增值税(销项税额)		110

（4）结转1吨有机化肥的销售成本（不考虑原材料之外的其他成本项目），做会计分录如下：

借：主营业务成本　　　　　　　　　　　　　　　　　　　　　　600
　　贷：库存商品（或生产成本）　　　　　　　　　　　　　　　　　600

➤ 任务完成结论-1

从以上分析不难看出，该有机化肥生产企业在方案一下，无须计算增值税销项税额，也不能抵扣进项税额。所以其应纳增值税额 $T_1=0$。在方案二下，该企业应当计算增值税销项税额，并且可以抵扣采购原材料等负担的进项税额。所以，其应交增值税税额 T_2 为 $800-10.9M\{[1\,000\div(1+11\%)\times11\%-102]M+(1\,000\times11\%-102)(100-M)\}$，则：

当 $T_2>T_1$ 时，增值税税负增加，放弃增值税免税优惠对有机化肥生产企业不利。此时有：$800-10.9M>0$，并且 $0\leqslant M\leqslant100$，解得 $0\leqslant M\leqslant100$。

也就是说，在销售总量为100吨的条件下，企业对农业生产者的销售量为0～100吨的区间内任意一个数值时，放弃增值税免税优惠导致的应交增值税税额都大于0，故放弃增值税免税权对该有机化肥生产企业不利。

由于增值税是价外税，从价计征并实行税款抵扣机制，所以，增值税税额的增加往往伴随着收入的增加。但是，应纳增值税税款的增加并不意味着纳税人获得的可支配经济利益减少。因此，以应交增值税税额作为评价指标往往不能反映出纳税方案对纳税人的总体影响，企业往往还需要考虑使用具有综合衡量功能的评价指标，例如，销售毛利润、销售产生的净利润、现金净流量等。

实践中，作为增值税一般纳税人放弃免税权还应该注意以下事项：

（1）放弃免税权不能随意选择，应当以书面形式提交放弃免税权声明，报主管税务机关备案。纳税人自提交备案资料的次月起，按照现行有关规定计算缴纳增值税。

（2）放弃免税权的纳税人符合一般纳税人认定条件但尚未认定为增值税一般纳税人的，应当按现行规定认定为增值税一般纳税人，其销售的货物或劳务可开具增值税专用发票。

（3）放弃免税权后，不能在限定期限和限定范围内随意变更。

一是放弃免税后，36个月内不得再申请免税，并且纳税人在免税期内购进用于免税项目的货物或者应税劳务所取得的增值税扣税凭证，一律不得抵扣。二是不得根据不同的销售对象选择部分货物或劳务放弃免税权，不能因为部分销售对象不索取专用发票就按免税申报。

（4）如果企业有多种免税项目，有的免税项目能准确分开核算，有的不能准确分开核算，在进行免税还是应税筹划时，不能只计算某一类免税项目放弃后的利弊，而要计算所有的免税权都放弃的情况下是否划算，不能误以为放弃一部分免税权后可以继续享受其他免税项目的免税权。统筹考虑免税项目是选择可否放弃免税权的关键。

➤ 任务知识-2

根据《营业税改征增值税试点实施办法》第四十九条的规定："个人发生应税行为的销售额未达到增值税起征点的，免征增值税；达到起征点的，全额计算缴纳增值税。增值税起征点不适用于登记为一般纳税人的个体工商户。"

《营业税改征增值税试点实施办法》第五十条规定：

增值税起征点幅度如下：

（一）按期纳税的，为月销售额 5 000～20 000 元（含本数）。

（二）按次纳税的，为每次（日）销售额 300～500 元（含本数）。

对增值税小规模纳税人中月销售额未达到 2 万元的企业或非企业性单位，免征增值税。2017 年 12 月 31 日前，对月销售额 2 万元（含本数）至 3 万元的增值税小规模纳税人，免征增值税。

➤ 任务导入-2

郑某为从事维修换锁配钥匙服务的小规模纳税人，20×7 年 6 月取得服务总收入为 20 600 元（含税），当地政府规定的增值税起征点为 20 000 元（不考虑城建税及教育费附加）。

请对郑某的上述业务进行纳税筹划。

➤ 任务实施-2

一、掌握起征点与免征额政策并能进行区分

起征点亦称起税点。它是税法规定的对课税对象开始征税的最低数量界限（见表 2-7）。纳税人销售额未达到国务院财政、税务主管部门规定的增值税起征点的，免征增值税；达到起征点的，依照规定全额计算缴纳增值税。

表 2-7　2011 年 11 月 1 日起的起征点规定

按期纳税	月销售额 5 000～20 000 元（含本数）
按次纳税	每次（日）销售额 300～500 元（含本数）

免征额亦称为免税额。它是指税法中规定的课税对象全部数额中免予征税的数额。如个人所得税中工资、薪金所得减除费用标准为 3 500 元/月。

起征点和免征额的主要区别在于，当课税对象数额超过起征点和免征额时，采用起征点制度的要对课税对象的全额征税，而免征额的仅对课税对象的超过免征额的部分征税。

所以对于个人纳税人来讲，若销售收入刚好超过起征点，应减少应税收入在起征点以下，从而规避纳税。

二、计算增值税起征点的应纳税额

方案一：将月含税销售额定为 20 600 元，则：

不含税销售额＝20 600÷（1＋3%）＝20 000（元）

刚好符合当地政府规定的起征点 20 000 元，则：

郑某应纳增值税＝20 000×3%＝600（元）

税后收入＝20 000－600＝19 400（元）

方案二：将月含税销售额定为 20 599 元，则：

不含税销售额＝20 599÷(1＋3%)＝19 999.03(元)

未超过当地政府规定的起征点 20 000 元,则免于缴纳增值税。

税后收入＝20 599(元)

➤ 任务完成结论-2

方案二比方案一少缴纳 600(600－0)元,多获取税后收入 1 199(20 599－19 400)元,因此应当选择方案二。

任务七　掌握增值税纳税时机或方式的纳税筹划

➤ 任务达成目标

1. 掌握开具发票时间及销售结算时间的纳税筹划;
2. 掌握纳税缴库时间的纳税筹划。

➤ 核心技能

1. 能利用销售结算时间进行纳税筹划;
2. 能通过延期纳税进行纳税筹划。

➤ 任务思维导图

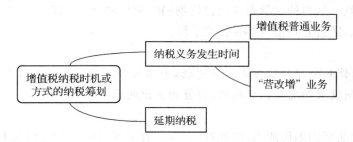

➤ 任务知识

一、增值税纳税义务发生时间(开具发票时间)

纳税人销售货物或者应税劳务,采取的计算方式不同,其纳税义务发生时间也不相同。一般情况下,其纳税义务发生时间为收讫销售款项或者取得索取销售款项凭据的当天,先开发票的为开具发票的当天。根据《增值税暂行条例》第三十八条的规定:

本条例第十九条第一款第(一)项规定的收讫销售款项或者取得索取销售款项凭据的当天,按销售结算方式的不同,具体为:

(一)采取直接收款方式销售货物,不论货物是否发出,均为收到销售款或者取得索取销售款凭据的当天;

国家税务总局《关于增值税纳税义务发生时间有关问题的公告》(国家税务总局公告 2011 年第 40 号)规定,从 2011 年 8 月 1 日起,纳税人生产经营活动中采取直接收款方式销售货物,已将货物移送对方并暂估销售收入入账,但既未取得销售款或取得索取销售款凭据也未开具销售发票的,其增值税纳税义务发生时间为取得销售款或取得索取销售款凭据的当天;先开具发票的,为开具发票的当天。

对于这种结算方式,我们可以理解为"一手交钱一手交货"的方式销售货物,常见于零售市场层面。具体可以分以下两种情形:第一种,先收取货款后交货的,以收取货款的当天为纳税义务的发生。比如,顾客到商店购买需要送货的商品,货物交付通常在收取货款之后,纳税义务应当为收取货款的当天。第二种,货物交付后,以收到销售款或者取得索取销售款凭据的当天为纳税义务的发生。本条应当以孰先原则判断纳税义务的发生。如果在货物交付后未取得索取销售款凭据,一段时间内直接收取货款,那就按收到销售款的当天为纳税义务的发生,如果在货物交付后取得索取销售款凭据(这时应当尚未收款),取得索取销售款凭据的当天为纳税义务的发生。索取销售款项凭据应当同时符合下面两个条件:第一,索取销售款项凭据中载明的金额必须具有确定性;第二,销售方凭借索取销售款项凭据,随时可以去结款,而不能再附加其他条件。

(二)采取托收承付和委托银行收款方式销售货物,为发出货物并办妥托收手续的当天。

托收承付结算是指根据购销合同由收款人发货后委托银行向异地购货单位收取货款,购货单位根据合同对单或对证验货后,向银行承认付款的一种结算方式。委托收款是收款人委托银行向付款人收取款项的结算方式,一般凭已承兑商业汇票、债券、存单等付款人债务证明委托银行收取货款。这两种收款方式销售货物同时满足两个条件即为纳税义务的发生:第一,货物已发出;第二,销售方到银行办妥托收手续。

(三)采取赊销和分期收款方式销售货物,为书面合同约定的收款日期的当天,无书面合同的或者书面合同没有约定收款日期的,为货物发出的当天。

先货后款,税法考虑纳税能力,按照顺序判断,有书面合同且约定收款日的以按合同约定收款日为纳税义务的发生,否则为货物发出的当天。

(四)采取预收货款方式销售货物,为货物发出的当天,但生产销售生产工期超过 12 个月的大型机械设备、船舶、飞机等货物,为收到预收款或者书面合同约定的收款日期的当天。

先款后货,普通货物以发货当天为纳税义务的发生,但是为了保证税款及时入库,对于工期超过 12 个月的大型机械设备、船舶、飞机等货物,纳税义务的发生为收到预收款或者书面合同约定的收款日期的当天,这是先款后货的特殊情形。

(五)委托其他纳税人代销货物,为收到代销单位的代销清单或者收到全部或者部分货款的当天。未收到代销清单及货款的,为发出代销货物满 180 天的当天。

为了防止企业无限期递延纳税,税法给委托代销设定一个合理的期限:为发出代销货物满180天的当天。

(六)销售应税劳务,为提供劳务同时收讫销售款或者取得索取销售款的凭据的当天。

这里强调已经开始提供劳务后,收到款或取得索取销售款的凭据的当天,劳务未发生,即使先收取销售款或取得索取销售款的凭据,也不能确认纳税义务的发生,这与提供劳务的性质息息相关,实际上劳务不开始提供,也是很难收到款的。

(七)纳税人发生相关视同销售货物行为,为货物移送的当天。

二、"营改增"纳税义务、扣缴义务发生时间

根据《营业税改征增值税试点实施办法》第四十五条的规定:

(一)纳税人发生应税行为并收讫销售款项或者取得索取销售款项凭据的当天;先开具发票的,为开具发票的当天。

收讫销售款项是指纳税人销售服务、无形资产、不动产过程中或者完成后收到款项。一般通过以下规则来掌握:

(1)按照收讫销售款项确认应税行为纳税义务发生时间的,应以发生应税行为为前提。

(2)收讫销售款项是指在应税行为发生后收到的款项,包括在应税行为发生过程中或者完成后收取的款项。

(3)除了提供建筑服务、租赁服务采取预收款方式外,在发生应税行为之前收到的款项不属于收讫销售款项,不能按照该时间确认纳税义务发生。

取得索取销售款项凭据的当天是指书面合同确定的付款日期;未签订书面合同或者书面合同未确定付款日期的,为服务、无形资产转让完成的当天或者不动产权属变更的当天。取得索取销售款项凭据的当天是指书面合同确定的付款日期的当天;未签订书面合同或者书面合同未确定付款日期的,为应税行为完成的当天。

纳税人发生应税行为,由于增值税实行凭专用发票抵扣税款的办法,购买方在取得销售方开具的专用发票后,即使尚未向提供方支付相关款项,仍然可以按照有关规定凭专用发票抵扣进项税额。因此,如果再以收讫销售款项或者取得索取销售款项凭据的当天作为销售方的纳税义务发生时间,就会造成增值税的征收与抵扣相脱节,即销售方尚未申报纳税,购买方已经提前抵扣了税款。

此外,为使纳税人开具增值税普通发票与开具专用发票的征税原则保持一致。本条规定,如果纳税人发生应税行为时先开发票的,纳税义务发生时间为开具发票的当天。

需要注意的是,以开具发票的当天为纳税义务发生时间的前提,是纳税人发生应税行为。

(二)纳税人提供建筑服务、租赁服务采取预收款方式的,其纳税义务发生时间为收到预收款的当天。

例如,某试点纳税人出租一辆小轿车,租金为5 000元/月,一次性预收了对方一年的租金共60 000元,则应在收到60 000元租金的当天确认纳税义务发生,并按60 000元确认收入。

(三)纳税人从事金融商品转让的,为金融商品所有权转移的当天。

(四)纳税人发生本办法第十四条规定情形的,其纳税义务发生时间为服务、无形资产转让完成的当天或者不动产权属变更的当天。

视同发生应税行为的纳税义务发生时间:纳税人发生《试点实施办法》第十四条视同发生应税行为的,其纳税义务发生时间为应税行为完成的当天。

《试点实施办法》第十四条规定,除以公益活动为目的或者以社会公众为对象外,向其他单位或者个人无偿提供服务,以及向其他单位或者个人无偿转让无形资产或者不动产,应视同发生应税行为缴纳增值税。由于无偿提供应税服务、无偿转让无形资产或者不动产不存在收讫销售或者取得索取销售款项凭据的情况,因此,将其纳税义务发生时间确定为应税行为完成的当天。

(五)增值税扣缴义务发生时间为纳税人增值税义务发生的当天。

➤ 任务导入

甲公司为钢材生产企业(增值税一般纳税人),20×7年3月15日向乙房地产公司销售建筑钢材,钢材总成本3 000万元,含税总金额3 900万元。根据双方合同约定,乙房地产公司分三期向甲公司支付价款:收到钢材后30天,支付50%的价款,收到钢材后满1年,支付30%价款,收到钢材后满2年,支付20%的余款。甲公司收到第一期货款后,钢材所有权归属于乙房地产公司。

问:甲公司销售该钢材应如何开具发票、缴税和进行账务处理?

➤ 任务实施

一、掌握赊销和分期收款销售货物方式下的税务处理

纳税人采用赊销和分期收款方式销售货物,为书面合同约定的收款日期的当天,无书面合同的或者书面合同没有约定收款日期的,为货物发出的当天。由此可见,甲公司采用分期收款方式销售钢材,在合同约定的收款日期的当天发生增值税纳税义务。

根据国家税务总局《关于修订〈增值税专用发票使用规定〉的通知》(国税发〔2006〕156号)第十四条第四项的规定:"增值税专用发票应按照增值税纳税义务的发生时间开具。"甲公司应在合同约定的收款日期向乙公司开具发票,即甲公司应分三期向乙公司开具发票。如果甲公司先向乙开具发票的,甲公司开具发票的当天,发生增值税纳税义务。

《企业所得税法实施条例》第二十三条第一项规定:"以分期收款方式销售货物的,按照合同约定的收款日期确认收入的实现。"

就甲公司而言,其以分期收款方式销售钢材,需要按照合同约定的收款日期确认收入。与增值税纳税义务发生时间大体一致。

根据《企业所得税法》第八条的规定："企业实际发生的与取得收入有关的、合理的支出,包括成本、费用、税金、损失和其他支出,准予在计算应纳税所得额时扣除。甲公司以分期收款方式销售钢材,销售成本也需按照合同约定的收款日期按收入比例扣除。"

二、掌握赊销和分期收款方式销售货物的下的会计处理

《企业会计准则第 14 号——收入》第四条规定:"销售商品收入同时满足下列条件的,才能予以确认:(一) 企业已将商品所有权上的主要风险和报酬转移给购货方;(二) 企业既没有保留通常与所有权相联系的继续管理权,又没有对已售出的商品实施有效控制;(三) 收入的金额能够可靠地计量;(四) 相关的经济利益很可能流入企业;(五) 相关的已发生或将发生的成本能够可靠地计量。"第五条规定,企业应当按照从购货方已收或应收的合同或协议价款确定销售商品收入金额,但已收或应收的合同或协议价款不公允的除外。合同或协议价款的收取采用递延方式,实质上具有融资性质的,应当按照应收的合同或协议价款的公允价值确定销售商品收入金额。应收的合同或协议价款与其公允价值之间的差额,应当在合同或协议期间内采用实际利率法进行摊销,计入当期损益。

甲公司发出钢材时,虽然钢材的成本能够确认,但钢材的所有权未发生转移,不符合收入确认条件。其在收到第一笔价款时所有权发生转移,同时满足收入确认的其他条件,甲公司应在收到首笔价款时确认收入。

甲公司直接向终端客户销售钢材,商品经销环节次数减少,减少对分销等中间环节支出。甲公司愿意乙房地产公司采用分期付款,主要目的在于推销产品,而不是以融资为目的。因此,甲公司以分期收款方式向乙房地产公司销售钢材,应按合同约定价款确认钢材销售收入。

企业所得税方面,甲公司按合同约定日分期确认收入;在会计核算方面,甲公司应在收到第一笔价款时按合同金额确认销售收入。甲公司会计上确认的应收账款账面价值与其计税基础不一致产生暂时性差异,需确认或转回递延所得税负债。

其会计分录如下
(1) 20×7 年 3 月 15 日,发出货物时:

借:发出商品	30 000 000
贷:库存商品	30 000 000

(2) 20×7 年 4 月 15 日,收到第一笔货款并确认收入时:

借:银行存款	19 500 000
应收账款	19 500 000
贷:主营业务收入	33 333 400
应交税费——应交增值税(销项税额)	2 833 300
其他应付款——待转销项税额	2 833 300

甲公司 20×7 年 4 月 15 日向乙房地产公司开具 1 950 万元的增值税普通发票,并结转成本时:

借:主营业务成本	19 500 000
贷:发出商品	19 500 000

(3) 20×7 年 12 月 31 日,确认递延所得税负债时:

所得税费用=19 500 000×25%=4 875 000(元)

借:所得税费用   4 875 000

  贷:递延所得税负债   4 875 000

甲公司进行 20×7 年度企业所得税申报时,应作纳税调减 166.67[1 950÷(1+17%)－3 000×50%]万元。

(4) 20×8 年 4 月 15 日,收到第二笔货款时:

借:银行存款   11 700 000

  贷:应收账款   11 700 000

借:其他应付款——待转销项税额   1 989 000

  贷:应交税费——应交增值税(销项税额)   1 989 000

甲公司于 20×8 年 4 月 15 日向乙公司开具 1 170 万元的增值税普通发票。

(5) 20×8 年 12 月 31 日递延所得税负债余额为 195(3 900×20%×25%)万元,需转回递延所得税负债时:

递延所得税负债=487.5－195=292.5(万元)

借:递延所得税负债   2 925 000

  贷:所得税费用   2 925 000

甲公司进行 20×8 年度企业所得税申报时,应做纳税调增 100[1 170÷(1+17%)－3 000×30%]万元。

(6) 20×9 年 4 月 15 日,收到第三笔货款时:

借:银行存款   7 800 000

  贷:应收账款   7 800 000

借:其他应付款——待转销项税额   1 326 000

  贷:应交税费——应交增值税(销项税额)   1 326 000

甲公司于 20×9 年 4 月 15 日向乙公司开具 780 万元的增值税普通发票。

(7) 20×9 年 4 月递延所得税负债余额为 0,转回递延所得税负债时:

借:递延所得税负债   1 950 000

  贷:所得税费用   1 950 000

甲公司进行 20×9 年度企业所得税申报时,应做纳税调增 66.67[780÷(1+17%)－3 000×20%]万元。

三、计算不同结算方式下甲企业应纳增值税

方案一:若甲企业采取直接收款方式,或者合同中未体现出购销或者分期收款结算的具体日期,国家税务机关推定为甲企业采取的是直接收款方式。此时:

甲企业的销项税额=3 900÷(1+17%)×17%=566.67(万元)

方案二:若甲企业队第二笔和第三笔业务采用赊销和分期收款方式,在合同书上注明收款日期,当实际收到货款时在开具发票,则可以分期计算销售收入,延缓纳税时间。应纳税额及延缓天数如下:

应纳税额=3 900×30%÷(1+17%)×17%=170(万元)

因此,延期 365 天。

应纳缴额=3 900×20%÷(1+17%)×17%=113.33(万元)

因此,延期 730 天。

假定年利率为 6%,则:

可以为甲企业节约的货币时间价值＝[170×(1+6%)+113.33×(1+6%)×2]−(170+113.33)＝307.54−283.33＝24.21(万元)

甲企业本期应纳增值税销项税额＝900×50%÷(1+17%)×17%＝283.33(万元)

甲企业 3 年合计应纳增值税销项税额＝283.33(第一年)+170(第二年)+113.33(第三年)＝566.66(万元)

➢ 任务完成结论

不难看出,甲企业在方案一和方案二下的总应纳税额相同,但有 170 万元的增值税税款可以迟延 365 天缴纳,113.33 万元的增值税税款可以迟延 730 天缴纳。在采用直接收款结算方式不能及时收到货款的情况下,通过修改合同结算条款就可以延缓纳税时间,为纳税人节约流动资金,并赢得货币的时间价值。

任务八　熟悉税负转嫁的纳税筹划

➢ 任务达成目标

能利用税负转嫁进行增值税纳税筹划。

➢ 核心技能

会通过税负转嫁方法对企业销售业务进行纳税筹划。

➢ 任务思维导图

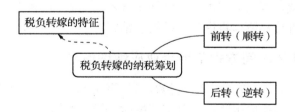

➢ 任务知识

税负转嫁是指商品交换过程中,纳税人通过提高销售价格或压低购进价格的方法,将税负转嫁给购买者或供应者的一种经济现象。它一般包括前转和后转两种基本形式。前转指纳税人将其所纳税款顺着商品流转方向,通过提高商品价格的办法,转嫁给商品的购买者或最终消费者负担。实践中,其常见的形式是卖方将税负转嫁给买方负担,通常通过提高商品售价的办法,顺着商品流转顺序从生产到零售再到消费者的,因而也叫顺转。后转指纳税人将其所纳税款逆商品流转的方向,以压低购进商品价格的办法,向后转移给商品的提供者。又称为逆转,例如,对某种商品在零售环节征税,零售商将所纳税款通过压低进货价格,把税负逆转给批发商,批发商又以同样的方式把税负逆转给制造商,制造商再以同样方式压低生产要素价格把税负逆转于生产要素供应者负担。

税负转嫁一般具有以下三个特征:

(1)与价格升降紧密联系;

(2)它是各经济主体之间税负的再分配,也是经济利益的一种再分配,其结果必导致纳税人与负税人不一致;

(3)是纳税人的一般行为倾向,即是纳税人的主动行为。

➤ 任务导入

甲、乙两公司同属于增值税一般纳税人,20×7 年 6 月 3 日,两公司签订购销合同,双方约定,甲公司从乙公司购入 A 型产品一批,价税合计总额 234 万元,乙公司向甲公司开具的增值税专用发票上注明的价款为 200 万元,增值税税款为 34 万元。由于甲、乙公司属于长期合作客户,且本次合同金额较大,乙公司允诺甲公司可以在 8 月 1 日前付款。

请对上述业务进行纳税筹划。

➤ 任务实施

一、熟悉增值税一般纳税人在供过于求情况下的转嫁原理

实践中,当某种产品出现供过于求的状况,企业面临着市场价格下降,销量减少的局面。买、卖双方容易出现如下情形:购买方在没有给销售方付款的情形下,要求销售方先开具增值税专用发票,然后根据本企业未来的资金使用情况再付款给销售方,这就会出现税负转嫁。一方面,当销售方把增值税专用发票开具给购货方以后,销售方客观上就会形成销售收入,就需要缴纳增值税;另一方面,购买方在没有付款的情况下,对于取得的增值税专用发票,只要在开具之日起 180 日内到主管税务机关进行认证,就可以在认证通过的次月申报期内,向主管税务机关申报抵扣进项税额。若该笔支出同时结转了成本,还可以抵减企业所得税。这就相当于购买方利用逆转的税负转嫁原理将税负转嫁给了销售方。

二、计算不同结算时间方式下甲企业应纳增值税

方案一:甲公司于 20×7 年 6 月 3 日付款,乙公司向甲公司开具增值税专用发票。

甲公司 20×7 年 7 月在申报缴纳 6 月增值税时,就可以将已经认证通过的增值税进项税额 34 万元抵扣当期销项税额,相当于减少当期增值税税负 34 万元。

乙公司 20×7 年 6 月需将 34 万元计入当期销项税额,即相当于增加 6 月份增值税税负 34 万元。

方案二:甲公司于 20×7 年 7 月 31 日付款,乙公司向甲公司开具增值税专用发票。

甲公司 20×7 年 7 月在申报缴纳 6 月增值税时,仍可以将已经认证通过的增值税进项税额 34 万元抵扣当期销项税额,相当于减少当期增值税税负 34 万元。但这 34 万元的税款加上货款本金 200 万元并未实际支付给乙公司,甲公司因此获得了进 2 个月的货币资金使用时间。

乙公司 20×7 年 6 月依然需将 34 万元计入当期销项税额,即相当于增加 6 月份增值税税

负 34 万元,但对于乙公司来讲,6 月份并未收到甲公司的 234 万元货款加税金,相当于乙公司先自己"提前垫税"。

➤ 任务完成结论

方案二与方案一相比,甲公司在尚未付款的前提下得到进项税抵扣的好处,且充分利用了资金的时间价值,因此应当选择方案二。反过来,若乙公司想要保证自己在正常交易中,税收利益不受损害,应选择方案一。

业 务 技 能 自 测

一、单选题

1. 课税基数仅限于消费资料价值的部分,允许将当期购入的固定资产价款一次全部扣除增值税类型的是( )。

A. 生产型　　　　 B. 消费性　　　　 C. 收入型　　　　 D. 以上都不是

2. 下列行为中,不属于视同销售行为的是( )。

A. 企业自产的服装发给职工作为福利　　 B. 企业自产的服装用于分红

C. 企业将外购的服装发给职工作为福利　 D. 企业将外购的服装用于投资

3. 下列各项行为中,应当征收增值税的是( )。

A. 某服装商店为服装厂代销儿童服装

B. 某超市将外购部分饮料分发给本公司员工作为福利

C. 某家具公司将外购木料用于本公司在建工程

D. 某石油管道公司将外购洗衣粉用于个人消费

4. 下列各项业务中,应征收增值税的项目是( )。

A. 体育彩票的发行收入

B. 纳税人取得的中央财政补贴

C. 房地产主管部门代收的住房专项维修基金

D. 缝纫

5. 按照现行相关规定,下列各项中必须被认定为小规模纳税人的是（　　）。

A. 年不含税销售额在 80 万元以上的从事货物生产的纳税人

B. 年不含税销售额在 80 万元以上的从事货物批发的纳税人

C. 年不含税销售额为 50 万元以上的会计核算制度健全的从事货物零售的其他个人

D. 年不含税销售额为 50 万元以下,会计核算制度健全的从事货物生产的纳税人

6. 关于增值税一般纳税人资格登记的说法中,不正确的有（　　）。

A. 新开业的纳税人,可以向主管税务机关申请一般纳税人资格登记

B. 新登记为一般纳税人的小型商贸批发企业实行纳税辅导期管理,辅导期限为 6 个月

C. 不经常发生应税行为的非企业性单位可以选择按小规模纳税人缴纳增值税

D. 个体工商户以外的其他个人,不予办理一般纳税人资格登记

7. 根据现行《增值税暂行条例》的规定,下列产品适用 11% 低税率的是（　　）。

A. 酸奶　　　　　　B. 鱼罐头　　　　　　C. 茶饮料　　　　　　D. 玉米胚芽

8. 根据现行《增值税暂行条例》的规定,下列说法中正确的是（　　）。

A. 增值税对单位和个人规定了起征点

B. 对于达到或超过起征点的,仅将超过起征点的金额纳入增值税征税范围

C. 小规模纳税人月销售额在 3 万元以下的,随增值税附征的城建税、教育费附加减免税款

D. 某小规模纳税人(小微企业)2017 年 7 月价税合并收取销售款 3.02 万元,则当月的收入应缴纳增值税

9. 某超市(一般纳税人)2017 年 8 月采取"以旧换新"方式销售电器,开出普通发票 8 张,收到货款 80 000 元,并注明已扣除旧电器折价 30 000 元;开出增值税专用发票 28 张,注明扣除旧电器金额 110 000 元(不含税),收到货款 580 000 元(不含税),则该超市当月应纳的增值税为（　　）元。

A. 133 282.91　　　　　B. 133 076.92

C. 116 239.32　　　　　　　　　　　D. 143 528.30

10. 甲企业销售给乙企业一批货物,乙企业因资金紧张,无法支付货币资金,经双方友好协商,乙企业用自产的产品抵偿货款,则下列表述中正确的是（　　）。

A. 甲企业收到乙企业的抵偿货物不应做购货处理

B. 乙企业发出抵偿货款的货物不应做销售处理,不应计算销项税额

C. 甲、乙双方发出货物都做购销处理,但收到的货物所含的增值税税额一律不能进入进项税额

D. 甲、乙双方都应做购销处理,可对开增值税专用发票,分别核算销售额和购进额,并计算销项税额和进项税额

11. 销售方在销售价以外,向购买方收取的下列费用不可以并入销售额计征增值税的有（　　）。

A. 收取的违约金　　　　　　　　　B. 收取的手续费

C. 向购买方收取的销项税额　　　　　D. 收取的包装物押金

12. 某生产企业(增值税一般纳税人)2017 年 10 月销售化工产品取得含税销售额793.26万元,为销售货物出借包装物收取押金 15.21 万元,约定 3 个月内返还;当月没收逾期未退还包装物的押金 1.3 万元。该企业 2017 年 10 月上述业务计税销售额为（　　）万元。

A. 679.11 B. 691 C. 692.11 D. 794.56

13. 2017 年 5 月,某酒厂(增值税一般纳税人)销售粮食白酒和啤酒给副食品公司,其中白酒开具增值税专用发票,收取不含税价款 50 000 元,另外收取包装物押金 3 000 元;啤酒开具增值税普通发票,收取的价税款合计为 23 400 元,另外收取包装物押金 1 500 元。副食品公司按合同约定,于 2017 年 12 月将白酒、啤酒包装物全部退还给酒厂,并取回全部押金。就此项业务,该酒厂 2017 年 5 月计算的增值税销项税额应为(　　)元。

A. 11 900 B. 12 335.90 C. 12 117.95 D. 12 553.85

14. 某面粉加工厂(增值税一般纳税人)2017 年 8 月从某农场收购小麦 100 吨。农场开具的销售发票上注明金额 20 万元,此项业务可抵扣的增值税进项税额为(　　)万元。

A. 0 B. 2 C. 2.3 D. 2.2

15. 某食品厂为增值税一般纳税人,2017 年 8 月从农民手中购进小麦,买价 5 万元,支付运费,取得增值税专用发票,注明金额为 0.6 万元。本月销售黄豆制品等,取得不含税销售额 20 万元,假定当月取得的相关票据均符合税法规定并在当月抵扣进项税额,该厂当月应纳增值税(　　)万元。

A. 2.78 B. 2.70 C. 1.68 D. 1.95

16. 某家用电器修理厂会计核算健全,2016 年营业额 120 万元,但一直未向主管税务机关申请增值税一般纳税人登记。2017 年 5 月,该厂提供修理劳务并收取修理费价税合计 23.4 万元;购进的料件、电力等均取得增值税专用发票,对应的增值税税款合计 2 万元。该修理厂本月应缴纳增值税(　　)万元。

A. 0.68 B. 1.32 C. 1.40 D. 3.40

17. 2017 年 9 月,某食品加工厂为增值税一般纳税人(非"营改增"试点企业),从某粮食购销企业购进粮食 100 吨,取得增值税专用发票,注明价款 150 000 元;从农民手中收购花生,收购凭证上注明收购价为 50 000 元;购入的以上货物均已入库,支付运输企业运输费用 4 000 元,取得运输企业开具的运输发票。将本期购进的粮食和花生各 1/4 发给职工作为福利,则本期可以抵扣的进项税额为(　　)元。

A. 19 830 B. 16 830 C. 19 720 D. 19 547

18. 某汽修厂为增值税小规模纳税人,12 月取得修理收入为 60 000 元;处置使用过的举升机一台,取得收入 5 000 元。汽修厂 12 月份应缴纳增值税(　　)元。

A. 1 747.57 B. 1 893.20 C. 1 844.66 D. 1 980.58

19. 商业企业一般纳税人零售下列货物,可以开具增值税专用发票的是(　　)。

A. 烟酒 B. 食品 C. 化妆品 D. 办公用品

20. 2017 年 7 月 15 日,甲公司与乙公司签订购销设备的合同,约定合同价款为 69.54 万元。8 月 5 日,甲公司就 69.54 万元货款给乙公司开具了增值税专用发票,9 月 10 日,甲公司发出了货物,9 月 25 日,甲公司收到乙公司货款 69.54 万元。根据《增值税法》的规定,甲公司增值税纳税义务发生时间为(　　)。

A. 7 月 15 日 B. 8 月 5 日 C. 9 月 10 日 D. 9 月 25 日

二、多选题

1. 下列选项中,属于现行增值税的特点的有(　　)。

A. 保持税收中性,以商品流转的增值额作为计税依据

B. 普遍征收,道道课征,税不重征

C. 直接税,税收负担由商品最终消费者承担

D. 实行税款抵扣制度

2. 依据"营改增"政策的规定,下列行为中属于商务辅助服务的有(　　　)。

A. 企业管理服务

B. 货物运输代理服务

C. 场所住宅保安服务

D. 认证服务

3. 下列属于增值税征税范围的有(　　　)。

A. 单位聘用的员工为本单位提供的运输服务

B. 出租车公司向使用本公司自有出租车的出租车司机收取的管理费用

C. 广告公司提供的广告代理业务

D. 房地产评估咨询公司提供的房地产评估业务

4. 根据"营改增"的有关规定,下列属于视同提供应税服务的有(　　　)。

A. 为本单位员工无偿提供搬家运输服务

B. 向客户无偿提供信息咨询服务

C. 销售货物的同时无偿提供运输服务

D. 为客户无偿提供广告设计服务

5. 根据《增值税暂行条例》的规定,下列行为应视同销售征收增值税的有(　　　)。

A. 将自产的办公桌用于财务部门办公使用

B. 将外购的服装作为春节福利发给企业员工

C. 将委托加工收回的卷烟用于赠送客户

D. 将新研发的玩具交付某商场代为销售

6. 下列业务属于增值税混合销售的有(　　　)。

A. 手机制造商销售手机,出租仓库

B. 软件厂销售软件并同时收取安装费、培训费

C. 房地产开发公司销售房产,转让自用过二手车

D. 餐厅为现场餐饮消费的顾客提供销售香烟

E. 服装厂为航空公司设计并制作工作服

7. 以下适用"营改增"相关免税政策的有(　　　)。

A. 个人转让著作权

B. 个人转让商标权

C. 残疾人员本人为社会提供服务

D. 个人销售自建自用住房

8. 下列项目不包括在价外费用中的有(　　　)。

A. 受托加工应征消费税的消费品所代收代缴的消费税

B. 承运部门的运输费用发票开具给购买方的代垫运输费用,纳税人将该项发票转交给购买方的代垫运输费用

C. 销售货物的同时代办保险等而向购买方收取的保险费

D. 代为收取的所收款项取得财政票据并全额上缴财政行政事业性收费

9. 下列关于固定资产处理的说法中,不正确的是(　　　)。

A. 小规模纳税人销售自己使用过的固定资产的,应按3%征收率征收增值税

B. 小规模纳税人销售自己使用过的除固定资产以外的物品,应减按2%的征收率征收增值税

C. 一般纳税人销售自己使用过的 2009 年 1 月 1 日以后购进的固定资产,按照 3% 征收率减按 2% 征收增值税

D. 自 2009 年 1 月 1 日起,增值税一般纳税人购进固定资产发生的进项税额可以从销项税额中抵扣

10. 根据《增值税暂行条例》的规定,下列各项业务的处理方法中,不正确的有( )。

A. 纳税人销售货物或提供应税劳务,采用价税合并定价并合并收取的,以不含增值税的销售额为计税销售额

B. 纳税人以价格折扣方式销售货物,不论折扣额是否在同一张发票上注明,均以扣除折扣额以后的销售额为计税销售额

C. 纳税人采取以旧换新方式销售货物,以扣除旧货物折价款以后的销售额为计税销售额

D. 纳税人采取以物易物方式销售货物,购、销双方均应做购销处理,以各自发出的货物核算计税销售额并计算销项税额,以各自收到的货物核算购进额并计算进项税额

11. 根据"营改增"关于不动产抵扣进项税额的规定,2016 年 5 月 1 日后取得的不动产,其进项税额分 2 年从销项税额中抵扣,第一年抵扣比例为 60%,第二年抵扣比例为 40%。以下适用该政策的不动产有( )。

A. 直接购买的不动产   B. 融资租入的不动产
C. 接受捐赠的不动产   D. 抵债取得的不动产
E. 房地产开发企业自行开发的房地产

12. 下列各项中,支付的增值税不得从销项税额中抵扣的有( )。

A. 因自然灾害毁损的库存商品

B. 因管理不善被盗窃的产成品所耗用的外购原材料

C. 贷款利息支出

D. 生产免税产品接受的设计服务

13. 下列选项中,其进项税额可以从销项税额中抵扣的有( )。

A. 因自然灾害毁损的库存商品

B. 企业被盗窃的产成品所耗用的外购原材料

C. 在建工程耗用的外购原材料

D. 生产免税产品接受的劳务

14. 根据《增值税暂行条例》的规定,下列各项中,免予缴纳增值税的有( )。

A. 果农销售自产水果   B. 药店销售避孕药品
C. 马某销售自己使用过的空调   D. 直接用于教学的进口设备

15. 根据《增值税暂行条例》的规定,下列行为中,属于增值税混合销售行为的有( )。

A. 贸易公司销售货物同时负责安装

B. 百货商店销售商品同时负责运输

C. 建筑公司销售自产货物同时提供建筑服务

D. 餐饮公司提供餐饮服务同时销售酒水

三、判断题

1. 单位或个体经营者聘用的员工为单位或雇主提供加工、修理修配劳务的,属于增值税应税劳务。 ( )

2. 增值税一般纳税人将自产的货物无偿赠送他人,不征收增值税。 （　　）

3. 有形动产修理属于加工修理修配劳务;建筑物、构筑物的修补、加固、养护、改善属于建筑服务中的修缮服务。 （　　）

4. 固定电话、有线电视、宽带、水、电、燃气、暖气等经营者向用户收取的安装费、初装费、开户费、扩容费以及类似收费,按照安装服务缴纳增值税。 （　　）

5. 纳税人销售自己使用过的、未抵扣进项税额的固定资产,减按 3% 征收率征税。 （　　）

6. 按照《增值税暂行条例》的有关规定,现金折扣可以从销售额中扣除。 （　　）

7. 纳税人销售取得的不动产和其他个人出租不动产的增值税,国家税务局暂委托地方税务局代为征收。 （　　）

8. 小规模纳税人销售货物或者提供应税劳务需要开具增值税专用发票的,可向主管税务机关申请代开。 （　　）

9. 将购进的货物用于集体福利或个人消费的,应视同销售货物缴纳增值税。 （　　）

10. 增值税专用发票记账联作为购买方核算采购成本的记账凭证,也是购买方报送主管税务机关认证和留存备查的扣税凭证。 （　　）

四、案例分析

1. A 市 B 区所属的某广告公司为增值税一般纳税人,20×7 年 6 月取得广告业务收入(含税)106 万元,取得加工销售收入 140.4 万元(含税),本月购进材料取得的增值税专用发票上注明的税额为 16.4 万元,已通过认证。已知广告服务业增值税率为 6%,文化事业建设基金费率为 3%,货物加工销售增值税税率为 17%。假定该公司 5 月月末没有留抵税额,请回答以下问题:

(1) 该广告公司 20×7 年 6 月应分别向国税部门和地税部门申报哪些税费? 税(费)额各是多少?

(2) 20×7 年 6 月份这些税费应如何进行账务处理?

2. 某供热企业主要提供居民区联片供热,供热主要原料为煤炭。供热收入中居民供热收入占 70%,其他供热收入占 30%。由于处于三北地区,享受居民供热收入增值税免税政策。2017 年 12 月共取得供热收入 3 000 万元,购进煤炭等取得增值税专用发票共 2 500 万元。请分析该企业是否选择适用增值税免税优惠。

财政部、国家税务总局《关于供热企业增值税房产税城镇土地使用税优惠政策的通知》(财税〔2016〕94 号)中明确,自 2016 年 1 月 1 日至 2018 年供暖期结束,对"三北"地区供热企业向居民个人(以下统称居民)供热而取得的采暖费收入免征增值税。

另根据《财政部 国家税务总局关于金属矿非金属矿采选产品增值税税率的通知》(财税〔2008〕171 号)的规定,自 2009 年 1 月 1 日起"一、金属矿采选产品、非金属矿采选产品增值税税率由 13% 恢复到 17%……三、本通知所称金属矿采选产品,包括黑色和有色金属矿采选产品;非金属矿采选产品,包括除金属矿采选产品以外的非金属矿采选产品、煤炭和盐"。

五、实践训练

1. 某商场为增值税一般纳税人,8 月销售三批同一规格、质量的货物,每批各 1 000 件,销售价格(不含增值税)分别为每件 120 元、100 元和 40 元。经税务机关认定,第三批销售价格每件 40 元明显偏低且无正当理由。

要求：计算该商场 8 月份增值税销售额。

2. 某商业零售企业为增值税一般纳税人，采取以旧换新方式销售玉石首饰，旧玉石首饰作价 78 万元，实际收取新旧首饰差价款共计 90 万元；采取以旧换新方式销售原价为 3 500 元的金项链 200 件，每件收取差价款 1 500 元。

要求：计算该业务的销项税额。

3. 某金店（中国人民银行批准的金银首饰经营单位）为增值税一般纳税人，2017 年 9 月采取"以旧换新"方式向消费者销售金项链 20 条，每条新项链的零售价格为 2 500 元，每条旧项链作价 800 元，每条项链取得差价款 1 700 元（含税）；取得首饰修理费 2270 元（含税），销售包金首饰 15 条，取得不含税销售额 5 000 元。

要求：计算该金店上述业务应纳增值税销项税额。

4. 2017 年 10 月某一般纳税人企业购进某农场自产玉米，收购凭证上注明的价款为 65 830 元，从某供销社（一般纳税人）购进玉米，增值税专用发票上注明的销售额为 300 000 元。

要求：计算该企业的进项税额及采购成本。

5. 某制药厂为增值税一般纳税人，2017 年 9 月销售免税药品取得价款 20 000 元，销售非免税药品取得含税价款 93 600 元。当月购进原材料、水、电等取得的增值税专用发票（已通过税务机关认证）上的税款合计为 10 000 元，其中有 2 000 元进项税额对应的原材料用于免税药品的生产；5 000 元进项税额对应的原材料用于非免税药品的生产；对于其他的进项税额对应的购进部分，企业无法划分清楚其用途。

要求：计算该企业本月应缴纳的增值税。

6. 甲企业 2017 年 12 月外购原材料，取得防伪税控增值税专用发票，注明金额 200 万元、增值税 34 万元，运输途中发生损失 5%，经查实属于非正常损失。向农民收购一批免税农产品，收购凭证上注明买价 40 万元，支付运输费用，取得运费增值税专用发票上注明运费 3 万元，购进后将其中的 60% 用于企业职工食堂。

要求：计算甲企业可抵扣的进项税额。

7. 甲企业为增值税一般纳税人，4 月发生以下业务：

（1）购进挖掘机一台，取得的增值税专用发票上注明的价款为 60 万元，增值税税额为 10.20 万元。

（2）购进一批低值易耗品，取得的增值税专用发票上注明的增值税税额为 8 万元。

（3）采取分期收款方式销售原煤 9 000 吨，每吨不含税单价 500 元。购销合同约定，本月应收取 1/3 的价款，但实际只收取不含税价款 120 万元。

（4）为职工宿舍供暖，使用本月开采的原煤 200 吨；另将本月开采的原煤 500 吨无偿赠送给某有长期业务往来的客户。

（5）月末盘点时发现月初购进的低值易耗品的 1/5 因管理不善而丢失。

已知：相关票据在本月通过主管税务机关认证并申报抵扣；增值税月初留抵税额为 0。

要求：

（1）计算该企业当月可以抵扣的增值税进项税额；

（2）计算该企业当月的增值税销项税额；

（3）计算该企业当月应缴纳的增值税税额。

8. 烽火电子有限公司系增值税一般纳税人，2017 年 4 月外购原材料一批，已收到增值税专用发票一张,发票上注明价款 20 000 元,增值税 3 400 元,另由销货方代垫铁路运费 1 000 元(转来承运部门开具给烽火电子有限公司),款项已付,原材料已验收入库。

要求:

(1) 计算该公司增值税进项税额;

(2) 对该公司的业务进行相应的会计处理。

9. 某商店为小规模纳税人,2017 年 6 月发生如下业务:

(1) 销售体育用品取得含增值税销售额为 2 163 元,对外开具了普通发票。

(2) 购进文具类的货物一批,支付货款 4 000 元,增值税税额为 680 元。

(3) 当月销售文具用品的含税销售额为 2 060 元,开具了普通发票;销售给一般纳税人某公司仪器 1 台,取得的不含增值税的销售额为 18 000 元,增值税税款为 540 元,增值税专用发票已由税务机关代开。

要求:

(1) 计算该商店 6 月的增值税的应纳税额;

(2) 对该商店的业务进行相应的会计处理。

10. 甲制药厂为增值税一般纳税人,主要生产和销售降压药、降糖药及免税药。2017 年 3 月,有关经济业务如下:

(1) 购进降压药原料,取得的增值税专用发票上注明的税额为 85 万元;支付其运输费取得的增值税专用发票上注明的税额为 1.32 万元。

(2) 购进免税药原料,取得的增值税专用发票上注明的税额为 51 万元;支付其运输费取得的增值税专用发票上注明的税额为 0.88 万元。

(3) 采取预收款方式销售降压药 600 箱,该批药品不含税价款 702 万元,收到预收款 500 万元(不含增值税),下个月发货。

(4) 将 10 箱自产的新型降压药赠送给某医院临床使用,成本为 4.68 万元/箱,无同类药品销售价格。

(5) 销售降糖药 500 箱,其中 450 箱不含增值税单价为 1.5 万元/箱,50 箱不含增值税单价为 1.6 万元/箱。没收逾期未退还包装箱押金 23.4 万元。

已知:降压药、降糖药增值税税率为 17%,成本利润率为 10%。取得的增值税专用发票已通过税务机关认证。上月留抵的进项税额为 18.75 万元。

要求:计算该药厂当月应纳增值税。

项目三　消费税的纳税筹划

任务一　掌握企业销售应税消费品过程中的纳税筹划

➤ 任务达成目标

掌握企业销售应税消费品过程中的主要纳税筹划方法。

1. 能利用关联企业转让定价进行纳税筹划；
2. 能对包装物进行有效分类处理并进行纳税筹划；
3. 能对成套销售消费品进行纳税筹划；
4. 能通过先销售后入股、换货、抵债的方式来降低计税依据进行纳税筹划；
5. 能利用商业折扣进行纳税筹划。

➤ 核心技能

会通过缩小计税依据来进行纳税筹划。

➤ 任务思维导图

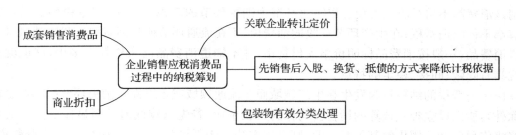

➤ 任务知识-1

一、关联企业

关联企业是指与其他企业之间存在直接或间接控制关系或重大影响关系的企业。相互之间具有联系的各企业互为关联企业。关联企业在法律上可表现为由控制公司和从属公司构成。而控制公司与从属公司的形成主要在于关联公司之间的统一管理关系的存在。这种关系往往借助于控制公司对从属公司实质上的控制而形成。我国税法中所说的关联企业，是指与企业有以下关系之一的公司、企业、和其他经济组织：

（1）在资金、经营、购销等方面存在直接或者间接的拥有控制关系。

（2）直接或者间接地同为第三者所拥有或者控制。

（3）其他在利益上相关联的关系。

二、转让定价

转让定价是指关联企业之间在销售货物、提供劳务、转让无形资产等时制定的价格。它一般是指大企业集团尤其是跨国公司，利用不同企业不同地区税率以及免税条件的差异，将利润转移到税率低或可以免税的分公司，实现整个集团的税收最小化。具体地说，该企业集团倾向于在税率高的地方定价偏低，而在税率较低的地方定价偏高。这种不依照市场公平交易规则和市场价格进行的交易往往根据双方或者多方意愿，产品的转让价格可以高于或者低于市场价格，从而达到少纳税甚至不纳税的目的。

➤ 任务导入-1

国内 A 日化集团下属 B 香水公司为增值税一般纳税人，B 公司生产的某品牌香水不含税价格为每箱 1.8 万元，该公司给批发商的不含税价格为每箱 1.5 万元。20×8 年预计零售及消费者到 B 公司专卖店直接购买为 6 万箱。香水消费税税率为 15%。

请对 A 公司以上业务进行纳税筹划。

➤ 任务实施-1

一、熟悉税法并设计纳税筹划思路

作为典型的价内税，消费税在我国属于单一环节课征的税种之一。应税消费品在生产环节或进口环节征收消费税之后，除个别消费品（如金银首饰）的纳税环节为零售环节外，再继续转销该消费品不再征收消费税。以零售环节为纳税环节的应税消费品，在零售环节以前的诸环节都不征收消费税；在生产环节征收的消费税，不在流通环节征收消费税。我国消费者购买零售消费品，一般按消费品标明价格支付货币，并不知道消费品已缴税款有多少，这也就是消费税具有隐蔽、间接、稳定的特点。

由于消费税的纳税行为发生在生产领域而非流通领域或者终极的销售环节（卷烟、金银首饰除外），所以设立独立核算的销售公司作为关联企业，若先以较低但不明显违反公平交易的价格将应税消费品销售给其关联企业，则可以本公司降低销售额，从而减少应纳消费税税额；然后关联企业再以较高的市场售价出售，在此环节只征收增值税，不征收消费税。这样就使得集团公司的整体消费税税负下降，但增值税税负不变。

二、计算不同方案下的消费税应纳税额

方案一：B 香水公司转移定价前直接销售给零售户及消费者，则：

应纳消费税＝1.8×60 000×15%＝16 200（万元）

方案二：B 香水公司先将产品以每箱 1.5 万元的价格出售给其独立核算的甲销售公司，作为关联企业，甲销售公司再以每箱 1.8 万元的公司正常售价销售给零售户及消费者，则：

应纳消费税＝1.5×60 000×15%＝13 500（万元）

> **任务完成结论-1**

　　方案二与方案一相比,B香水公司少缴纳消费税2 700(16 200－13 500)万元,因此应当选择方案二。实践中,设立独立核算的销售公司作为关联企业,必然增加公司注册、开户验资等支出,且纳税人必须要以较低的价格将应税消费品销售给其独立核算的关联企业,才能避开生产销售环节达到少缴纳税款的目的。如果纳税人通过自设非独立核算门市部销售的自产应税消费品,应当按照门市部对外销售额或销售数量计算缴纳消费税。另外,要注意转让定价的处理,因为独立核算的关联企业与生产企业之间存在着这样或那样的关联关系。

　　按照《税收征管法》第三十六条的规定,企业或者外国企业在中国境内设立的从事生产、经营的机构、场所与其关联企业之间的业务往来,应当按照独立企业之间的业务往来收取或者支付价款、费用;不按照独立企业之间的业务往来收取或者支付价款、费用,而减少其应纳税的收入或者所得额的,税务机关有权进行合理调整。

　　《企业所得税法》第四十一条第一款规定,企业与其关联方之间的业务往来,不符合独立交易原则而减少企业或者其关联方应纳税收入或者所得额的,税务机关有权按照合理方法调整。因此,企业销售给下属的关联企业的应税消费品价格应当参照销售给其他没有关联关系的独立企业的价格或者其他商家当期的平均销售价格来确定,若销售价格"明显偏低",主管税务机关将会对价格进行调整。但也存在例外,根据《特别纳税调整实施办法(试行)》(国税发〔2009〕2号)第三十条的规定,实际税负相同的境内关联方之间的交易,只要该交易没有直接或间接导致国家总体税收的减少,原则上不做转让定价调查、调整。因此,在关联方之间所得税税负相同时,相互之间调增与调减可抵消,不需要做纳税调整。

> **任务知识-2**

一、包装物

　　包装物是指产品生产企业用于包装其产品的各种包装容器,如箱、桶、罐、瓶等。在一般产品销售活动中,包装物随产品销售是很普遍的,从流转形式上看,可以分成以下几种类型:

　　(1) 随同产品出售但不单独计价的包装物;

　　(2) 随同产品出售单独计价的包装物;

　　(3) 出租或出借给购买产品的单位使用的包装物。

　　纳税人在出租出借这种形式下,对包装物的处理可以采取三种方式:一是包装物不作价随同产品出售,只是单纯收取押金;二是既作随同产品出售,同时又另外收取押金;三是不作价随同产品出售,在收取租金的基础上,又收取包装物押金。如某啤酒厂,在销售啤酒的过程中,对周转箱不作价销售,只是收取押金,这属于第一种情况;如果该啤酒厂以较低的价格对周转箱作价,计入销售额之中,另外又规定归还包装物的时间,并收取了押金,这属于第二种情况;如果周转箱不作价销售,而是借给购货方使用,该啤酒厂对周转箱按实际使用期限收取租金。此外,为了保证包装物的完好,又另外收取部分押金,这就属于第三种情况。

二、现行税法对从价计税包装物的征税规定

　　(1) 根据《消费税暂行条例实施细则》第十三条的规定,应税消费品连同包装物销售的,无

论包装物是否单独计价以及在会计上如何核算,均应并入应税消费品的销售额中,按其所包装消费品的适用税率缴纳消费税。

(2)包装物租金属于价外费用,凡随同应税消费品向购买方收取的价外费用,无论在会计上如何核算,均应并入销售额中计算应纳税额。对增值税一般纳税人向购买方收取的价外费用,视为含税收入,纳税时要换算成不含税收入,再并入销售额。

(3)包装物的押金应区别不同情况进行处理。如果包装物不作价随同产品销售,而是收取押金,此项押金则不应并入应税消费品的销售额中征税。但对因逾期未收回的包装物不再退还的或者已收取的时间超过 12 个月的押金,应并入应税消费品的销售额,按照应税消费品的适用税率缴纳消费税。对既作价随同应税消费品销售,又另外收取的包装物押金,凡纳税人在规定期限内没有退还的,均应并入应税消费品的销售额,按照应税消费品的适用税率缴纳消费税。

另外,根据财政部、国家税务总局《关于酒类产品包装物押金征税问题的通知》的规定,对酒类产品生产企业销售酒类产品而收取的包装物押金,无论押金是否返还及会计上如何核算,均需并入酒类产品销售额中征收消费税(啤酒、黄酒除外)。具体见下表 3-1:

表 3-1　包装物处理情形及税务处理

情　　形		税务处理
包装物连同产品应税消费品一并销售的		应并入应税消费品的销售额中缴纳消费税和增值税
一般应税消费品销售并收取的包装物押金		一般情况下收取的押金不征消费税和增值税
		因逾期未收回包装物不再退还或者收取时间超过 12 个月的押金,应并入应税消费品的销售额,按照应税消费品的适用税率计算缴纳消费税和增值税
酒类产品销售并收取的包装物押金	啤酒、黄酒	增值税:收取时不征收,逾期不退时并入纳税
		消费税:啤酒、黄酒从量定额征收消费税,包装物押金不征收消费税
	其他酒类	收取的包装物押金,应并入酒类产品销售额,征收消费税和增值税

➤ 任务导入-2

某涂料厂属于增值税一般纳税人,20×7 年 6 月向某经销商销售 A 型涂料 5 000 桶,每桶售价 300 元,含可供周转使用的包装箱价值 80 元,以上价格均为不含增值税的价格,涂料的消费税税率为 4%。

问:该涂料厂对包装箱如何处理,才能最大限度地节税?

➤ 任务实施-2

一、熟悉税法并设计纳税筹划思路

根据上述规定,只有包装物押金单独核算又未过期时,此项押金才可以不并入销售产品的销售额中征税,因此,采取收取押金的方式有利于节税。所以企业可以考虑在情况允许时,对能周转使用的包装物押金,尽量不随同产品出售,以降低税负;预计不易收回的包装物,也可以采取收取包装物押金的方式,等到到期后收不回来时再纳税,以推迟缴纳税款。

二、计算不同方案下的包装物的应纳税额

方案一：连同包装物一并销售的方式。由于包装物作价随同产品销售，因此包装物于20×7年6月应并入应税消费品的销售额中计征增值税和消费税。

应纳增值税销项税额＝300×5 000×17％＝255 000（元）

应纳消费税＝300×5 000×4％＝60 000（元）

方案二：采取收取包装物押金的方式。该涂料厂与经销商协商改包装物作价销售为收取押金，且包装物单独开具发票并记账，则此项押金不并入当月应税消费品的销售额中征税，具体又可分为以下两种情况：

其一：若包装物在12个月内能收回，则此项押金不并入应税消费品的销售额中征税。

应纳增值税销项税额＝（300－80）×5 000×17％＝187 000（元）

应纳消费税＝（300－80）×5 000×4％＝44 000（元）

这样，该涂料厂就可以减少增值税应纳税额68 000（255 000－187 000）元，可减少消费税16 000（60 000－44 000）元。

其二：若包装物在12个月内未收回，则20×7年6月：

应纳增值税销项税额＝300×5 000×17％＝255 000（元）

应纳消费税＝300×5 000×4％＝60 000（元）

12个月后，到了20×8年6月，此项押金应补税，则20×8年6月：

需补缴增值税＝80×5 000×17％＝68 000（元）

需补缴消费税＝80×5 000×4％＝16 000（元）

➤ 任务完成结论- 2

从以上分析不难看出，不论包装物是否收回，都应该选择方案二。这里需要注意的是，对因逾期未收回包装物不再退还的押金，税法规定应按所包装货物适用的税率计算缴纳消费税、增值税。这其中的"逾期"是以12个月为限。对收取的押金超过12个月以上的，无论是否退还都应并入销售额计税。虽然暂时少纳的税款最终是要缴纳的，但由于其缴纳时限延缓了1年，相当于免费使用银行资金，增加了企业的营运资金，获取了资金的时间价值，为企业的生产经营提供了便利。因此，企业如果想在包装物上节省消费税，关键是包装物不能作价随同产品出售，而应采取收取押金的形式，这样押金就不并入应税消费品的销售额计算消费税税额。即使在经过1年以后，需要将押金并入应税消费品销售额，按照应税消费品的适用税率征收消费税，也使企业获得了该笔消费税的1年免费使用权。

➤ 任务知识- 3

纳税人兼营不同税率应税消费品的，应当分别核算不同税率应税消费品的销售额、销售数量，按不同税率分别征税；未分别核算销售额、销售数量或者将不同税率的应税消费品组成成套消费品销售的，从高适用税率。所以纳税人兼营不同税率的应税消费品时，分别核算、分别纳税既是《消费税暂行条例》的基本要求，也是纳税人通过筹划选择降低税负的途径。

➤ 任务导入- 3

甲公司既生产粮食白酒，又生产果木酒，为了进一步扩大市场占有份额，20×7年12月，该公

司决定将粮食白酒与果木酒各 1 瓶(均为 500 克装)组成礼品装进行销售。当月对外销售 3 000 套套装酒,单价 200 元/套,若单独销售白酒价格为 150 元/瓶,果木酒 50 元/瓶。粮食白酒适用比例税率 20%,定额税率 1 元/千克;果木酒适用比例税率 10%。按现行税法的规定,假设此包装属于简易包装,包装费忽略不计。

请对该公司的此项销售业务进行纳税筹划。

> **任务实施- 3**

一、熟悉税法并设计纳税筹划思路

对于成套销售会加重纳税人税负的实际,从纳税筹划的角度来考虑,纳税人首先在会计核算中应尽量做到账目清楚,分开核算;其次,应慎重选择成套销售的方式。对于确实需要成套销售的,可以采用改变包装地点、包装环节等方法寻求节税的途径,具体就是,方案一:采用变"先包装后销售"为"先销售后包装"方式。即把产品先分品种和类别销售给分销商,然后由分销商包装后再对外销售,这种方法实际上是通过改变包装地点来节税,在销售流程上分别确认销售收入,分别开发票。方案二:改变包装环节。对于一些不适宜在零售环节组成成套的应税消费品或者当地税务机关对于有关流转环节监控比较严格的情形下,纳税人可以通过采取分设机构的方法,即单独设立一个独立核算的销售公司进行产品的组合销售。生产企业先将产品分销给独立核算的关联销售公司,以避开生产领域(进口应税消费品可选择在进口后组装成套装的形式销售),然后由销售公司将适用不同税率的消费品,或是应税消费品与非应税消费品包装组成成套消费品后对外销售。这样既不影响成套消费品销售,又达到了分别核算、分别纳税、税负不因此增加的目的。

二、计算不同方案下应纳消费税

筹划前该公司将商品以"先包装后销售"方式销售给批发或者零售商家,则:

该公司应纳消费税=(150+50)×3 000×20%+3 000×1×2×0.5=120 000+3 000=123 000(元)

方案一:该公司采取"先销售后包装"的方式。即先将上述粮食白酒和果木酒分品种销售给零售商,在此销售环节对粮食白酒和果木酒分别开具发票,在账务处理环节也分别核算销售收入,然后由零售商包装为成套消费品对外销售。在此情况下,由批发或者零售企业根据消费者的购买意愿决定是否使用礼盒。果木酒不仅可以按照10%的比例税率从价计税,从整体上降低纳税人的税负,还能增加消费者的消费选择,可谓一举两得。

该公司应纳消费税=(150×3 000×20%+3 000×0.5)+50×3 000×10%=91 500+15 000=106 500(元)

方案二:该公司采取"改变包装环节"的方式。将上述商品先分别以低于的市场价格销售给公司内部独立核算的乙销售公司,由乙销售公司包装后再按市场价格销售,则:

该公司应纳消费税=(150×3 000×20%+3 000×0.5)+50×3 000×10%=91 500+15 000=106 500(元)

> **任务完成结论- 3**

由以上分析可以看出,无论采用哪种方案,都比"先包装后销售"方式的税负低 16 500

(123 000－106 500)元。但要注意改变包装地点的筹划可能增加独立核算的销售公司的营运成本,含包装手续费等因素,以筹划所增加的成本费用不高于少缴纳消费税为原则。而对于一些市场需求具有刚性的应税消费品,则可以通过适当提高市场售价的方式来弥补企业增加的纳税负担,从而实现税负转嫁给消费者的目的。如某企业为增值税一般纳税人,主要生产甲、乙两种应税消费品,甲、乙适用消费税税率分别为 20%、10%,甲、乙市场售价分别为 200 元、180 元,两种应税消费品的销售利润率均为 50%,销售价格均含税,成本均不含税。现该企业准备将甲、乙两种应税消费品组合成成套礼盒出售,则礼盒应该定价为多少才不会增加企业纳税负担?

若甲、乙两种应税消费品单独销售,企业税后毛利的计算为:

企业每销售一件甲消费品与乙消费品的生产成本=200×50%＋180×50%＝100＋90(元)

企业每销售一件甲消费品应缴纳消费税＝200÷(1+17%)×20%＝34.19(元)

企业每销售一件乙消费品应缴纳消费税＝180÷(1+17%)×10%＝15.38(元)

企业每销售一件甲消费品与乙消费品的税后毛利＝(200＋180)÷(1+17%)－190－34.19－15.38＝324.79－190－34.19－15.38＝85.22(元)

若甲消费品与乙消费品组成成套消费品销售时,企业应当适当提高总售价,才会使增加的税收负担转嫁出去,从而获得一定的利润。假设提高后的总售价为 P,则:

企业每销售一套消费品的生产成本＝(200＋180)×50%＝190(元)

企业每销售一套消费品应缴纳消费税＝P÷(1+17%)×20%(元)

企业每销售一套消费品的税后毛利＝P÷(1+17%)－190－P÷(1+17%)×20%(元)

令 P÷(1+17%)－190－P÷(1+17%)×20%≥85.22 元,可得 P≥402.51 元,即只有当成套产品定价在 402.51 元之上时,该企业才能有利可图。

➤ 任务知识-4

根据《国家税务总局关于印发〈消费税若干具体问题的规定〉的通知》(国税发〔1993〕156号)第三条第(六)款的规定:"纳税人自产的应税消费品用于换取生产资料和消费资料,投资入股或抵偿债务等方面,应当按照纳税人同类应税消费品的最高销售价作为计税依据。"

在实际操作中,当纳税人用应税消费品换取货物或者投资入股时,一般是按照双方的协议价或评估价确定的,而协议价往往是市场的平均价。如果按照同类应税消费品的最高销售价作为计税依据,显然会加重纳税人的负担。可以考虑采取先销售应税消费品给对方,然后以现金进行以物易物(入股、抵债)的方式,从而降低消费税税负。

➤ 任务导入-4

甲摩托车生产企业为增值税一般纳税人,20×8 年 4 月对外销售 A 型摩托车时共有三种不含税价格,以 5 000 元价格销售 600 辆,以 5 500 元价格销售 400 辆,以 6 000 元价格销售300 辆。甲企业当月以 100 辆同型号摩托车对乙企业进行投资,双方按当月的加权平均销售价格确定投资金额,已知此类摩托车的消费税税率为 10%。

请对甲企业的上述业务进行纳税筹划,并做出相应的会计处理。

➤ 任务实施-4

一、计算不同方案下甲企业的应纳消费税

方案一:甲企业直接以 100 辆 A 型摩托车对乙企业进行投资,则:

甲企业的应纳消费税＝6 000×100×10％＝60 000(元)

方案二:甲企业先按照当月的加权平均价将这100辆摩托车销售给乙企业,再以收到的现金对乙企业进行投资,则:

甲企业的应纳消费税＝(5 000×600＋5 500×400＋6 000×300)÷(600＋400＋300)×100×10％＝53 846.15(元)

二、甲企业的会计处理

(1) 确认收入时:

主营业务收入＝(5 000×600＋5 500×400＋6 000×300)÷(600＋400＋300)×100＝538 461.54(元)

借:长期股权投资	630 000
贷:主营业务收入	538 461.54
应交税费——应交增值税(销项税额)	91 538.46

(2) 计提消费税时:

借:税金及附加	53 846.15
贷:应交税费——应交消费税	53 846.15

(3) 实际缴纳消费税时:

借:应交税费——应交消费税	53 846.15
贷:银行存款	53 846.15

➤ 任务完成结论-4

不难看出,方案二比方案一少缴纳消费税6 153.85(60 000－53 846.15)元,因此应选择方案二。实践中,只要纳税人通过货币资金的适当转移,就可以实现先销售后入股、换货或抵债,虽然可能多一道环节,但能给纳税人降低税负。

任务二 掌握消费税生产经营过程中的纳税筹划

➤ 任务达成目标

掌握企业生产经营过程中的主要纳税筹划方法。
1. 能对自产自用应税消费品进行纳税筹划;
2. 能对外购或委托加工收回的应税消费品进行纳税筹划;
3. 能对进口应税消费品进行纳税筹划。

➤ 核心技能

会通过降低成本来进行纳税筹划。

➤ **任务思维导图**

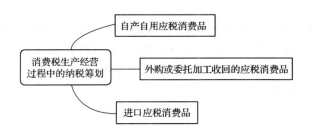

➤ **任务知识-1**

根据《消费税暂行条例》的规定,纳税人自产自用的应税消费品,用于连续生产应税消费品的不纳税,用于其他方面的,于移送使用时纳税。其中,用于连续生产应税消费品是指作为生产最终应税消费品的直接材料并构成最终产品实体的应税消费品;用于其他方面的应税消费品是指纳税人用于生产非应税消费品和在建工程、管理部门、非生产机构、提供劳务,以及用于馈赠、赞助、集资、广告、样品、职工福利、奖励等方面的应税消费品。

纳税人自产自用的应税消费品,按照纳税人生产的同类消费品的销售价格计算纳税;没有同类消费品销售价格的,按照组成计税价格计算纳税。

实行从价定率办法计算纳税的组成计税价格计算公式如下:

$$组成计税价格＝(成本＋利润)÷(1－比例税率)$$

实行复合计税办法计算纳税的组成计税价格计算公式如下:

$$组成计税价格＝(成本＋利润＋自产自用数量×定额税率)÷(1－比例税率)$$

公式中的成本是指应税消费品的产品生产成本。

公式中的利润是指根据应税消费品的全国平均成本利润率计算的利润。应税消费品的全国平均成本利润率由国家税务总局确定。

具体标准如下表3-2所示:

表3-2　平均成本利润率

货物名称	利润率	货物名称	利润率
1. 甲类卷烟	10%	11. 摩托车	6%
2. 乙类卷烟	5%	12. 高尔夫球及球具	10%
3. 雪茄烟	5%	13. 高档手表	20%
4. 烟丝	5%	14. 游艇	10%
5. 粮食白酒	10%	15. 木质一次性筷子	10%
6. 薯类白酒	5%	16. 实木地板	10%
7. 其他酒	5%	17. 乘用车	8%
8. 化妆品	5%	18. 中轻型商用客车	5%
9. 鞭炮、烟火	5%	19. 电池	4%
10. 贵重首饰及珠宝玉石	6%	20. 涂料	7%

➢ 任务导入 - 1

春节将至,甲花炮厂将自产的特制礼花(假设该种礼花不对外销售,且无市场销售价格)作为职工福利发放给员工,此批礼花的成本为 60 万元(若通过成本控制,可以将成本降低至 45 万元),已知该批礼花的成本利润率为 5%,消费税税率为 15%。

请对以上业务进行纳税筹划。

➢ 任务实施 - 1

一、熟悉税法并设计纳税筹划思路

对于自产自用应税消费品用于其他方面需要纳税的情形,当纳税人的计税依据没有同类消费品的销售价格时,就需要采用组成计税价格,对成本的控制就成为纳税筹划的当务之选,因为成本的高低直接影响组成计税价格的高低,进而影响应纳消费税税额的多寡。企业的生产成本需要通过一定的分配方法在生产在产品、半成品、产成品之间进行合理分配,因此,当企业本期预计有应税消费品要用于非应税项目,且本企业也没有同类型的应税消费品同期销售价格时,就可以通过分配方法的选择,降低成本,进而降低组成计税价格,从而达到减轻企业消费税税负的初衷。

二、计算不同方案下甲企业的应纳消费税

方案一:维持该批产品成本不变,则:
组成计税价格＝60×(1＋5%)÷(1−15%)＝74.12(万元)
甲花炮厂的应纳消费税＝74.12×15%＝11.12(万元)
方案二:甲花炮厂通过成本控制,将成本降低至 45 万元,则:
组成计税价格＝45×(1＋5%)÷(1−15%)＝55.59(万元)
甲花炮厂的应纳消费税＝55.59×15%＝8.34(万元)

➢ 任务完成结论 - 1

由以上计算不难看出,方案二比方案一少缴纳消费税 2.78(11.12−8.34)万元,因此应选择方案二。实践中,降低企业成本具有一定难度,并不是每个企业都能轻易地大幅降低生产成本的,在涉及多种产品成本分配的情况下,企业不妨采用合理的成本分配方法,将成本合理地分摊到不需要计算缴纳消费税的产品上,从而减低企业整体税负。但要注意的是,纳税人一旦确定某种成本分摊方法,不得轻易变更,否则税务机关有权调整。

➢ 任务知识 - 2

一、税务规定

为了避免重复征税,现行《消费税暂行条例》规定,纳税人将外购已税消费品或委托加工收

回应税消费品连续生产其他新应税消费品,在计征消费税时,可以按当期生产领用数量计算准予扣除外购或委托加工的应税消费品已纳消费税税款。具体扣除范围包括:

(1) 外购或委托加工收回的已税烟丝生产的卷烟;

(2) 外购或委托加工收回的已税高档化妆品为原料生产的高档化妆品;

(3) 外购或委托加工收回已税珠宝、玉石为原料生产的贵重首饰及珠宝、玉石;

(4) 外购或委托加工收回已税鞭炮、焰火为原料生产的鞭炮、焰火;

(5) 以外购或委托加工收回的已税杆头、杆身和握把为原料生产的高尔夫球杆;

(6) 以外购或委托加工收回的已税木制一次性筷子为原料生产的木制一次性筷子;

(7) 以外购或委托加工收回的已税实木地板为原料生产的实木地板;

(8) 以外购或委托加工收回的已税石脑油、润滑油、燃料油为原料生产的成品油;

(9) 以外购或委托加工收回的已税汽油、柴油为原料生产的汽油、柴油。

上述当期准予扣除外购应税消费品已纳税额的计算公式如下:

当期准予扣除的外购应税消费品已纳税款＝当期准予扣除的外购应税消费品买价×
外购应税消费品适用税率

当期准予扣除的外购应税消费品买价＝期初库存的外购应税消费品的买价＋当期购
进的应税消费品的买价－期末库存的外购应
税消费品的买价

委托加工应税消费品已纳税额的计算公式如下:

委托加工应税消费品已纳税额＝期初库存的委托加工应税消费品已纳税额＋
当期收回的委托加工应税消费品已纳税额－
期末库存的委托加工应税消费品已纳税额

从扣税方法来看,两者处理方法是一致的,都是按当期生产领用数量扣除已纳消费税。

二、会计处理

外购或委托加工收回的应税消费品连续生产其他新应税消费品的,其会计处理是不同的。

(1) 外购的应税消费品的处理。外购的应税消费品包含的消费税,在外购时计入材料成本,在生产领用时按生产领用消费品包含的消费税记入"应交税费——应交消费税"借方,最终计算的消费税等于"应交税费——应交消费税"账户的贷方减借方,扣除的消费税是生产领用消费品包含的消费税。

(2) 委托加工收回的应税消费的处理。委托加工收回的应税消费,在委托加工收回时,其包含的消费税不计入委托加工收回材料的成本,应全部记入"应交税费——应交消费税"的借方,最终计算的消费税等于"应交税费——应交消费税"账户的贷方减借方,扣除的消费税是委托加工收回消费品包含的全部消费税,而不是生产领用的委托加工消费品所包含的消费税。

在会计处理上,外购的应税消费品扣除的消费税是生产领用应税消费品包含的消费税;委托加工收回的应税消费品,扣除的是全部委托加工收回消费品的消费税,而不是生产领用消费品包含的消费税,两者计算结果是不一致的。

同时也应注意到,外购的应税消费品已纳税额的扣除和税法规定是一致的,扣除的都是生产领用部分含的消费税;委托加工应税消费品已纳税额的扣除和税法是不一致的,会计上扣除的是全部委托加工收回消费品的消费税,而不是生产领用部分的消费税。

➢ 任务导入-2

国内甲白酒生产企业为增值税一般纳税人,为了开拓市场,近期需要5吨白酒作为原料加工生产新款凤兼浓香型白酒,现有以下三种方案可供选择:

方案一:从外市A酒厂购进白酒,需支付价款10万元;

方案二:委托B酒厂加工,需支付原料粮食价款5.5万元,另支付加工费2万元,已知B酒厂无同类产品白酒生产价格;

方案三:由本企业自行加工白酒,需要原料粮食价格为5万元,加工费0.8万元。

问:甲企业采用哪种方案对企业有利?

➢ 任务实施-2

不同方案下甲企业应纳消费税税额的计算如下:

方案一:外购白酒的购买价款10万元由三部分组成,分别是A酒厂加工生产白酒的成本、利润及销售方缴纳的消费税。其中,已由销售方A酒厂缴纳的消费税为2.5[(10×20%)+(5×2 000×0.5)÷10 000]万元。

方案二:委托B酒厂加工,需支付原料粮食价款5.5万元,另支付加工费2万元,则由B酒厂代收代缴的消费税为2.5[(5.5+2)+(5×2 000×0.5)÷10 000]÷(1-20%)×20%+[(5×2 000×0.5)÷10 000]万元。

方案三:由本企业自行加工白酒用于继续加工凤兼浓香型白酒,其中中间产品不需要缴纳消费税,因此,作为生产新款凤兼浓香型白酒原料的白酒加工成本为5.8(5+0.8)万元。

➢ 任务完成结论-2

从以上分析不难看出,由于外购白酒和委托加工白酒都包含2.5万元的消费税。而自行加工的白酒用于连续生产新款凤兼浓香型白酒时不需要缴纳消费税,因此,自行加工白酒的成本低于外购与委托加工生产白酒的成本。所以,应当选择方案三。

➢ 任务知识-3

一、根据税法的规定,企业进口应税消费品,应当自海关填发税款缴款书的次日起15日内缴纳税款

企业不缴税不得提货。进口应税消费品,应在进口时由进口企业缴纳消费税,缴纳的消费税应计入进口应税消费品的成本。进口的应税消费品的消费税基本计算公式如下:

(一)适用比例税率的进口应税消费品实行从价定率办法按组成计税价格计算应纳税额

$$组成计税价格=(关税完税价格+关税)÷(1-消费税税率)$$

$$应纳税额=组成计税价格×消费税税率$$

公式中的关税完税价格是指海关核定的关税计税价格。

（二）实行定额税率的进口应税消费品实行从量定额办法计算应纳税额

$$应纳税额＝应税消费品数量×消费税单位税额$$

（三）实行复合计税方法的进口应税消费品的税额计算

$$组成计税价格＝（关税完税价格＋关税＋进口数量×消费税定额税率）÷（1－比例税率）$$

$$应纳税额＝应税消费品数量×消费税单位税额＋组成计税价格×消费税税率$$

二、到岸价、离岸价与关税完税价格

按照《海关法》的规定,进口货物的完税价格包括以下几项：

（1）货物的货价；

（2）运抵输入地点起卸前的运输及其相关费用；

（3）保险费。

离岸价和到岸价是国际贸易中比较常用的两种基本贸易方式。根据《2010 国际贸易术语解释通则》规定的术语,离岸价指 FOB(Free on Board)价,是货物成本价,卖方只要按期在约定地点完成装运,并向卖方提交合同约定的提单等有关单据就算完成了交货义务。即货物越过船舷后,卖方就有根据合同约定向对方索取货款的权利。卖方不需要承担国际运费及货运保险等方面的费用。到岸价 DES(Delivered Ex Ship)"目的港船上交货(……指定目的港)"是指在指定的目的港,货物在船上交给买方处置,但不办理货物进口清关手续,卖方即完成交货。卖方必须承担货物运至指定的目的港卸货前的一切风险和费用。一般在当货物经由海运或内河运输或多式联运在目的港船上货使用。

➢ 任务导入- 3

甲公司计划从国外进口一批高档小汽车,已知该型小汽车的离岸价格为 50 万元/辆,途中运费为 5 万元,保险费为 3 万元,其他相关费用为 2 万元。关税税率为 25％,消费税税率为 12％,增值税税率为 17％。

请对该公司的上述业务进行纳税筹划。

➢ 任务实施- 3

一、熟悉税法并设计纳税筹划思路

纳税人进口应税消费品,关键的税基因素在于关税完税价格,关税完税价格越小,对纳税人越有利。进口企业可以通过设在国内的出口企业关联方进行转让定价的方式来降低关税完税价格,从而降低整体税负。

二、计算不同方案下甲公司的应纳消费税

海关审定的关税完税价格＝50＋5＋3＋2＝60（万元）

方案一：甲公司直接从国外公司进口,则：

进口环节每辆车应纳关税＝60×25％＝15（万元）

进口环节每辆车应纳消费税＝（60＋15）÷（1－12％）×12％＝10.23（万元）

进口环节每辆车应纳增值税＝(60＋15＋10.23)×17％＝14.49(万元)

或者:进口环节每辆车应纳增值税＝(60＋15)÷(1－12％)×17％＝14.49(万元)

甲公司进口环节每辆汽车应纳税额合计＝15＋10.23＋14.49＝39.72(万元)

方案二:甲公司从国外公司设在国内的直营店购进,而国外公司以40万元的离岸价出口给直营店,其他税费不变,此时:

海关审定的关税完税价格＝40＋5＋3＋2＝50(万元)

直营店进口环节每辆车应纳关税＝50×25％＝12.5(万元)

直营店进口环节每辆车应纳消费税＝(50＋12.5)÷(1－12％)×12％＝8.52(万元)

直营店进口环节每辆车应纳增值税＝(50＋12.5＋8.52)×17％＝12.07(万元)

或者:直营店进口环节每辆车应纳增值税＝(50＋12.5)÷(1－12％)×17％＝12.07(万元)

直营店进口环节每辆汽车应纳税额合计＝12.5＋8.52＋12.07＝33.09(万元)

甲公司直接到该汽车直营店提车,不需要缴纳关税和消费税。但是12.5万元的进口关税、8.52万元的进口消费税需要自己负担,且甲公司可以将12.07万元的增值税作为当期进项税额从当期销项税额中抵扣。

➤ 任务完成结论- 3

由以上计算可以看出,方案二比方案一的每辆汽车进口环节少纳税6.63(39.72－33.09)万元,因此应当选择方案二。实践中,为简化核算手续,进口应税消费品缴纳的消费税一般不通过"应交税费——应交消费税"科目核算,在将消费税计入进口应税消费品成本时,直接贷记"银行存款"科目。在特殊情况下,如出现先提货、后缴纳消费税的,或者用于连续生产其他应税消费品按规定允许扣税的,也可以通过"应交税费——应交消费税"科目核算应缴消费税税额。

企业进口的应税消费品可能是固定资产、原材料等。因此,在进口时,应按应税消费品的进口成本连同消费税及不允许抵扣的增值税,借记"固定资产""物资采购"等科目;按支付的允许抵扣的增值税,借记"应交税费——应交增值税(进项税额)"科目;按采购成本、缴纳的增值税、消费税合计数,贷记"银行存款"等科目。

任务三　掌握消费税税率的纳税筹划

➤ 任务达成目标

1. 能通过降价来降低消费税税率来进行纳税筹划;
2. 能变"实物折扣"为"价格折扣"来进行纳税筹划。

➤ 核心技能

会利用消费税税率或税额的差异进行纳税筹划。

➤ 任务思维导图

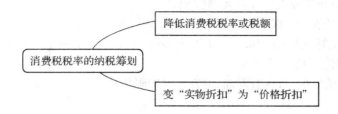

➤ 任务知识-1

我国现行的《消费税暂行条例》规定对啤酒采用定额税征收,见表3-3:

表3-3　啤酒的定额征收标准

分　类	认定标准(含包装物及包装物押金)	消费税税额
甲类啤酒	每吨不含增值税出厂价格≥3 000元	250元/吨
乙类啤酒	每吨不含增值税出厂价格＜3 000元	220元/吨

实践中,对于娱乐业、饮食业自制啤酒,视同甲类啤酒,按照250元/吨的标准征收。

➤ 任务导入-1

某市甲啤酒厂最近推出一种新品啤酒,成本为2 000元/吨,有两个定价方案。方案一拟将吨酒销价定为2 800元/吨,方案二拟将吨酒销价定为2 700元/吨,可准予抵扣的进项税额为300元/吨。以上价格均为不含增值税价格,另收取包装物押金300元/吨(假定押金到期均能退还)。已知啤酒增值税税率17%,城建税税率7%,教育费附加3%,地方教育附加2%。

请对该厂的上述业务进行纳税筹划。

➤ 任务实施-1

一、熟悉税法并设计纳税筹划思路

啤酒企业税收主要有三部分,一是消费税,二是增值税,三是企业所得税。特别是在消费税和增值税上,由于销售定价不同,如成本价均为2 000元/吨的同一品种啤酒,在3 000元/吨的临界点上下定价,缴纳的消费税就会不同,销售毛利也会有差异:

定价为3 029元/吨时:

啤酒的销售毛利＝3 029－2 000－250＝779(元)

定价为2 999元/吨时:

啤酒的销售毛利＝2 999－2 000－220＝779(元)

显而易见,同一品种的啤酒虽然定价不同,但企业取得的销售毛利却完全一样。低价销售无疑具有更大的竞争力。前后两种定价策略孰优孰劣,一目了然。实践中,若巧用临界点税率变化来定价,就会产生薄利多销的积极后果。

二、计算不同方案下甲企业应纳消费税税额

方案一:将啤酒价格定为 2 800 元/吨,则:

该啤酒的出厂价格＝2 800＋300÷(1＋17%)＝2 800＋256.41＝3 056.41(元)

每吨啤酒应纳增值税＝3 056.41×17%－300＝519.59－300＝219.59(元)

每吨啤酒应纳消费税＝250(元)

每吨啤酒应纳城建税、教育费附加、地方教育费附加＝(219.59＋250)×(7%＋3%＋2%)＝56.35(元)

方案二:将啤酒价格定为 2 700 元/吨,则:

该啤酒的出厂价格＝2 700＋300÷(1＋17%)＝2 700＋256.41＝2 956.41(元)

每吨啤酒应纳增值税＝2 956.41×17%－300＝502.59－300＝202.59(元)

每吨啤酒应纳消费税＝220(元)

每吨啤酒应纳城建税、教育费附加、地方教育费附加＝(202.59＋220)×(7%＋3%＋2%)＝50.71(元)

➢ 任务完成结论-1

由以上计算可以看出,方案二比方案一的每吨啤酒增值税应纳税额减少 17(219.59－202.59)元,消费税应纳税额减少 30(250－220)元,城建税及教育费附加应纳税额减少 5.64(56.35－50.71)元,因此从降低税负的角度来考虑,应当选择方案二。

➢ 任务知识-2

根据现行《消费税法》的规定,成品油中汽油、柴油的消费税税额分别为 1.52 元/升、1.2 元/升。汽油与柴油的换算标准分别为 1 吨汽油＝1 388 升、1 吨柴油＝1 176 升。

根据财政部、国家税务总局《关于企业促销展业赠送礼品有关个人所得税问题的通知》(财税〔2011〕50 号)文件的规定,随机向本单位以外的个人赠送礼品,对个人取得的礼品所得,按照"其他所得"项目,全额适用 20%的税率缴纳个人所得税,需要公司代扣代缴。

➢ 任务导入-2

某成品油销售企业在每年的五一或十一节日期间开展促销活动,活动周期假设均为 1 个月,月零售成品汽油 10 万吨,销售额 8 亿元。现采用挂牌价直降 2%、昆仑加油卡一次性储值 2 000 元以上绑定油品价格折扣优惠 2%、累计加油满 300 送 2%非油购物券三种备选方案。假定不考虑城建税、教育费附加,地方教育费附加。

请对该企业的上述业务进行纳税筹划。

➢ 任务实施-2

不同方案下该企业应纳税额的计算如下:

方案一:挂牌价直降 2%,根据《税法》的规定,价格折扣无法在发票票面体现的,按折扣前金额计算增值税,则:

该企业应纳增值税＝800 000 000×17%＝136 000 000(元)

该企业应纳消费税＝1.52×100 000×1 388＝210 976 000(元)

此方案无节税收益。此外,挂牌直降损失额为 16 330 000[800 000 000÷(1-2%)-800 000 000]元。

方案二:昆仑加油卡一次性储值 2 000 元以上绑定油品价格折扣优惠 2%,折扣金额于发票票面列示,根据《税法》的规定,价格折扣按折扣后金额计算增值税和消费税,则:

该企业应纳增值税=800 000 000×(1-2%)×17%=133 280 000(元)

该企业应纳消费税=1.52×100 000×1 388=210 976 000(元)

节约增值税 2 720 000(136 000 000-133 280 000)元。同时,假设客户均选择储值 2 000 元以上,卡销比 100%,平均消费周期为 2 个月,则月平均资金沉淀利息为 2 200 000 (800 000 000×3.3%÷12)元,折扣率 2%优惠损失为 16 330 000 元,促销综合成本为 11 410 000 (16 330 000-2 200 000-2 720 000)元。

方案三:累计加油满 300 送 2%非油购物券。假设全部满足条件,当月销售额全部来源于油非互动模式,购物券视同销售计算,赠品毛利按 10%计算,增加的增值税为 272 000 (800 000 000÷300×300×2%×10%×17%)元,促销商品成本为 14 400 000(800 000 000÷ 300×300×2%×90%)元。促销综合成本为 16 580 000 (16 330 000-272 000- 14 400 000)元。

➤ 任务完成结论- 2

对比以上不同促销方式,从税负成本出发,综合考虑资金成本,方案二最优,方案三次之,方案一最差。

任务四　掌握消费税税收优惠的纳税筹划

➤ 任务达成目标

熟悉销售高档手表时的消费税税收优惠政策,能利用定价策略进行纳税筹划。

➤ 核心技能

会利用现行消费税税收优惠政策进行纳税筹划。

➤ 任务思维导图

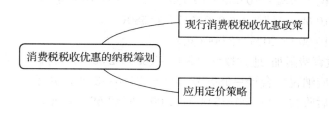

➤ 任务知识

根据财政部、国家税务总局《关于调整和完善消费税政策的通知》(财税〔2006〕33 号)文件的规定,高档手表是指销售价格(不含增值税)每只在 10 000 元(含)以上的各类手表。现行消费税税率为 20%。

另外,根据 2016 年 3 月 16 日国务院关税税则委员会公布的《关于调整进境物品进口税有关问题的通知》(税委会〔2016〕2 号)的规定,自 2016 年 4 月 8 日起实施调整《中华人民共和国进境物品进口税率表》,高档手表从原先的 30% 提高到了 60%,这意味着无论是从跨境电商平台、代购还是自己从国外购买高档手表,入境都将缴纳以往 1 倍的进口关税。见下表 3-4:

表 3-4 中华人民共和国进境物品进口税率表

税号	物品名称	税率/%
1	书报、刊物、教育用影视资料;计算机、视频摄录一体机、数字照相机等信息技术产品;食品、饮料;金银;家具;玩具、游戏品、节日或其他娱乐用品	15
2	运动用品(不含高尔夫球及球具)、钓鱼用品;纺织品及其制成品;电视摄像机及其他电器用具;自行车;税目 1、3 中未包含的其他商品	30
3	烟、酒;贵重首饰及珠宝玉石;高尔夫球及球具;高档手表;化妆品	60

注:税目 3 所列商品的具体范围与消费税征收范围一致。

➤ 任务导入

位于某市内的甲公司为增值税一般纳税人,生产销售某款手表,每只 10 000 元,按照财政部、国家税务总局《关于调整和完善消费税政策的通知》及其附件《消费税新增和调整税目征收范围注释》的规定,该手表正好为高档手表。假定该款手表的成本费用为 6 000 元,以上价格均为不含税价格,城市维护建设税税率为 7%,教育费附加为 3%,地方教育费附加为 2%。

请对该公司的上述业务进行纳税筹划。

➤ 任务实施

一、熟悉税法并设计纳税筹划思路

高档手表的起征点为 10 000 元,纳税人可以利用起征点的规定,适当降低产品价格,从而巧妙地规避纳税义务,进而有可能增加税后利润。

二、计算不同方案下甲公司的应纳税额

方案一:每只手表定价为 10 000 元不变,则:

每只手表的含税销售额 $= 10\,000 + 10\,000 \times 17\% = 11\,700$(元)

应纳增值税 $= 10\,000 \times 17\% - 6\,000 \times 17\% = 680$(元)

应纳消费税 $= 10\,000 \times 20\% = 2\,000$(元)

应纳城建税、教育费附加、地方教育费附加 $= (680 + 2\,000) \times (7\% + 3\% - 2\%) = 321.6$(元)

销售每只手表应纳税额合计 $= 680 + 2\,000 + 321.6 = 3\,001.6$(元)

每只手表的税后收益 $= 11\,700 - 6\,000 - 3\,001.6 = 2\,698.4$(元)

方案二:将手表销售价格降低 100 元,为每只 9 900 元,则:

每只手表的含税销售额 $= 9\,900 + 9\,900 \times 17\% = 11\,583$(元)

应纳增值税 $9\,900 \times 17\% - 6\,000 \times 17\% = 663$(元)

应纳消费税 $= 0$

应纳城建税、教育费附加、地方教育费附加 $= 663 \times (7\% + 3\% + 2\%) = 79.56$(元)

销售每只手表应纳税额合计＝663＋79.56＝742.56(元)

每只手表的税后收益＝11 583－6 000－742.56＝4 840.44(元)

➤ 任务完成结论

通过以上计算不难看出，纳税人将销售价格降低 100 元，反而能多获利 2 142.04(4 840.44－2 698.4)元。显然，获利原因在于此方案可以避开消费税，销售过程中，少缴纳消费税 2 000(2 000－0)元，少缴纳由消费税而产生的城建税、教育费附加、地方教育费附加为 240[2 000×(7%＋3%＋2%)]元。

实践中，我们还可以对这类通过价格调整获取更多税后收益的筹划方案做进一步研究。

假设生产每只手表需购进材料的成本为 C，销售价格 P(不含增值税)刚刚超过 10 000 元，那么厂家购进材料时现金流出 $1.17C$，销售手表时现金流入 $1.17P$，其应纳增值税为 $(P－C)×17\%$，应纳消费税为 $P×20\%$，应纳城建税、教育费附加、地方教育附加为 $[(P－C)×17\%＋P×20\%]×(7\%＋3\%＋2\%)$，应纳企业所得税为 $\{P－C－P×20\%－[(P－C)×17\%＋P×20\%]×(7\%＋3\%＋2\%)\}×25\%$(为方便起见，不考虑其他税前扣除，且适用 25% 的企业所得税税率，下同)。则该企业应纳税额合计为 $(P－C)×17\%＋P×20\%＋[(P－C)×17\%＋P×20\%]×(7\%＋3\%＋2\%)＋\{P－C－P×20\%－[(P－C)×17\%＋P×20\%]×(7\%＋3\%＋2\%)\}×25\%$，其最后收益为 $0.566\ 7P－0.734\ 7C$。

如果其销售价格 N 刚刚少于 10 000 元，则该企业向购买方收取的价税合计为 $1.17N$，由于其不属于高档手表，不纳消费税，只需纳增值税 $(N－C)×17\%$ 和应纳城建税、教育费附加、地方教育附加 $(N－C)×17\%×(7\%＋3\%＋2\%)＝(N－C)×2.04\%$，应纳企业所得税为 $[N－C－(N－C)×2.04\%]×25\%＝(N－C)×24.49\%$，合计纳税额为 $(N－C)×17\%＋(N－C)×2.04\%＋(N－C)×24.49\%＝(N－C)×43.53\%$，其最后收益为 $＝0.734\ 7N－0.734\ 7C$。

对此进行比较，当 $0.734\ 7N－0.734\ 7C＞0.566\ 7P－0.734\ 7C$，即 $N＞P×0.757\ 7$ 时，定价低些反而收益更高。

应当说明的是，这一思路的操作空间有限。当 P 大于 13 197.84 元时，13 197.84 元×0.757 7＝10 000 元，同样属于高档手表，要征消费税，此方案就不适用了。

一般而言，产品销售价格越高，企业获利越多。但若考虑税收因素，则未必完全如此。有的时候，主动降低销售价格，反而可能获得更高的税后收益。或者转销其他非应税消费品，规避消费税，也能获得不错的税后收益。

任务五　掌握消费税纳税时机或方式的纳税筹划

➤ 任务达成目标

能通过延长纳税期进行消费税的纳税筹划。

➤ 核心技能

会利用消费税纳税时机或纳税方式的选择进行纳税筹划。

➤ 任务思维导图

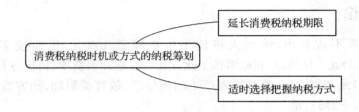

➤ 任务知识

一、消费税的纳税时间

根据《中华人民共和国消费税暂行条例》(中华人民共和国国务院令第 539 号)第十四条的规定:"消费税的纳税期限分别为 1 日、3 日、5 日、10 日、15 日、1 个月或者 1 个季度。纳税人的具体纳税期限,由主管税务机关根据纳税人应纳税额的大小分别核定;不能按照固定期限纳税的,可以按次纳税。纳税人以 1 个月或者一个季度为一个纳税期的,自期满之日起 15 日内申报纳税;以 1 日、3 日、5 日、10 日或者 15 日为一个纳税期的,自期满之日起 5 日内预缴税款,于次月 1 日起 15 日内申报纳税并结清上月应纳税款。"

国家税务总局《关于合理简并纳税人申报缴税次数的公告》(国家税务总局公告 2016 年第 6 号)第一条规定:"增值税小规模纳税人缴纳增值税、消费税、文化事业建设费,以及随增值税、消费税附征的城市维护建设税、教育费附加等税费,原则上实行按季申报。纳税人要求不实行按季申报的,由主管税务机关根据其应纳税额大小核定纳税期限。"

二、消费税的纳税义务发生时间

纳税人生产的应税消费品于销售时纳税,进口消费品应当于应税消费品报关进口环节纳税,但金银首饰、钻石及钻石饰品在零售环节纳税。消费税纳税义务发生的时间,以货款结算方式或行为发生时间分别确定。

(1) 纳税人销售的应税消费品,其纳税义务的发生时间为:

① 赊销和分期收款结算方式:销售合同规定的收款日期的当天。

② 预收货款结算方式:发出应税消费品的当天。

③ 托收承付和委托银行收款方式:发出应税消费品并办妥托收手续的当天。

④ 其他结算方式:收讫销售款或者取得索取销售款的凭据的当天。

(2) 纳税人自产自用的应税消费品,为移送使用的当天。

(3) 纳税人委托加工的应税消费品,为纳税人提货的当天。

(4) 纳税人进口的应税消费品,为报关进口的当天。

➤ 任务导入

按照相关规定,以 1 日、3 日、5 日、10 日、15 日为一个纳税期的纳税人,应在纳税期满后 5 日内预缴税款。经主管税务机关核定,甲电池厂以 5 日为一个纳税期,按上月应纳税额预缴,月度终了后申报纳税,结清本月税额。4 月份,该电池厂应纳消费税 180 000 元,每期应预缴税款为 30 000(180 000÷6)元。

请对该厂的上述业务进行纳税筹划。

➤ 任务实施

一、熟悉税法并设计纳税筹划思路

在本案例中,甲电池厂以 5 日为一个纳税期,则应分别在 5 月 5 日、5 月 10 日、5 月 15 日、5 月 20 日、5 月 25 日后的 5 日内,按规定的数额预缴税款。假定甲电池厂通常在期满后 5 日内预缴税款,则 5 月 10 日、15 日、20 日、25 日、6 月 1 日企业应当按规定预缴 1 日至 5 日、6 日至 10 日、11 日至 15 日、16 日至 20 日、21 日至 25 日的消费税税款 30 000 元。

二、熟悉会计处理

在具体进行会计核算时,每次预缴税款后应当根据实际预缴的税额做以下会计分录:

借:应交税金——应交消费税　　　　　　　　　　　　　　　　30 000
　　贷:银行存款　　　　　　　　　　　　　　　　　　　　　　30 000

➤ 任务完成结论

消费税的纳税人在合法的期限内纳税是纳税人应尽的义务。同样是合法地纳税,从时间上看,有的纳税对企业有利,有的对企业不利。因此,纳税人尽可能利用消费税纳税期限的有关规定,在合法的期限内尽量推迟纳税时间纳税,在欠税挂账有利的情况下,尽可能欠税挂账。这样不但可以加速资金周转,而且可以获取一定的利息收入。

业 务 技 能 自 测

一、单选题

1. 下列关于消费税的说法中,错误的是(   )。

A. 酒类生产企业向商业销售单位收取"品牌使用费"应缴纳消费税

B. 用于投资入股的应税消费品,按同类产品的平均销售价格作为消费税计税依据

C. 用于抵偿债务的应税消费品,按同类产品的最高销售价格作为消费税计税依据

D. 自产自用应税消费品的计税依据为应税消费品的同类销售价格或组成计税价格

2. 厂商甲将一批应税消费品委托给加工商乙加工,加工后甲将该批消费品销售给零售商丙。在这项应税行为中消费税的纳税人应是(   )。

A. 厂商甲
B. 加工商乙

C. 厂商甲和加工商乙
D. 零售商丙

3. 根据消费税法律制度的规定,成品油的纳税环节是(   )。

A. 批发环节
B. 加油站加油环节

C. 生产销售环节
D. 消费者购买环节

4. 下列行为涉及的货物中属于消费税征收范围的是(   )。

A. 批发商批发销售的雪茄烟
B. 竹木制品厂销售的竹制一次性筷子

C. 鞭炮加工厂销售田径比赛用发令纸
D. 商场销售的金银首饰

5. 根据消费税法律制度的规定,下列纳税人自产自用应税消费品不缴纳消费税的是(   )。

A. 高尔夫球具厂用于本企业职工福利的自产球具

B. 汽车厂用于管理部门的自产汽车

C. 日化厂用于赠送客户样品的自产高档化妆品

D. 卷烟厂用于生产卷烟的自制烟丝

6. 根据消费税法律制度的规定,下列各项中,需要计算缴纳消费税的是(   )。

A. 汽车专卖店销售小汽车

B. 酒厂委托加工白酒

C. 烟草专卖店零售卷烟

D. 珠宝店进口钻石饰品

7. 根据消费税法律制度的规定,下列各项中,不属于消费税纳税人的是(   )。

A. 金首饰零售商

B. 高档化妆品进口商

C. 鞭炮批发商

D. 涂料生产商

8. 某化妆品厂 2017 年 11 月销售高档化妆品取得含税收入 46.8 万元,收取手续费 1.5 万元;另取得逾期包装物押金收入 1 万元。已知,增值税税率为 17%,消费税税率为 15%。根

据消费税法律制度的规定,下列关于该化妆品厂本月应缴纳消费税的计算中,正确的是( )。

A. $46.8 \times 15\% = 7.02$(万元)

B. $46.8 \div (1+17\%) \times 15\% = 6$(万元)

C. $(46.8+1.5) \div (1+17\%) \times 15\% = 6.19$(万元)

D. $(46.8+1.5+1) \div (1+17\%) \times 15\% = 6.32$(万元)

9. 2017 年 7 月,甲烟草批发企业向乙卷烟零售店销售卷烟 200 标准条,取得不含增值税销售额 20 000 元;向丙烟草批发企业销售卷烟 300 标准条,取得不含增值税销售额为 30 000 元。已知卷烟批发环节消费税比例税率为 11%,定额税率为 0.005 元/支;每标准条 200 支卷烟。甲烟草批发企业上述业务应缴纳消费税税额的下列计算列式中,正确的是( )。

A. $20\,000 \times 11\% + 200 \times 200 \times 0.005 = 2\,400$(元)

B. $20\,000 \times 11\% + 200 \times 200 \times 0.005 + 30\,000 \times 11\% + 300 \times 200 \times 0.005 = 6\,000$(元)

C. $20\,000 \times 11\% + 30\,000 \times 11\% = 5\,500$(元)

D. $30\,000 \times 11\% + 300 \times 200 \times 0.005 = 3\,600$(元)

10. 根据消费税法律制度的规定,下列各项中,委托加工收回的应税消费品的已纳税款可以扣除的是( )。

A. 以委托加工收回的已税小汽车为原料生产的小汽车

B. 以委托加工收回的已税高档化妆品为原料生产的高档化妆品

C. 以委托加工收回的已税珠宝、玉石为原料生产的金银首饰

D. 以委托加工收回的已税白酒为原料生产的白酒

11. 某公司为增值税一般纳税人,外购高档香水精生产高档香水,11 月份生产销售高档香水取得不含税销售收入 100 万元。该公司 11 月月初库存高档香水精 10 万元,11 月月购进高档香水精 100 万元,11 月月底库存高档香水精 20 万元。已知高档化妆品适用的消费税税率为 15%。根据《消费税法》的规定,该公司当月应缴纳消费税税额的下列计算中,正确的是( )。

A. $100 \times 15\% - 100 \times 15\% = 0$(万元)

B. $100 \times 15\% - (10+100-20) \times 15\% = 1.5$(万元)

C. $100 \times 15\% - (20-10) \times 15\% = 13.5$(万元)

D. $100 \times 15\% = 15$(万元)

12. 根据消费税法律制度的规定,下列关于消费税纳税义务发生时间的表述中,不正确的有( )。

A. 纳税人自产自用应税消费品的,为移送使用的当天

B. 纳税人进口应税消费品的,为报关进口的当天

C. 纳税人委托加工应税消费品的,为支付加工费的当天

D. 纳税人销售应税消费品采取预收款方式的,为发出应税消费品的当天

13. 根据消费税法律制度的规定,下列关于消费税纳税地点的表述中,正确的是( )。

A. 纳税人销售的应税消费品,除另有规定外,应当向纳税人机构所在地或居住地的主管税务机关申报纳税

B. 纳税人总机构与分支机构不在同一省的,由总机构汇总向总机构所在地的主管税务机关申报纳税

C. 进口的应税消费品,由进口人或者其代理人向机构所在地的主管税务机关申报纳税

D. 委托加工的应税消费品,受托方为个人的,由受托方向居住地的主管税务机关申报纳税

14. 甲公司 3 月份实际缴纳增值税 34 万元、消费税 22 万元、土地增值税 4 万元。已知甲公司适用的城市维护建设税税率为 7%。甲公司 3 月份应缴纳的城市维护建设税税额为（　　）万元。

A. 4.20   B. 3.92   C. 3.22   D. 2.38

15. 根据城市维护建设税法律规定的规定,下列关于城市维护建设税税收优惠政策的表述中,不正确的是（　　）。

A. 对增值税实行即征即退办法的,除另有规定外,不予退还增值税附征的城市维护建设税

B. 海关对进口产品代征的增值税,不征收城市维护建设税

C. 对增值税实行先征后退办法的,除另有规定外,不予退还增值税附征的城市维护建设税

D. 对出口产品退还增值税的,可同时退还已缴纳的城市维护建设税

二、多选题

1. 下列各项中,应同时征收增值税和消费税的有（　　）。

A. 批发环节销售的卷烟

B. 生产环节销售的普通化妆品

C. 零售环节销售的金银铂金首饰

D. 进口的小汽车

2. 现行消费税税目中,下列适用定额税率征收消费税的货物有（　　）。

A. 酒精   B. 黄酒

C. 汽油   D. 轮胎

3. 下列各项中,外购应税消费品已纳消费税税款准予扣除的有（　　）。

A. 外购已税烟丝生产的卷烟

B. 外购已税汽车生产的小轿车

C. 外购已税珠宝原料生产的金银镶嵌首饰

D. 外购已税石脑油为原料生产的应税消费品

4. 甲商店为增值税一般纳税人,主要从事副食品批发、零售业务。20×8 年 2 月向枣农收购一批红枣,农产品收购发票上注明买价 30 000 元。该批红枣一部分用于销售,一部分无偿赠送关联企业,一部分用于职工个人消费。下列有关甲商店收购红枣的增值税进项税额的税务处理的表述中,正确的是（　　）。

A. 用于职工个人消费部分的允许抵扣

B. 用于销售部分的允许抵扣

C. 全部不允许抵扣

D. 用于无偿赠送关联企业部分的允许抵扣

5. 根据消费税法律制度的规定,下列业务中,应征收消费税的有(　　)。

A. 烟草批发企业将卷烟销售给零售单位

B. 外贸公司进口高档手表

C. 地板经销商提供实木地板保养服务

D. 金店零售金银首饰

6. 根据消费税法律制度的规定,下列各项中,应并入白酒的销售额计征消费税的有(　　)。

A. 优质费　　　　　　　　　　　　B. 逾期付款违约金

C. 包装物的押金　　　　　　　　　D. 品牌使用费

7. 根据消费税法律制度的规定,下列情形中,应以纳税人同类应税消费品的最高销售价格作为计税依据计算消费税的有(　　)。

A. 将自产应税消费品用于无偿赠送

B. 将自产应税消费品用于投资入股

C. 将自产应税消费品用于换取生产资料

D. 将自产应税消费品用于抵债

8. 根据消费税法律制度的规定,下列消费品中,实行从价定率和从量定额相结合的复合计征办法征收消费税的有(　　)。

A. 白酒　　　　　　　　　　　　　B. 卷烟

C. 啤酒　　　　　　　　　　　　　D. 烟丝

9. 根据消费税法律制度的规定,关于消费税纳税义务发生时间的下列表述中,正确的有(　　)。

A. 纳税人采取预收货款结算方式销售应税消费品的,为收到预收款的当天

B. 纳税人自产自用应税消费品的,为移送使用的当天

C. 纳税人委托加工应税消费品的,为纳税人提货的当天

D. 纳税人进口应税消费品的,为报关进口的当天

10. 根据《城市维护建设税法》的规定,下列各项中,属于城市维护建设税纳税人的有(　　)。

A. 实际缴纳增值税的中外合资企业

B. 实际缴纳增值税的私营企业

C. 实际缴纳消费税的个体工商户

D. 实际缴纳消费税的股份制银行

三、判断题

1. 纳税人将自产应税消费品用于连续生产应税消费品的,应缴纳消费税。　　　　　　(　　)

2. 纳税人采用以旧换新方式销售的金银首饰,应按实际收取的不含增值税的全部价款征收消费税。　　　　　　　　　　　　　　　　　　　　　　　　　　　　　　(　　)

3. 纳税人通过自设非独立核算门市部销售的自产应税消费品,应当按照门市部对外销售额或者销售数量征收消费税。　　　　　　　　　　　　　　　　　　　　　(　　)

4. 纳税人在被查补"两税"和被处以罚款时,可以不对其城市维护建设税进行补税、征收滞纳金和罚款。　　　　　　　　　　　　　　　　　　　　　　　　　　　(　　)

5. 由受托方代扣代缴、代收代缴"两税"的单位和个人,其代扣代缴、代收代缴的城市维护建设税按"委托方"所在地适用税率执行。　　　　　　　　　　　　　　　　(　　)

四、实践训练

1. 某啤酒厂销售 A 型啤酒 20 吨给副食品公司,开具增值税专用发票并注明价款 58 000 元,收取包装物押金 3 000 元;销售 B 型啤酒 10 吨给宾馆,开具增值税普通发票并收取 32 760 元,收取包装物押金 1 500 元。

要求:计算该啤酒厂的应纳消费税。

2. 甲公司拟委托其他企业加工一批节日庆典用焰火,由受托单位代收代缴消费税 100 万元。现有两个受托单位可以选择:一是设在县城的乙公司;二是设在乡镇的丙公司。

要求:请对甲企业的上述业务进行纳税筹划。

项目四　企业所得税的纳税筹划

任务一　熟悉企业所得税纳税人的纳税筹划

> ### 任务达成目标

1. 能利用企业所得税纳税人身份的选择进行纳税筹划；
2. 能通过企业设立时组织形式的选择进行纳税筹划；
3. 能通过子公司与分公司的选择进行纳税筹划；
4. 了解不同纳税人之间合并、分立及资产、股权重组时的税务处理。

> ### 核心技能

会利用企业所得税子公司与分公司的选择进行纳税筹划。

> ### 任务思维导图

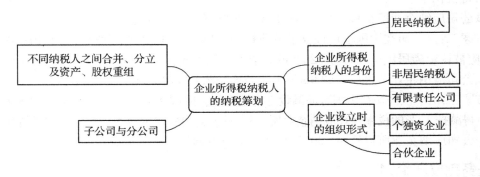

> ### 任务知识-1

《企业所得税法》第三条第三款规定,非居民企业在中国境内未设立机构、场所的,或者虽设立机构、场所但取得的所得与其所设机构、场所没有实际联系的,应当就其来源于中国境内的所得缴纳企业所得税。其适用税率为20%,实际征收时按照10%的税率征收企业所得税。

> ### 任务导入-1

俄罗斯生产的果酱举世闻名,某果酱公司在中国的销售量逐年扩大,去年销售额为3 000万元,相关成本费用为1 600万元,现有三种方案可供选择。方案一,在中国境内设立实际管理机构。方案二,在中国境内不设实际管理机构,但设立营业机构,销售收入由营业机构取得。方案三,在中国境内既不设立实际管理机构,也不设立营业机构,而是在中国派出一个海上车间,在中国青岛港停留 30 天,在这 30 天里,将在山东收购的苹果加工成果酱,然后返售给中国。假设不考虑增值税因素。

请对该企业的上述业务进行纳税筹划。

➤ 任务实施-1

一、熟悉税法的相关计算方法

在中国境内未设立机构、场所的,或者虽设立机构、场所但取得的所得与其所设机构、场所没有实际联系的非居民企业,其取得的来源于中国境内的所得,按照下列方法计算其应纳税所得额:

(1) 股息、红利等权益性投资收益和利息、租金、特许权使用费所得,以收入全额为应纳税所得额。

(2) 转让财产所得,以收入全额减除财产净值后的余额为应纳税所得额。财产净值是指有关资产、财产的计税基础减除已经按照规定扣除的折旧、折耗、摊销、准备金等后的余额。

(3) 其他所得,参照前两项规定的方法计算应纳税所得额。

值得注意的是,最新法规规定,非居民企业减按 10% 的所得税税率征收企业所得税。

二、计算不同方案下企业应纳的企业所得税

方案一:由于该公司在中国境内设立了实际管理机构,应被认定为居民企业,适用 25% 的企业所得税税率。

该公司应纳企业所得税 = (3 000－1 600) × 25% = 350(万元)

方案二:该公司在中国境内设立了营业机构,且取得的收入与其所设机构、场所有实际联系,也应被认定为居民企业,适用 25% 的企业所得税税率。

该公司应纳企业所得税 = (3 000－1 600) × 25% = 350(万元)

方案三:由于该公司在中国青岛港设立海上车间。应被认定为非居民企业,对其来自中国境内的所得减按 10% 的税率计算应纳企业所得税,且该公司的成本费用一般不允许税前列支。

该公司应纳企业所得税 = 3 000 × 10% = 300(万元)

➤ 任务完成结论-1

从税负的角度来考虑,方案三比方案一、方案二少缴纳企业所得税 50(350－300)万元,因此应当选择方案三。这种筹划方法在理论上是可行的,实践中在海上设立车间有时会不现实或需要花费很大成本,企业需要综合考虑。

➤ 任务知识-2

《企业所得税法》第一条规定:"在中华人民共和国境内,企业和其他取得收入的组织(以下统称企业)为企业所得税的纳税人,依照本法的规定缴纳企业所得税。个人独资企业、合伙企业不适用本法。"

《企业所得税法实施条例》第二条规定:"只有依照中国法律成立的个人独资企业和合伙企业才缴纳个人所得税,按照外国法律成立的合伙企业、个人独资企业,由于外国法律体系的不

同,其来源于中国的所得,也要缴纳企业所得税。"

➤ 任务导入-2

某人欲在某城区成立一家特色美食店,预计年利润总额为 1 000 000 元,现有以下两种方案可以考虑:

方案一:设立为一人有限责任公司;

方案二:设立为个人独资企业。

请对上述方案进行纳税筹划。

➤ 任务实施-2

一、熟悉相关法律并设计纳税筹划思路

1. 个人独资企业

《个人独资企业法》第二条规定,本法所称个人独资企业是指依照本法在中国境内设立,由一个自然人投资,财产为投资人个人所有,投资人以其个人财产对企业债务承担无限责任的经营实体。也就是媒体通常说的"一元钱当老板"的企业,由个人全资拥有,投资人对企业任何事务具有绝对决策权。它不是法人,需要承担无限责任。

《个人独资企业登记管理办法》规定,个人独资企业的名称中不得使用"有限""有限责任"和"公司"字样。这就提醒投资人,虽然个人独资企业设立起来不难,但所负的经营责任重大。如果企业出现经营不善,资不抵债,那么后果就不仅仅是企业破产,可能还会导致家庭"破财"。这就要求投资人做好充分准备,把握市场规律,防范风险,慎重经营。

个人独资企业纳税方式有两种,即核定征收和查账征收。关键是利用好相关优惠政策,达到免税和减税的效果。

个人独资企业具有以下优势:

(1)注册手续简单、费用低。个人独资企业的注册手续简单,获取相关的注册文件比较容易,费用比较低。

(2)决策自由。企业所有事务由投资人说了算,不用开会研究,也不用向董事会和股东大会做出说明,所谓"船小好调头",老板可以根据市场变化情况随时调整经营方向。

(3)税收负担较轻。由于企业为个人所有,企业所得即个人所得,因此只征收个人所得税而免征企业所得税。

(4)注册资金随意。《个人独资企业法》对其注册资金没有规定,极端的说法就是"一元钱可以当老板"。

个人独资企业的劣势如下:

(1)信贷信誉低,融资困难。由于注册资金少,企业抗风险能力差,不容易取得银行信贷,同时面向个人的信贷也不容易。

(2)无限责任。一旦经营亏损,除了企业本身的财产要清偿债务外,个人财产也不能幸免,加大了投资风险。

(3)缺乏财务和企业管理。这是个人独资企业的一个大问题。

2. 有限责任公司

《公司法》第二条规定,本法所称公司是指依照本法在中国境内设立的有限责任公司和股份有限公司。有限责任公司的债务承担为有限责任制。有限责任公司的股东可以是两个股东以上五十人以下,也可以是一人制有限责任公司。当然这里的股东可以是自然人,也可以是法人。

公司的纳税方式有两种,即核定征收和查账征收。

首先,一人制有限责任公司设立方便。由于是自己出资自己设立,不需要寻找其他合作伙伴,不用担心合作问题,想设立时随时设立,注册资本要求人民币 10 万元以上(必须是一次足额缴纳出资额)。其次,管理方便,管理成本低。因为只有一个股东,公司的事务股东一人决定即可,不像其他公司那样要有股东会、董事会、监事会,节约了成本。但它容易被股东个人完全控制,将公司财产充作私用,损害债权人的利益。因此法律对一人公司做了特殊的规定,以严格规制。自然人设立一人公司数量有限制。一个自然人只能投资设立一个一人公司,当然这只是对自然人而言,对法人设立一人公司的家数则不受限制。此外,自然人设立的一人公司不能再对外投资设立新的一人公司。一人公司应当在每一会计年度终了时编制财务报告,并且必须经会计师事务所审计,这是对一人公司的硬性规定。

有限责任公司注册资本最少人民币 3 万元以上,可以分期缴纳。有限责任公司应设立股东会,可以根据其经营模式来决定是否设立董事会、监事会。公司运营情况策略由公司股东会决定,股东会为公司最高决定权力机构。股东会成员由公司股东组织。一般公司成立的第一年年终时编制财务报告,并必须经会计师事务所出具审计报告,在以后公司年审就无须再出具审计报告(有关政府部门另行规定的除外,最终以政策为准)。

综上,纳税人可以通过计算不同组织形式下的税负大小,来选择税负最低的企业组织形式。

二、计算不同方案下企业应纳的企业所得税

方案一:设立为有限责任公司,因为"一人有限责任公司"注册的是企业法人性质,根据《企业所得税暂行条例》的规定,应缴纳企业所得税。当"一人公司"税后利润分红,股东取得红利所得时,根据《个人所得税法》第二条的规定,应缴纳个人所得税。

该有限责任公司应纳企业所得税=1 000 000×25%=250 000(元)

假定该公司实现的税后利润全部分配给投资者,则:

该投资者个人应纳个人所得税=(1 000 000-250 000)×20%=150 000(元)

应纳税额合计=250 000+150 000=400 000(元)

方案二:设立为个人独资企业,则只按照个体工商户生产经营所得缴纳个人所得税。

该投资者应纳个人所得税=1 000 000×35%-14 750=335 250(元)

➤ 任务完成结论-2

从税负的角度来考虑,方案二比方案一少缴纳税款 64 750(400 000-335 250)元,因此应当选择方案二。但作为个人独资企业,也有其自身的不利之处,不利于扩大企业的经营规模和长期发展,因此企业应综合考虑各种因素,权衡利弊,理性地做出决策。

➤ 任务知识-3

根据《公司法》第十四条的规定:"公司可以设立分公司。设立分公司,应当向公司登记机

关申请登记,领取营业执照。分公司不具有法人资格,其民事责任由公司承担。公司可以设立子公司,子公司具有法人资格,依法独立承担民事责任。"

一般认为,分公司与子公司有如下差异:

1. 身份不同

分公司是指受总公司管辖的分支机构。分公司可以有自己的名称,但没有法人资格,没有独立的财产,也不能享受所在国为新设公司提供的免税期或其他税收优惠政策,其经营活动所有后果由总公司承担。子公司是对应母公司而言的,是指被另一家公司(母公司)有效控制的下属公司或者是母公司直接或间接控制的一系列公司中的一家公司。子公司是一个独立企业,具有独立的法人资格,能够享受所在国为新设公司提供的免税期或其他税收优惠政策。

2. 设立手续不同

设立子公司需要办理许多手续,设立程序相对复杂,开办费用也较大;设立分公司的程序比较简单,无须经过一般公司设立的许多法律程序,而只是在当地履行简单的登记和管理手续即可,应当向总公司登记机关申请登记,领取相关证件,费用相对较少。

3. 核算和纳税形式不同

子公司是独立法人企业,财产与母公司的财产彼此独立,对各自的债务各自负责,互不连带,所以一般独立计算并申报纳税;分公司不是独立法人企业,没有自己的独立财产,其实际占有、使用的财产是作为总公司的财产而计入总公司的资产负债表之中,同时总公司应以其全部财产对其分公司活动所产生的债务承担责任,分公司必须和总公司进行合并计算,在申报纳税时也要合并申报。

4. 管理要求不同

设立子公司要缴纳印花税,财务制度较为严格,财务信息需要全部公开,并需要复杂的审计和证明,经营亏损不能冲抵母公司的利润,与母公司的交易往往是税务机关反避税审查的重点对象。设立分公司不需要缴纳印花税,在国外建立的分公司的财务信息可以不全部公开,财务制度较为宽松,可以减少复杂的审计等麻烦,公司的利润与亏损可以与总公司合并计算,这一点对于开办初期有亏损的分公司的税收筹划具有重要的意义。

➤ 任务导入-3

甲公司经营情况良好,为扩大规模,拟在乙地增设一分支机构。相关部门提出了以下三个分支机构设置方案供选择:

方案一:设立子公司。

方案二:设立分公司。假设分公司所得税不实行就地预缴政策,由总公司统一汇总缴纳。

方案三:先设立分公司,1年后注销再设立子公司。

假设分支机构设立后,甲公司总部及乙地分支机构的经营情况(利润总额)预测如下:

表 4-1　甲公司与乙分支机构盈亏状况的分析　　　　　　　　　　万元

公司　　　年份	第一年	第二年	第三年	第四年	第五年	第六年
甲公司	1 000	1 100	1 200	1 300	1 400	1 500
乙分支机构	−1 000	200	200	300	300	400

甲公司和乙分支机构均适用 25% 的企业所得税税率。

请对甲公司的上述业务进行纳税筹划。

➤ 任务实施-2

一、熟悉相关法律并设计纳税筹划思路

《企业所得税暂行条例》第十一条规定:"纳税人发生年度亏损的,可以用下一纳税年度的所得弥补;下一纳税年度的所得不足弥补的,可以逐年延续弥补,但是延续弥补期最长不得超过五年。"

国家税务总局印发的《企业所得税税前弥补亏损审核管理办法》规定,纳税人可以在税前弥补的亏损额,是指经主管税务机关按照税法规定核实、调整后的数额。

纳税人若将分支机构设立为分公司,利润一般必须在当年汇回总公司汇总纳税,总公司与分支机构的盈亏可以互抵;若纳税人将分支结构设立成子公司,子公司就可以单独纳税,对与子公司的亏损只能用下一年度的所得来弥补。

记忆口诀:亏损弥补、有亏既补、先亏先补、连续弥补、不超过五。

二、计算不同方案下企业应纳的企业所得税

方案一:将分支机构设立为分公司。由于分公司不具备独立纳税条件,所以需要汇总到总公司纳税。

第一年总公司应纳企业所得税=(1 000-1 000)×25%=0

第二年总公司应纳企业所得税=(1 100+200)×25%=325(万元)

第三年总公司应纳企业所得税=(1 200+200)×25%=350(万元)

第四年总公司应纳企业所得税=(1 300+300)×25%=400(万元)

第五年总公司应纳企业所得税=(1 400+300)×25%=425(万元)

第六年总公司应纳企业所得税=(1 500+400)×25%=475(万元)

6 年内,总公司应纳企业所得税=0+325+350+400+425+475=1 975(万元)

而分公司不需要纳税。

方案二:将分支机构设立为子公司。则二者关系为母子公司形式,母子公司均需独立纳税,其中:

(1)母公司应纳企业所得税。

第一年母公司应纳企业所得税=1 000×25%=250(万元)

第二年母公司应纳企业所得税=1 100×25%=275(万元)

第三年母公司应纳企业所得税=1 200×25%=300(万元)

第四年母公司应纳企业所得税=1 300×25%=325(万元)

第五年母公司应纳企业所得税=1 400×25%=350(万元)

第六年母公司应纳企业所得税=1 500×25%=375(万元)

6 年内母公司缴纳企业所得税合计=250+275+300+325+350+375=1 875(万元)

(2)子公司应纳企业所得税。由于乙分支机构为子公司,应独立纳税,并且亏损可以在 5 年内税前弥补,所以子公司在第一年至第五年都不需要缴纳企业所得税。

第六年子公司应缴纳企业所得税＝400×25％＝100(万元)

(3) 母子公司应纳企业所得税。

6年内公司总部和分支机构应纳企业所得税合计＝1 875＋100＝1 975(万元)

方案三:第一年,公司总部和分支机构应合并纳税,所以二者应纳企业所得税如下:

甲公司应纳企业所得税＝(1 000－1 000)×25％＝0

1 年后,由于公司改制,所以应由公司总部和子公司分别独立纳税,则:

甲公司第二年至第六年应纳企业所得税＝(1 100＋1 200＋1 300＋1 400＋1 500)×25％＝1 625(万元)

乙分支机构(子公司)第二年至第六年应纳企业所得税＝(200＋200＋300＋300＋400)×25％＝350(万元)

6 年内总公司和公司分支机构应纳企业所得税合计＝1 625＋350＝1 975(万元)

可见,不论设立何种公司形式,只要总公司和分支机构适用企业所得税税率相同,二者的实际税负并无多大差别。由此可见,现行税法对于公司设立漏洞的缺口已补上,纳税人纳税筹划的难度增大。但如果总机构与子公司或分支机构所得税适用税率不同,则上述情况将发生变化。

➤ 能力拓展

承接上例,分析总公司与子公司或分支机构适用的所得税税率不同的情况下的纳税筹划。假设甲公司的企业所得税税率为25％,分支机构的所得税税率为15％,同时,公司总部规定,子公司税后利润的50％汇回总公司,50％自己留用。

一、熟悉相关法律并设计纳税筹划思路

为深入实施西部大开发战略,促进西部地区产业结构调整和特色优势产业发展,经国务院批准,发改委发布了《西部地区鼓励类产业目录》(中华人民共和国国家发展和改革委员会令第15 号),自 2014 年 10 月 1 日起施行。

根据国家税务总局《关于执行〈西部地区鼓励类产业目录〉有关企业所得税问题的公告》(国家税务总局公告 2015 年第 14 号)的规定,对设在西部地区以《西部地区鼓励类产业目录》中新增鼓励类产业项目为主营业务,且其当年度主营业务收入占企业收入总额70％以上的企业,自 2014 年 10 月 1 日起,可减按 15％税率缴纳企业所得税。所以企业可以根据生产经营需要在西部地区设立分支机构。

二、计算不同方案下企业应纳的企业所得税

方案一将分支机构设立为分公司。由于分公司具备独立纳税条件,所以需要汇总到总公司纳税,则

第一年总公司应纳企业所得税＝(1 000－1 000)×25％＝0

第二年总公司应纳企业所得税＝(1 100＋200)×25％＝325(万元)

第三年总公司应纳企业所得税＝(1 200＋200)×25％＝350(万元)

第四年总公司应纳企业所得税＝(1 300＋300)×25％＝400(万元)

第五年总公司应纳企业所得税＝(1 400＋300)×25％＝425(万元)

第六年总公司应纳企业所得税＝(1 500＋400)×25％＝475(万元)

6年内总公司应纳企业所得税合计＝0＋325＋350＋400＋425＋475＝1 975(万元)

而分公司不需要纳税。

方案二:将分支机构设立为子公司。则二者关系为母子公司形式,母子公司均需独立纳税,其中:

(1) 母公司应纳企业所得税。

第一年母公司应纳企业所得税＝1 000×25％＝250(万元)

第二年母公司应纳企业所得税＝1 100×25％＝275(万元)

第三年母公司应纳企业所得税＝1 200×25％＝300(万元)

第四年母公司应纳企业所得税＝1 300×25％＝325(万元)

第五年母公司应纳企业所得税＝1 400×25％＝350(万元)

第六年母公司应纳企业所得税＝1 500×25％＝375(万元)

6年内母公司缴纳企业所得税合计＝250＋275＋300＋325＋350＋375＝1 875(万元)

(2) 子公司应纳企业所得税。由于分支机构为子公司,应独立纳税,并且亏损可以在5年内税前弥补,所以子公司在第一年至第五年都不需要缴纳企业所得税。

第六年应缴纳企业所得税＝400×15％＝60(万元)

根据《企业所得税法》第二十六条的规定,企业的下列收入为免税收入:

(1) 国债利息收入;

(2) 符合条件的居民企业之间的股息、红利等权益性投资收益;

(3) 在中国境内设立机构、场所的非居民企业从居民企业取得与该机构、场所有实际联系的股息、红利等权益性投资收益;

(4) 符合条件的非营利公益组织的收入。

《企业所得税法实施条例》第八十三条规定,《企业所得税法》第二十六条第(二)项所称符合条件的居民企业之间的股息、红利等权益性投资收益,是指居民企业直接投资于其他居民企业取得的投资收益。

为了更好地体现税收优惠政策,保证企业投资充分享受到西部大开发、高新技术企业、小型微利企业等实行低税率的好处,实施条例明确不再要求补税率差。居民企业的投资收益属于免税收入,不需要考虑税率差的问题。

故本例中母公司对于这部分分回利润也不予以补税。

(3) 母子公司应纳企业所得税。

6年内公司总部和分支机构应纳企业所得税合计＝1 875＋60＝1 935(万元)

思考:如果子公司税后利润全部汇回总公司,则总体税负与设立分公司是否一样?

方案三:第一年公司总部和分支机构应合并纳税,所以二者应纳企业所得税如下:

总公司应纳企业所得税＝(1 000－1 000)×25％＝0

1年后,由于公司改制,所以应由公司总部和子公司独立纳税,则:

总公司第二至第六年应纳企业所得税＝(1 100＋1 200＋1 300＋1 400＋1 500)×25％＝1 625(万元)

分支机构(子公司)第二年至第六年应纳企业所得税＝(200＋200＋300＋300＋400)×15％＝210(万元)

6年内总公司和分支机构应纳企业所得税合计＝1 625＋210＝1 835(万元)

➤ 任务完成结论- 3

表 4-2　6 年内不同方案下企业所得税税负的分析　　　　　　　　　　万元

公司纳税 方案	公司总部	分支机构	合　计
方案一	1 975	0	1 975
方案二	1 875	60	1 935
方案三	1 625	210	1 835

从企业所得税应纳税额来考虑,方案三最优,方案二次之,方案一最差。

同时,通过上面的分析可以看出,设立子公司与设立分公司的节税利益孰低孰高并不是绝对的,它受到国家税制、纳税人经营状况及企业内部利润分配政策等多种因素的影响,这是投资者在进行企业内部组织结构选择时必须加以考虑的。

需要补充的是,在企业组织形式选择的纳税筹划过程中,一定要融入动态筹划的思想。例如,在生产经营初期设立分公司或者常设机构,等到生产经营正常化后,再改设为子公司。因为在设立初期,其产生亏损的概率极大,运用分公司或常设机构形式进行生产经营活动,可以用其产生的亏损冲减总公司利润,减少总公司的应纳税额。而等到生产经营出现盈利后,改设为子公司,可以充分利用国家对新建企业尤其是小微企业的税收优惠政策进行纳税筹划。如果不考虑子公司所在地的税收优惠,单从应税所得额来考虑,单独按过渡性税率征税,也是有税收筹划空间的。

除此之外,公司集团在选择子公司或者分公司时,不但要考虑到子公司和分公司所能带来的税收优惠,还要考虑以下几个问题:

(1)分公司一般不具有独立法人资格,所以不利于进行独立的利润分配。同时,分公司如果有风险及相关法律责任,可能会牵连到总公司,而子公司则没有这种担忧。

(2)在选择组织形式时,必须考虑到企业管理的难易程度,根据管理需要,选择合适的组织形式。公司制企业严格按照公司章程和《公司法》的有关规定进行管理,管理比较规范,组织结构比较稳定,有利于企业的长期发展。而分公司不是公司,它的设立无须依照公司设立程序,只要在履行简单的登记和营业手续后即可成立。它没有自己的章程,没有董事会等形式的公司经营决策和业务执行机关。

因此,在实际纳税筹划中,一定要在确定组织形式前做好充分调研,收集经营投资所在地的相关经济、法律及行业信息,最好模拟计算综合税负,分析税务风险,综合、全面考虑,以确定所采用的设立形式。

➤ 任务知识- 4

一、企业合并的税务问题

企业合并是指被合并企业依照法定程序,将其全部资产和负债转让给另一家现存或新设企业(以下简称合并企业),为其股东换取合并企业的股权或其他财产的行为,具体包括吸收合并与新设合并。

被合并企业的税务处理问题是指在企业合并中被合并企业向合并企业转移各类资产所涉及的税务问题。在这里须明确企业合并中资产的转移不同于一般情况下资产的买卖,因为企业合并是企业整体产权的转移,并不是单项资产的买卖。现区分不同资产类型加以论述。

(1) 企业合并涉及不动产、土地使用权转移的。对于被合并企业来说,根据 2016 年 3 月 23 日财政部、国家税务总局印发的《关于全面推开营业税改征增值税试点的通知》(财税〔2016〕36 号)附件 2——《营业税改征增值税试点有关事项的规定》的规定,"在资产重组过程中,通过合并、分立、出售、置换等方式,将全部或者部分实物资产以及与其相关联的债权、负债和劳动力一并转让给其他单位和个人,其中涉及的不动产、土地使用权转让行为",属于不征收增值税项目,不征收增值税。根据财政部、国家税务总局《关于土地增值税一些具体问题规定的通知》的规定,在企业兼并中,对被兼并企业将房地产转让到兼并企业中,暂免征收土地增值税。

(2) 企业合并涉及设备、存货等应纳增值税项目的资产的。根据国家税务总局《关于纳税人资产重组有关增值税问题的公告》(国家税务总局公告 2011 年第 13 号)的规定,纳税人在资产重组过程中,通过合并、分立、出售、置换等方式,将全部或者部分实物资产以及与其相关联的债权、负债和劳动力一并转让给其他单位和个人,不属于增值税的征税范围,其中涉及的货物转让,不征收增值税。

(3) 企业合并涉及的印花税。因为印花税税目为列举税目,如果是单纯的合并协议,则不需要贴花;企业合并中涉及的财产所有权等转让合同,需要贴花。同时根据《关于企业改制过程中有关印花税政策的通知》的规定,以合并或分立方式成立的新企业,其新启用的资金账簿记载的资金,凡原已贴花的部分可不再贴花,未贴花的部分和以后新增加的资金按规定贴花。

(4) 合并企业需要缴纳的税费,根据合并企业支付的合并对价而定。若合并企业支付的对价中涉及不动产,则应视为销售不动产,缴纳增值税、城建税、印花税、土地增值税和企业所得税;若涉及存货和设备,也应视为销售,缴纳增值税、城建税和企业所得税。

(5) 企业合并涉及的契税。根据财政部、国家税务总局《关于企业事业单位改制重组契税政策的通知》(财税〔2012〕4 号)的规定,两个或两个以上的公司,依据法律规定、合同约定,合并为一个公司,且原投资主体存续的,对其合并后的公司承受原合并各方的土地、房屋权属,免征契税。

(6) 企业合并涉及的税收难点是所得税问题。根据财政部、国家税务总局《关于企业重组业务企业所得税处理若干问题的通知》(财税〔2009〕59 号)的规定,关于企业合并的企业所得税问题,分为一般税务处理和特殊税务处理。

通常情况下企业合并中,合并企业应按公允价值确定接受被合并企业各项资产和负债的计税基础。被合并企业应视为按公允价值转让、处置全部资产,计算资产的转让所得,依法缴纳所得税。被合并企业以前年度的亏损,不得结转到合并企业弥补。被合并企业的股东取得合并企业的股权视为清算分配。

企业合并符合下列条件的,可以使用特殊性税务处理规定:

① 具有合理的商业目的,且不以减少、免除或者推迟缴纳税款为主要目的;

② 被收购、合并或分立部分的资产或股权比例符合规定的比例;

③ 企业重组后的连续 12 个月内不改变重组资产原来的实质性经营活动;

④ 重组交易对价中涉及的股权支付金额符合本规定的比例;

⑤ 企业重组中取得股权支付的原主要股东,在重组后连续 12 个月内,不得转让所取得的股权。

被合并企业股东在该企业合并发生时取得的股权支付金额不低于其交易支付总额的 85%,以及同一控制下且不需要支付对价的企业合并,可以选择按以下规定处理:

① 合并企业接受被合并企业资产和负债的计税基础，以被合并企业的原有计税基础确定；

② 被合并企业合并前的相关所得税事项由合并企业承继；

③ 可由合并企业弥补的被合并企业亏损的限额＝被合并企业净资产公允价值×截至合并企业业务发生当年年末国家发行的最长期限的国债利率；

④ 被合并企业股东取得合并企业股权的计税基础，以其原持有的被合并企业股权的计税基础确定。

特殊情况下的税务处理对企业而言，在税收方面存在一定的优势，如甲企业合并乙企业，乙企业被合并时账面净资产为 5 000 万元，评估公允价值为 6 000 万元。乙企业股东收到合并后企业股权 5 500 万元，其他非股权支付 500 万元，则股权支付额占交易支付总额的比例为 92%（5 500÷6 000×100%），超过 85%，双方可以选择特殊性税务处理，即资产增值部分 1 000 万元不缴纳企业所得税。同时，甲、乙双方的股份置换也不确认转让所得或损失。假设此比例不超过 85%，则资产增值部分 1 000 万元要缴纳企业所得税 250（1 000×25%）万元，股份支付也要确认所得或损失。

另外，根据财税〔2009〕59 号文件第六项的规定，重组交易各方按规定对交易中股权支付暂不确认有关资产的转让所得或损失的，其非股权支付仍应在交易当期确认相应的资产转让所得或损失，并调整相应资产的计税基础。

$$非股权支付对应的资产转让所得或损失＝（被转让资产的公允价值－被转让资产的$$
$$计税基础）×（非股权支付金额÷被转让资产的公允价值）$$

按上例，乙企业股东取得新合并企业股权 5 500 万元，取得非股权 500 万元。假如乙企业股东原投入乙企业的股权投资成本为 4 000 万元，则增值 2000（5 500＋500－4 000）万元。股东取得的非股权收入 500 万元对应的转让所得为 166.7（500÷6 000×2 000）万元。股东取得新股的计税成本不是 5 500 万元，而是 3 666.7（4 000－500＋166.7）万元。这就是财税〔2009〕59 号文件第六条第四项规定的"被合并企业股东取得合并企业股权的计税基础，以其原持有的被合并企业股权的计税基础确定"。

因此，企业在进行合并时应区分不同的税务处理方式给企业带来的影响，权衡利弊，以选择有利的企业合并形式。

二、企业分立的税务问题

企业分立包括被分立企业将部分或全部业务分离转让给两个或两个以上现存或新设的企业（以下简称分立企业），为其股东换取分立企业的股权或其他财产的经济行为。

如同企业合并一样，根据上述国家税务总局财税〔2016〕36 号的规定，企业分立过程不涉及增值税、契税。同时，印花税与企业合并相同。关于土地增值税，参考《土地增值税暂行条例》的相关规定。对于分立企业承受被分立企业的不动产、土地使用权的，不征收土地增值税。

与企业合并一样，企业分立的难点也是所得税问题。根据（财税〔2009〕59 号）的规定，分为一般税务处理和特殊税务处理。

一般情况下，企业分立时，被分立企业对分立出去的资产应按公允价值确认资产转让所得或损失，分立企业应按公允价值确认接受资产的计税基础，被分立企业继续存在时，其股东取得的对价应视同被分立企业分配利润进行处理，被分立企业不再继续存在时，被分立企业及其股东都应按清算程序进行所得税处理。企业分立时,相关企业的亏损不得相互结转弥补。

在符合上述企业分立的特定条件下,被分立企业所有股东按原持股比例取得分立企业的股权,分立企业和被分立企业均不改变原来的实质经营活动,且被分立企业股东在该企业分立发生时取得的股权支付金额不低于其交易支付总额的85%,可以选择按以下规定处理:

(1)分立企业接受被分立企业资产和负债的计税基础,以被分立企业的原有计税基础确定。

(2)与被分立企业已分立出去的资产相关的所得税事项由分立企业承继。

(3)被分立企业未超过法定弥补期限的亏损额可按分立资产占全部资产的比例进行分配,由分立企业继续弥补。

(4)被分立企业的股东取得分立企业的股权(以下简称新股),如需部分或全部放弃原持有的被分立企业的股权(以下简称旧股),新股的计税基础应以放弃旧股的计税基础确定。如无须放弃旧股,则其取得新股的计税基础可从以下两种方法中选择确定:

① 直接将新股的计税基础确定为0;

② 以被分立企业分立出去的净资产占被分立企业全部净资产的比例先调减原持有的"旧股"的计税基础,再将调减的计税基础平均分配到新股上。

因此,企业在进行分立时,要重视免税分立这种方式。选择这种方式既可以免缴企业所得税,又可以通过亏损弥补冲减利润。但这种方式下的资产计价是以账面价值为基础的,这会影响以后分立企业的折旧费用,从而影响所得税税负,对此企业要综合考虑。

三、资产收购的税务问题

资产收购是指一家企业(以下称为受让企业)购买另一家企业(以下称为转让企业)实质经营性资产的交易。资产收购的对象和范围必须是实质性经营资产,即企业用于从事生产经营活动、与产生经营收入直接相关的资产,包括经营所用各类资产、企业拥有的商业信息和技术、经营活动产生的应收款项、投资资产等。受让企业支付对价的形式包括股权支付、非股权支付或者两者的组合。

对转让企业而言,在转让资产中若涉及存货、固定资产等内容的,则需要缴纳增值税、城建税、教育费附加、印花税;若涉及无形资产、不动产等,则需要缴纳增值税、城建税、教育费附加、土地增值税、印花税等。

对受让企业而言,其支付对价的方式有股权支付和非股权支付。若是股权支付,则实际上是受让企业向转让企业转让股权,然后以转让股权获得的收益购买转让企业的资产。这种情况下,受让企业(股权转让)只涉及印花税和所得税。若采用非股权支付,相当于受让企业先向转让企业转让非货币性资产,再用转让取得的经济利益购买转让企业的股权。因此,若非股权支付涉及存货和固定资产等内容,则受让企业应依法计算缴纳增值税等;若是其他资产形式,则可能需要缴纳增值税、土地增值税等。

根据财税〔2009〕59号文件的规定,资产收购企业所得税的处理分为一般税务处理与特殊税务处理。一般情况下企业资产收购重组交易,被收购方应确认资产转让所得或损失;被收购企业的相关所得税事项原则上保持不变;收购方取得资产的计税基础应以公允价值为基础确定。若符合企业重组的特定条件,受让企业收购的资产不低于转让企业全部资产的75%,且受让企业在该资产收购发生时的股权支付金额不低于其交易支付总额的85%,则交易各方对

其交易中的股权支付部分,可以按以下规定进行特殊性税务处理:

(1) 转让企业取得受让企业股权的计税基础,以被转让资产的原有计税基础确定。

(2) 受让企业取得转让企业资产的计税基础,以被转让资产的原有计税基础确定。

通过上述分析可知,资产收购中,由于资产转让的转让方和受让方均可能出现存货、固定资产、无形资产、不动产等的有偿转让,因而,转让方和受让方都需要缴纳增值税、城建税及其他相关税费。

四、股权收购的税务问题

股权收购是指一家企业(以下称为收购企业)购买另一家企业(以下称为被收购企业)的股权,以实现对被收购企业控制的交易。收购企业支付对价的形式包括股权支付、非股权支付或两者的组合。

股权收购的税务问题相对于资产收购来说要简单一些。对被收购企业而言,实际上是被收购企业的股东转让股权,根据目前《增值税暂行条例》的相关规定,股权转让涉及企业的资产、债权、债务及劳动力等,因此,转让企业全部产权涉及的应税货物的转让,不属于增值税的征税范围,不征收增值税。也就是说股权收购涉及的也只是股东的所得税和印花税,对被收购企业本身而言,无须承担任何税负。

对收购企业而言,其涉及的税收则与其支付对价的形式有关,具体可以参考资产收购。二者同理,在此不再赘述。

股权收购企业所得税的处理分为一般税务处理与特殊税务处理。一般情况下,企业股权收购重组交易,被收购方应确认股权转让所得或损失;被收购企业的相关所得税事项原则上保持不变;收购方取得股权的计税基础应以公允价值为基础确定。若符合企业重组的特定条件,收购企业购买的股权不低于被收购企业全部股权的 75%,且收购企业在该股权收购发生时的股权支付金额不低于其交易支付总额的 85%,可以选择按以下规定处理:

(1) 被收购企业的股东取得收购企业股权的计税基础,以被收购股权的原有计税基础确定。

(2) 收购企业取得被收购企业股权的计税基础,以被收购企业股权的原有计税基础确定。

(3) 收购企业、被收购企业的原有各项资产和负债的计税基础和其他相关所得税事项保持不变。

五、资产收购与股权收购的比较

对于公司并购重组中经常采用的方式,首先有必要从法律上将资产收购与股权收购进行区分。

(一)资产收购与股权收购的相同点

资产收购和股权收购的相同点为二者的目的均为凭借财产权及股权的控制,掌握公司的经营权,并以此实现获利。

(二)资产收购与股权收购的不同点

1. 主体不同

股权收购中的主体为收购方和目标公司的股东,资产收购的主体是收购方和享有该资产的目标公司。

2. 收购标的不同

股权收购的标的为股东对公司所享有的股权,资产收购的标的是公司的实质经营性资产。

3. 价金支付对象不同

股权收购中，收购方的价金支付给公司的股东；资产收购中，收购方所支付的价金支付给享有该财产权的公司。

4. 对目标公司的影响不同

股权收购对公司的影响表现为公司的股东发生了变化，而对公司的资产无任何影响；资产收购则会使公司资产形态发生变化。

（三）资产收购的特点

资产收购主要具有以下几个优点：

（1）可以避免被收购方向收购方转嫁"或有负债"。在进行资产收购过程中，交易双方必须对交易的资产进行逐项核对，进行清产核资和评估。这样就可以比较准确地评估和避免负债的影响。同时收购方也可以在收购资产的同时剔除某些负债，除非资产收购的结果形成法定合并。但是在股权收购中，收购方作为被收购方的股东，当然要对被收购公司的债务负责。

（2）可以避免少数股东的阻挠。如果采取股权收购的方式，部分股东想继续保留公司的股份而不愿意出售手中的股票，那么可以采取资产收购的方式避开上述股东的阻挠。

但是与股权收购相比，资产收购具有以下几种弊端：

（1）收购方不能承继被收购方的税收优惠。在资产收购中，由于被收购方的法律主体地位的独立，收购方将不能享有被收购方的税收优惠。但是如果采取股权收购的方式，由于收购方和被收购方的法律地位不变，被收购方的税收优惠将会得到保留。

（2）税收成本较大。采取资产收购的方式，被收购方除了缴纳企业所得税外，还可能涉及土地增值税、增值税、消费税等。如果被收购方出售全部资产之后解散，分配给股东的投资金额还要由股东缴纳个人所得税。但是采取股权收购的方式，交易发生在收购方与被收购方的股东之间，目标公司本身不承担任何税收支出。

（3）收购方不能承受被收购公司因亏损而带来的所得税减免。在股权收购中，由于收购企业和被收购企业的法律主体和会计地位不变，被收购企业的以前年度的亏损被保留下来，可以抵减以后年度的所得额。但是在资产整体收购的情况下，存续公司能否承受被收购企业的亏损额，各个国家和地区有不同的规定。

（四）股权收购的主要特点

1. 不需要获得目标公司的同意

股权收购的主体是收购公司和被收购公司的股东，因此收购不需要取得目标公司的同意，也不需要征得目标公司管理层的同意。交易的决策权在各个分散的股东的手中。因此，被收购公司管理层不能从根本上阻止收购活动的进行。

2. 需要的收购资金相对较小

就股权收购而言，只需要取得被收购公司的控制权就可以了。一般而言，拥有公司50%以上股权就可以控制目标公司，这种控制权称为绝对控制权，但是对于一些股权比较分散的公司来说，收购公司取得50%以下的股权就可以控制该公司。因此，在很多情况下，收购公司只需要部分出资就可以控制目标公司，从而实现以少量资本控制大量资本的目的。

3. 法律程序简单

在法律程序上，股权收购只要收购公司与目标公司的股东达成协议收购股权，并取得目标公司的股权优势后，再进行董事、监事改选即可。但是如果采取资产收购的方式，则必须根据

《公司法》的规定,由目标公司的董事会、股东会做出特别决议,交易双方签订协议之后,还要公告并通知债权人。虽然股权收购的程序比较简单,但是收购之前也要进行一系列的信息收集、资金筹集、收购策略的制定等前期工作。

任务二　掌握企业所得税扣除项目的纳税筹划

➤ 任务达成目标

1. 能利用成本费用的选择进行纳税筹划;
2. 能利用筹资渠道的差异进行对比纳税筹划;
3. 会区分福利性补贴与职工福利费。

➤ 核心技能

1. 掌握企业所得税成本费用税前扣除的纳税筹划方法;
2. 能根据企业资金需求量,选择合理的融资结构,有效降低成本。

➤ 任务思维导图

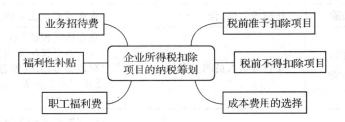

➤ 任务知识-1

一、企业所得税税前扣除项目的规定

《企业所得税法》第八条规定:"企业实际发生的与取得收入有关的、合理的支出,包括成本、费用、税金、损失和其他支出,准予在计算应纳税所得额时扣除。"《企业所得税法实施条例》第二十七条规定:"企业所得税法第八条所称有关的支出,是指与取得收入直接相关的支出;所称合理的支出,是指符合生产经营活动常规,应当计入当期损益或者有关资产成本的必要和正常的支出。"

具体来讲,准予在税前扣除的项目有以下几项:

(1)成本。成本是指企业在生产经营活动中发生的销售成本、业务支出以及其他耗费。

(2)费用。费用是指企业在生产经营活动中发生的销售费用、管理费用和财务费用。但已经计入成本的有关费用除外。

(3)税金。税金是指企业发生的除企业所得税和允许抵扣的增值税以外的各项税金及其附加。即纳税人按照规定已缴纳的消费税、城建税、资源税、土地增值税、出口关税及教育费附加,以及发生的房产税、车船税、城镇土地使用税、印花税等。企业缴纳的增值税为价外税,不包含在企业所得税中,计算应纳税所得额时不得扣除。

（4）损失。损失是指企业在生产经营活动中发生的固定资产和存货的盘亏、毁损、报废损失，转让财产损失，呆账损失，坏账损失，自然灾害等不可抗力因素造成的损失以及其他损失。

（5）其他支出。其他支出是指除成本、费用、税金、损失外，企业在生产经营活动中发生的与生产经营活动有关的、合理的支出。

费用要在税前进行扣除必须具备两大条件：第一，发生的费用与企业的生产经营有关，主要通过合同、协议和企业内部的各项制度来界定；第二，要有合法的凭证。合法有效的凭证分为四大类，一是税务发票；二是财政收据；三是境外收据；四是自制凭证。各类凭证都有各自的使用范围，不可相互混用。

二、税前扣除的成本发票应符合的条件

（1）资金流、物流和票流的三流统一：银行收付凭证、交易合同和发票上的收款人和付款人及金额必须一致；

（2）必须有真实交易的行为；

（3）符合国家相关政策的规定。

表 4-3　企业所得税税前扣除明细及法规依据

费用类别	扣除标准（限额比例）	说明事项（限额比例计算基数，其他说明事项）	政策依据
职工工资	据实扣除	任职或受雇，合理	《企业所得税法实施条例》第三十四条
	加计100%扣除	支付残疾人员的工资	《企业所得税法》第三十条《企业所得税法实施条例》第九十六条《财政部 国家税务总局关于安置残疾人员就业有关企业所得税优惠政策问题的通知》（财税〔2009〕70号）
职工福利费	14%	工资薪金总额	《企业所得税法实施条例》第四十条《国家税务总局关于企业工资薪金及职工福利费扣除问题的通知》（国税函〔2009〕3号）
职工教育经费	2.5%	工资薪金总额；超过部分，准予在以后纳税年度结转扣除	《企业所得税法实施条例》第四十二条
	8%	经认定的技术先进型服务企业	《财政部 国家税务总局 商务部 科技部 国家发展改革委员会关于技术先进型服务企业有关企业所得税政策问题的通知》（财税〔2010〕65号）
	全额扣除	软件生产企业的职工培训费用	《财政部 国家税务总局关于企业所得税若干优惠政策的通知》（财税〔2008〕1号）
职工工会经费	2%	工资薪金总额；凭工会组织开具的《工会经费收入专用收据》和税务机关代收工会经费凭据扣除	《企业所得税法实施条例》第41条《关于工会经费企业所得税税前扣除凭据问题的公告》（国家税务总局公告2010年第24号）《关于税务机关代收工会经费企业所得税税前扣除凭据问题的公告》（国家税务总局公告2011年第30号）

（续表）

费用类别	扣除标准（限额比例）	说明事项（限额比例计算基数，其他说明事项）	政策依据
业务招待费	（60%，5‰）	发生额的 60%，销售或营业收入的 5‰；股权投资业务企业分回的股息、红利及股权转让收入可作为收入计算基数	《企业所得税法实施条例》第四十三条《关于贯彻落实企业所得税法若干税收问题的通知》（国税函〔2010〕79 号）
广告费和业务宣传费	15%	当年销售（营业）收入，超过部分向以后结转	《企业所得税法实施条例》第四十四条
	30%	当年销售（营业）收入；化妆品制作、医药制造、饮料制造（不含酒类制造）企业	《关于部分行业广告费和业务宣传费税前扣除政策的通知》（财税〔2009〕72 号）（注：该文执行至 2010 年 12 月 31 日止，目前尚无新的政策规定）
	不得扣除	烟草企业的烟草广告费	（同上）
捐赠支出	12%	年度利润（会计利润）总额；公益性捐赠；有捐赠票据，所属年度内可扣，会计利润≤0 不能算限额	《企业所得税法》第九条《企业所得税法实施条例》第五十三条《关于公益性捐赠税前扣除有关问题的通知》（财税〔2008〕160 号）、《关于公益性捐赠税前扣除有关问题的补充通知》（财税〔2010〕45 号）、《国家税务总局关于企业所得税执行中若干税务处理问题的通知》（国税函〔2009〕202 号）其他公益性捐赠一律按照规定计算扣除
利息支出（向企业借款）	据实扣除（非关联企业向金融企业借款）	非金融企业向金融企业借款的利息支出，金融企业的各项存款利息支出和同业拆借利息支出、企业经批准发行债券的利息支出	《企业所得税法实施条例》第三十八条第（一）项《国家税务总局关于企业所得税若干问题的公告》（国家税务总局公告〔2011〕34 号）
	同期同类范围内可扣（非关联企业间借款）	非金融向非金融，不超过同期同类计算数额，并提供"金融企业的同期同类贷款利率情况说明"	《企业所得税法实施条例》第三十八条第（二）项《国家税务总局关于企业向自然人借款的利息支出企业所得税税前扣除问题的通知》（国税函〔2009〕777 号）
	权益性投资 5 倍或 2 倍内可扣（关联企业借款）	金融企业债权性投资不超过权益性投资的 5 倍内，其他企业 2 倍内	《企业所得税法》第四十六条《企业所得税法实施条例》第一百一十九条《财政部 国家税务总局关于企业关联方利息支出税前扣除标准有关税收政策问题的通知》（财税〔2008〕121 号）《特别纳税调整实施办法（试行）》（国税发〔2009〕2 号）
	据实扣除（关联企业付给境内关联方的利息）	提供资料证明交易符合独立交易原则或企业实际税负不高于境内关联方	《企业所得税法》第四十六条《企业所得税法实施条例》第一百一十九条《财政部 国家税务总局关于企业关联方利息支出税前扣除标准有关税收政策问题的通知》（财税〔2008〕121 号）《特别纳税调整实施办法（试行）》（国税发〔2009〕2 号）

费用类别	扣除标准（限额比例）	说明事项（限额比例计算基数，其他说明事项）	政策依据
利息支出（向自然人借款）	同期同类范围内可扣（无关联关系）	同期同类可扣并签订借款合同	《企业所得税法》第四十六条《企业所得税法实施条例》第一百一十九条《财政部 国家税务总局关于企业关联方利息支出税前扣除标准有关税收政策问题的通知》（财税〔2008〕121号）《特别纳税调整实施办法（试行）》（国税发〔2009〕2号）《企业所得税法实施条例》第三十八条《国家税务总局关于企业向自然人借款的利息支出企业所得税税前扣除问题的通知》（国税函〔2009〕777号）
	权益性投资5倍或2倍内可扣（有关联关系自然人）		
	据实扣（有关联关系自然人）	能证明关联交易符合独立交易原则	
利息支出（规定期限内未缴足应缴资本额的）	部分不得扣除	不得扣除的借款利息＝该期间借款利息额×该期间未缴足注册资本额÷该期间借款额	《国家税务总局关于企业投资者投资未到位而发生的利息支出企业所得税前扣除问题的批复》（国税函〔2009〕312号）
非银行企业内营业机构间支付利息	不得扣除		《企业所得税法实施条例》第四十九条
住房公积金	据实	规定范围内	《企业所得税法实施条例》第三十五条
各类基本社会保障性缴款	据实	规定范围内（"五险一金"：基本养老保险费、基本医疗保险费、失业保险费、工伤保险费、生育保险费等基本社会保险费和住房公积金）	《企业所得税法实施条例》第三十五条
补充养老保险	5％	工资总额	《企业所得税法实施条例》第三十五条《财政部国家税务总局关于补充养老保险费、补充医疗保险费有关企业所得税政策问题的通知》（财税〔2009〕27号）
补充医疗保险	5％	工资总额	
与取得收入无关支出	不得扣除		《企业所得税法实施条例》第十条
不征税收入用于支出所形成费用	不得扣除	包括不征税收入用于支出所形成的财产,不得计算对应的折旧、摊销扣除	《企业所得税法实施条例》第二十八条

（续表）

费用类别	扣除标准（限额比例）	说明事项（限额比例计算基数，其他说明事项）	政策依据
环境保护、生态保护等专项资金	据实	按规定提取；改变用途的不得扣除	《企业所得税法实施条例》第四十五条
财产保险	据实		《企业所得税法实施条例》第四十六条
特殊工种职工的人身安全险	可以扣除		《企业所得税法实施条例》第三十六条
其他商业保险	不得扣除	国务院财政、税务主管部门规定可以扣除的除外	《企业所得税法实施条例》第三十六条
租入固定资产的租赁费	按租赁期均匀扣除	经营租赁租入	《企业所得税法实施条例》第四十七条
	分期扣除	融资租入构成融资租入固定资产价值的部分可提折旧	《企业所得税法实施条例》第四十七条
劳动保护支出	据实	合理	《企业所得税法实施条例》第四十八条
企业间支付的管理费（如上缴总机构管理费）	不得扣除		《企业所得税法实施条例》第四十九条
企业内营业机构间支付的租金	不得扣除		《企业所得税法实施条例》第四十九条
企业内营业机构间支付的特许权使用费	不得扣除		《企业所得税法实施条例》第四十九条
向投资者支付的股息、红利等权益性投资收益	不得扣除		《企业所得税法实施条例》第十条

（续表）

费用类别	扣除标准（限额比例）	说明事项（限额比例计算基数，其他说明事项）	政策依据
所得税税款	不得扣除		《企业所得税法实施条例》第十条
未经核定准备金	不得扣除		《企业所得税法实施条例》第十条 《财政部 国家税务总局关于证券行业准备金支出企业所得税税前扣除有关问题的通知》（财税〔2009〕33号） 《财政部 国家税务总局关于保险公司准备金支出企业所得税税前扣除有关问题的通知》（财税〔2009〕48号） 《财政部 国家税务总局关于中国银联股份有限公司特别风险准备金税前扣除问题的通知》（财税〔2010〕25号）（注：以上文件执行至2010年12月31日止，目前尚无新的政策规定）
固定资产折旧	规定范围内可扣	不超过最低折旧年限	《企业所得税法》第十一条 《企业所得税法实施条例》第五十七至第六十条
生产性生物资产折旧	规定范围内可扣	林木类10年，畜类3年	《企业所得税法实施条例》第六十二至六十四条
无形资产摊销	不低于10年分摊	一般无形资产	《企业所得税法》第十二条 《企业所得税法实施条例》第六十五至六十七条
	法律或合同约定年限分摊	投资或受让的无形资产	《企业所得税法实施条例》第六十七条
	不可扣除	自创商誉；外购商誉的支出，在企业整体转让或清算时扣除	《企业所得税法》第十二条 《企业所得税法实施条例》第六十七条
	不可扣除	与经营活动无关的无形资产	《企业所得税法》第十二条
长期待摊费用	限额内可扣	已足额提取折旧的房屋建筑物改建支出，按预计尚可使用的年限分摊	《企业所得税法》第十三条 《企业所得税法实施条例》第六十八条
		租入房屋建筑物的改建支出，按合同约定的剩余租赁期分摊	《企业所得税法》第十三条 《企业所得税法实施条例》第六十八条
		固定资产大修理支出，按固定资产尚可使用的年限分摊	《企业所得税法》第十三条 《企业所得税法实施条例》第六十九条
		其他长期待摊费用，摊销年限不低于3年	《企业所得税法》第十三条 《企业所得税法实施条例》第七十条

（续表）

费用类别	扣除标准（限额比例）	说明事项（限额比例计算基数，其他说明事项）	政策依据
资产损失	实际资产损失法定资产损失	清单申报和专项申报两种申报形式申报扣除	《企业所得税法》第八条《企业所得税法实施条例》第三十二条《财政部 国家税务总局关于企业资产损失税前扣除政策的通知》（财税〔2009〕57号）《国家税务总局关于发布〈企业资产损失所得税税前扣除管理办法〉的公告》（国家税务总局公告2011年第25号）
开办费	可以扣除	开始经营当年一次性扣除或作为长期待摊费用摊销	《国家税务总局关于企业所得税若干税务事项衔接问题的通知》（国税函〔2009〕98号）
低值易耗品摊销	据实扣除		
审计及公证费	据实扣除		
研究开发费用	加计扣除（未形成无形资产的，据被扣附后基础上按研发费用的50%加计扣除；形成无形资产的，按成本的150%摊销）	从事国家规定项目的研发活动发生的研发费，年度汇算时向税局申请加扣	《企业所得税法》第三十条《企业所得税法实施条例》第九十五条《企业研究开发费用税前扣除管理办法（试行）》（国税发〔2008〕116号）
税金	可以扣除	所得税和增值税不得扣除	
咨询、诉讼费	据实		
差旅费	据实		
会议费	据实	会议纪要等证明真实的材料	
工作服饰费用	据实		
运输、装卸、包装费等费用	据实		
印刷费	据实		
咨询费	据实		
诉讼费	据实		
邮电费	据实		

（续表）

费用类别	扣除标准（限额比例）	说明事项（限额比例计算基数，其他说明事项）	政策依据
租赁费	据实		
水电费	据实		
取暖费/防暑降温费	并入职工福利费算限额	属职工福利费范畴,职工福利费超标需调增	
公杂费	据实		
车船燃料费	据实		
交通补贴及员工交通费用	2008年以前的并入工资,2008年以后的并入职工福利费算限额	2008年以前的计入工资总额同时缴纳个税;2008年以后的则作为职工福利费列支	
电子设备转运费	据实		
修理费	据实		
安全防卫费	据实		
董事会费	据实		
绿化费	据实		
手续费和佣金支出	5%(一般企业)	按服务协议或合同确认的收入金额的5%算限额,企业须转账支付,否则不可扣	《财政部 国家税务总局关于企业手续费及佣金支出税前扣除政策的通知》(财税〔2009〕29号)
	15%(财产保险企业)	按当年全部保费收入扣除退保金等后的余额的15%算限额	
	10%(人身保险企业)	按当年全部保费收入扣除退保金等后的余额的10%算限额	
	不得扣除	为发行权益性证券支付给有关证券承销机构的手续费及佣金	
煤矿企业维简费支出高危行业企业安全生产费用支出	实际发生扣除;预提不得在税前扣除	属于收益性支出的,可直接作为当期费用在税前扣除;属于资本性支出的,应计入有关资产成本,并按《企业所得税法》的规定计提折旧或摊销费用在税前扣除	《国家税务总局关于煤矿企业维简费和高危行业企业安全生产费用企业所得税税前扣除问题的公告》(国家税务总局公告〔2011〕第26号)

（续表）

费用类别	扣除标准（限额比例）	说明事项（限额比例计算基数，其他说明事项）	政策依据
交易所会员年费	据实	票据	
交易席位费摊销	按10年分摊		
同业公会会费	据实	票据	
信息披露费	据实		
公告费	据实		
其他	视情况而定		

➤ 任务导入-1

某市甲企业属于增值税一般纳税人，主要从事电热水器的研发、生产和销售。20×8年预计销售收入为5 000万元（不含税），其所用原材料成本为3 000万元。现假定该企业当期期初存货为0，企业现有以下三种方案可供选择：

方案一：从乙企业（一般纳税人）购进3 000万元（不含税）的原材料；

方案二：从丙企业（一般纳税人）购进4 000万元（不含税）的原材料；

方案三：从丁企业（一般纳税人）购进5 000万元（不含税）的原材料。

假定购进时均能取得增值税专用发票，该企业适用的增值税税率为17%，城市维护建设税税率为7%，教育费附加为3%，地方教育费附加为2%，企业所得税税率为25%。

请对该企业的上述业务进行纳税筹划。

➤ 任务实施-1

一、熟悉税法并设计纳税筹划思路

企业在计算企业所得税时，收入与成本均为不含税收入，《企业所得税法》第二章第六条规定："企业以货币形式和非货币形式从各种来源取得的收入，为收入总额。它包括：销售货物收入；提供劳务收入；转让财产收入；股息、红利等权益性投资收益；利息收入；租金收入；特许权使用费收入；接受捐赠收入；其他收入。"一般情况下，企业只要能从销货方取得增值税专用发票，并根据专用发票上注明的增值税税额就可以从当期销项税额中抵扣，事实上，这是一把"双刃剑"。一方面企业尽可能多的抵扣进项税额，从而降低增值税税负；另一方面，若企业当期进项税额大于销售税额时，就会出现留抵税额，就会增加企业的现金流出。因此，企业应在满足正常生产经营的前提下，比较不同采购规模对企业税负及现金流出量的影响，从而做出合理的决策。

二、计算不同方案下企业应纳的企业所得税及现金流出量

方案一:甲企业从乙企业购进 3 000 万元的不含税原材料,则:

当期应纳增值税=5 000×17%－3 000×17%=340(万元)

当期应纳城建税、教育费附加、地方教育费附加=340×(7%＋3%＋2%)=40.8(万元)

当期应纳企业所得税=(5 000－3 000－40.8)×25%=489.8(万元)

当期应纳税款合计=340＋40.8＋489.8=870.6(万元)

甲企业实现的净利润=5 000－3 000－40.8－489.8=1 469.4(万元)

当期现金流出量=3 000＋3 000×17%＋870.6=4 380.6(万元)

方案二:甲企业从丙企业购进 4 000 万元的不含税原材料,则:

当期应纳增值税=5 000×17%－4 000×17%=170(万元)

当期应纳城建税、教育费附加、地方教育费附加=170×(7%＋3%＋2%)=20.4(万元)

当期应纳企业所得税=(5 000－4 000－20.4)×25%=244.9(万元)

当期应纳税款合计=170＋20.4＋244.9=435.3(万元)

该公司实现净利润=5 000－4 000－20.4－244.9=734.7(万元)

当期现金流出量=4 000＋4 000×17%＋435.3=5 115.3(万元)

方案三:甲企业从丁企业购进 5 000 万元的不含税原材料,则:

当期应纳增值税=5 000×17%－5 000×17%=0

当期应纳城建税、教育费附加、地方教育费附加=0×(7%＋3%＋2%)=0

当期应纳企业所得税=(5 000－5 000－0)×25%=0

当期应纳税款合计=0

甲企业实现净利润=5 000－5 000－0=0

当期现金流出量=5 000＋5 000×17%＋0=5 850(万元)

➤ 任务完成结论-1

从税负的角度来考虑,方案三纳税总额为 0,税负最轻,方案二次之,方案一最重;但是从现金流出的角度来分析,刚好相反,方案一流出最少,方案二次之,方案三流出最多;从长期的角度来分析,以上三种方案的实际税负是相同的,只不过纳税时间有差别,但方案一的其他两种方案节约的现金流量高于其他两种方案下应纳税款。因此,从货币时间价值的角度来分析,应当优先采用方案一。

一般情况下,企业的采购应该以材料的供应及时为原则,因此采购的时间不能够确定。大多数企业为了能够留住更多的资金,只是在需要某种产品的时候才去采购,并没有去充分地考虑市场的供求关系,这样就造成了企业成本的增加,不利于企业的发展。另外,大多数企业还没有充分地认识到市场的残酷,管理者决策的失误也会导致盲目的扩大,从而造成产品的积压。很多企业也只是单纯地去要求质量,而忽视了销售,致使产品过剩,在增值税的计算中,进项税额能够在销项税额中抵扣,一些企业为了能够少缴税,盲目地去购进材料和产品,从而来增加进项税额。这些行为都严重地影响了企业的存货流转,使产品不能很好地流转。长此以往,企业的实际负税就加强了,这样并不是纳税筹划。所以在实践中,一定要注意加强库存成本控制,重视存货合理的采购量,在确保适当质量的前提下,以合适的价格采购具有合适数量的产品和服务,并在合适的时间交到合适的地点,即做到"5R":① 合适的质量;② 合适的价

格；③ 合适的数量；④ 合适的时间；⑤ 合适的地点。

➤ 任务知识- 2

《企业所得税法》第二章第五条规定："企业每一纳税年度的收入总额，减除不征税收入、免税收入、各项扣除以及允许弥补的以前年度亏损后的余额，为应纳税所得额。"《企业所得税法实施条例》第十条规定："《企业所得税法》第五条所称亏损，是指企业依照《企业所得税法》和本条例的规定将每一纳税年度的收入总额减除不征税收入、免税收入和各项扣除后小于零的数额。"

以上两条可归纳为以下两个公式（直接法）：

应纳税所得额＝收入总额－不征税收入－免税收入－各项扣除－允许弥补的以前年度亏损（按税法口径计算的亏额）

$$应纳所得税＝应纳税所得额×税率$$

亏损额＝收入总额－不征税收入－免税收入－各项扣除（小于 0 的金额）

会计实践中，我们更多应用的是以下公式（间接法）：

$$应纳税所得额＝会计利润＋纳税调整增加额－纳税调整减少额$$

从以上公式可以看出，应纳税所得额与各项扣除呈反方向变动关系，即当各项扣除越大，应纳税额越少，纳税人企业所得税税负越轻；反之，当各项扣除越小，应纳税额越大，纳税人企业所得税税负越重。因此，若企业能根据自己的实际合理合法地增加当期扣除项目，事先调整存货成本的计价方法，就可以达到调整应纳税所得额及降低企业所得税税负的目的。

《企业所得税法》第十五条规定："企业使用或者销售存货，按照规定计算的存货成本，准予在计算应纳税所得额时扣除。"

《企业所得税法实施条例》第七十二条规定："《企业所得税法》第十五条所称存货，是指企业持有以备出售的产品或者商品、处在生产过程中的在产品、在生产或者提供劳务过程中耗用的材料和物料等。"

《企业所得税法实施条例》第七十三条："企业使用或者销售的存货的成本计算方法，可以在先进先出法、加权平均法、个别计价法中选用一种。计价方法一经选用，不得随意变更。"

按照以上法律规定，企业在计算企业所得税时，禁止使用后进先出法。

➤ 任务导入- 2

某专卖店经营的"存货——库存商品"采用实际成本计价，且品种单一，8月扣除销售的库存商品成本前的账面利润为 2 000 000 元。假定该企业可以选择先进先出法或加权平均法计价之中的任何一种。当月存货的进、销、存数据见下表 4-4：

表 4-4　库存商品的进、销、存明细　　　　　　　　　　　　　　　元/件

日　期	摘　要	单位成本	购进数量	发出数量	结存数量
8 月 1 日	月初结存	1 000			250
8 月 5 日	购进	1 100	200		450

日 期	摘 要	单位成本	购进数量	发出数量	结存数量
8月9日	发出			300	150
8月14日	购进	1 200	400		550
8月18日	发出			400	150
8月24日	购进	1 300	150		300

请根据以上业务对该专卖店进行纳税筹划。

➤ 任务实施-2

一、计算不同方案下企业应纳的企业所得税

方案一：该专卖店发出存货采用先进先出法，则：

可以扣除的存货成本＝250×1 000＋50×1 100＋150×1 100＋250×1 200＝250 000＋55 000＋165 000＋300 000＝770 000（元）

该专卖店8月应纳企业所得税＝（2 000 000－770 000）×25％＝307 500（元）

方案二：该专卖店发出存货采用加权平均法，则：

加权平均法单价＝（期初成本＋购进成本）÷（期初数量＋购进数量）＝（250×1 000＋200×1 100＋400×1 200＋150×1 300）÷（250＋200＋400＋150）＝1 145（元/件）

该专卖店可以扣除的存货成本＝1 145×（300＋400）＝801 500（元）

该专卖店8月应纳企业所得税＝（2 000 000－801 500）×25％＝299 625（元）

二、总结不同成本核算情形下企业所得税的纳税筹划方法

从以上两种方案我们可以看出，在不同的计价方法下，存货计价方法对企业当期利润的影响确实不一样，方案二要比方案一少缴纳企业所得税7 875（307 500－299 625）元。事实上，不同的计价方法，在一个纳税年度中反映的存货成本也是有差异的。对于纳税人来讲，应立足于以成本费用的抵税效应得到最充分发挥为标准来选择存货的计价方法。这具体又可分为以下三种情形：

（1）若企业在盈利期间，由于存货成本能从企业应纳税所得额中扣除，此时存货成本的抵税效应能够充分发挥。因此，在选择计价方法时，应选择前期成本较大的计价方法。具体来讲，在通货膨胀阶段，尽可能选择加权平均法；在通货紧缩阶段，尽可能选择先进先出法。

（2）若企业在亏损期间，出现亏损继续经营是很正常的。因此，在选择计价方法时，应选择的计价方法应与企业的亏损弥补情况相结合，使不能得到或者不能完全得到的税前亏损弥补的亏损年度的成本费用降低，保证成本费用的抵税效应得到最大限度的发挥。

（3）若企业在享受减免税期间，此时由于减免税优惠的利好，会使得成本费用的抵税效应得不到充分发挥。所以，应选择成本少的存货计价方法，而在减免税优惠期过后选择成本多的存货计价方法。

➤ 任务完成结论-2

当然,在一个纳税年度内,纳税人只能选择一种存货计价方法,不得同时选择其他计价方法。因此,在实际会计工作中,企业应根据自身的实际状况,综合考虑存货的价格变动、存货的采购时间节点等因素来做出正确的选择;否则就会导致事与愿违的不利后果。

➤ 任务知识-3

《企业所得税法实施条例》第三十四条规定:"企业发生的合理的工资薪金支出,准予扣除。"这里的工资薪金,是指企业每一纳税年度支付给在本企业任职或者受雇的员工的所有现金形式或者非现金形式的劳动报酬,包括基本工资、奖金、津贴、补贴、年终加薪、加班工资,以及与员工任职或者受雇有关的其他支出。

《企业所得税法实施条例》第三十八条规定,企业在生产经营活动中发生的下列利息支出,准予扣除:① 非金融企业向金融企业借款的利息支出、金融企业的各项存款利息支出和同业拆借利息支出、企业经批准发行债券的利息支出;

② 非金融企业向非金融企业借款的利息支出,不超过按照金融企业同期同类贷款利率计算的数额的部分。

➤ 任务导入-3

甲企业在生产经营过程中由于和其他企业发生法律纠纷,难以继续向金融机构借款,但正常的生产经营需要继续,现亟须3 000万元的流动资金,借款期限为1年,公司财务部门提出以下四种筹资方案:

方案一:向其他企业借款,借款年利率为15%,但需要提供信贷担保;

方案二:向社会上的个人借款,借款年利率为18%,无须提供担保;

方案三:向公司职工及其家属集资,集资年利率为15%;

方案四:向公司职工集资,集资年利率为15%,公司与职工个人约定,将集资年利率15%中的8%以利息方式支付,另外7%的部分以职工工资、薪金的方式支付。

假定该公司职工月人均工资为3 000元(且均未超过3 500元),银行同期同类贷款年利率为8%,在不考虑借款利息的情况下,预计本年度实现利润总额为5 000万元。

请对甲企业的筹资业务进行纳税筹划。

➤ 任务实施-3

一、熟悉相关法律并设计纳税筹划思路

问题一:对企业借款的利息费用怎样进行财税处理?

企业在生产经营过程中,总会面临各种未知的风险,积极稳妥地筹措资金就显得非常关键。企业筹集资金的方式多种多样,主要包括:

(1)财政资金;

(2)金融机构信贷资金;

(3)企业自我积累;

（4）企业间拆借；

（5）企业内部集资；

（6）发行债券或股票筹资；

（7）商业信用筹资；

（8）租赁筹资。

这些方式无论采用哪一种或几种并用，都能满足企业的资金需求，且都存在着一定的资金成本，不同的筹资方式形成不同的税前、税后资金成本。企业在经营过程中发生的借款利息，在不同情况下根据会计准则与税法的规定做不同处理。

借款利息是指企业向其他组织、个人借用资金而支付的利息，包括企业向银行或者其他金融机构等借入资金发生的利息、发行公司债券发生的利息等。

根据《企业会计准则第 17 号——借款费用》的有关规定，借款费用确认的基本原则是，企业发生的借款费用，可直接归属于符合资本化条件的资产的购建或者生产的，应当予以资本化，计入相关资产成本；其他借款费用，应当在发生时根据其发生额确认为费用，计入当期损益。

实践中，借款利息的税务分类处理主要有以下几种：

（1）企业取得的财政拨付资金是否可以在企业所得税税前扣除。根据财政部 国家税务总局《关于专项用途财政性资金企业所得税处理问题的通知》（财税〔2011〕70 号）的规定：

一、企业从县级以上各级人民政府财政部门及其他部门取得的应计入收入总额的财政性资金，凡同时符合以下条件的，可以作为不征税收入，在计算应纳税所得额时从收入总额中减除：

（一）企业能够提供规定资金专项用途的资金拨付文件；

（二）财政部门或其他拨付资金的政府部门对该资金有专门的资金管理办法或具体管理要求；

（三）企业对该资金以及以该资金发生的支出单独进行核算。

二、根据实施条例第二十八条的规定，上述不征税收入用于支出所形成的费用，不得在计算应纳税所得额时扣除；用于支出所形成的资产，其计算的折旧、摊销不得在计算应纳税所得额时扣除。

（2）向金融企业借款利息的扣除。《企业所得税法实施条例》第三十八条规定，非金融企业向金融企业借款的利息支出准予扣除。对企业发生的向金融企业的借款利息支出，可按向金融企业实际支付的利息，在发生年度的当期扣除。对非金融企业在生产、经营期间向金融企业借款的利息支出，按照实际发生数予以税前扣除，包括逾期归还银行贷款，银行按规定加收的罚息，也可以在税前扣除。

（3）企业自我积累资金的扣除。企业自我积累是指企业在实现自己税后利润的前提下，将获得的利润逐年进行投资。在企业自我积累筹资方式中，企业既是资金的使用者，又是资金的所有者，不用还本付息，因此税收难以分摊和抵消，难以进行纳税筹划。而且，自我积累资金一般需要很长时间才能完成，而且企业投入生产和经营活动后产生的全部税收由企业自负，不适应企业规模的迅速扩大，经过征税的利润再投资在获利分配时仍要征税，存在着双重征税的问题。因此,无论从避税效果还是企业承担的税负来看,此种筹资方式都不是最佳选择。

（4）企业向非金融企业借款利息的扣除。非金融企业向金融机构以外的所有企业、事业单位以及社会团体等借款的利息支出,按《企业所得税法实施条例》第三十八条的规定,不超过按照金融企业同期同类贷款利率计算的数额的部分可以扣除。首先要判定借款期限是多长,然后查找金融企业同期同类贷款利率。金融机构同类同期贷款利率应当包括中国人民银行规定的基准利率和浮动利率。应注意的是,金融企业的利率不一样,各银行的浮动利率也不一样,要准确掌握,应按照本企业开户行的同期、同类贷款利率计算。因为各级税务机关无法掌握各行的利率,只有按本企业开户行的利率掌握较为合理,也符合税法的合理性原则。此外,非银行企业内部营业机构借款的利息支出不得扣除。《企业所得税法实施条例》规定,非银行企业内部营业机构之间支付的利息,不得扣除。这里应当注意,对银行企业内部营业机构之间支付的拆借利息可以税前扣除;内部营业机构应当是指同一核算机构的内设机构间的借款,对内部借款结算利息的,企业所得税前不允许扣除。

（5）关联企业之间借款利息的扣除。根据《企业所得税法》及《企业所得税法实施条例》的规定,企业从其关联方接受的债权性投资与权益性投资的比例超过规定标准而发生的利息支出,不得在计算应纳税所得额时扣除。

财政部、国家税务总局《关于企业关联方利息支出税前扣除标准有关税收政策问题的通知》（财税〔2008〕121号）的文件进一步明确,企业实际支付给关联方的利息支出,不超过以下规定比例和税法及其实施条例有关规定计算的部分,准予扣除,超过的部分不得在发生当期和以后年度扣除:其接受关联方债权性投资与其权益性投资比例为:金融企业为5∶1;其他企业为2∶1。

应注意以下不得扣除的三种情况:

① 不符合独立交易原则多付的利息不得税前扣除;

② 企业与其关联方之间的融通资金不符合独立交易原则而减少企业应纳税所得额的,税务机关有权在该业务发生的纳税年度起10年内,按照合理方法进行调整。

③ 债资比例超过规定标准的利息原则上不允许税前扣除,债资比例超过规定标准不得税前扣除的利息支出,应按照实际支付给各关联方利息占关联方利息总额的比例,在各关联方之间进行分配。

（6）向个人借款利息的扣除。向自然人借款分为以下两类:

一类是企业向股东或其他与企业有关联关系的自然人借款的利息支出,如满足两个条件,可以在计算应纳税所得额时准予扣除,企业如果能够证明相关交易活动符合独立交易原则的,或者该企业的实际税负不高于境内关联方的,金融企业的关联方的债权性投资与其权益性投资比例不超过5∶1,其他企业不超过2∶1,应根据财政部、国家税务总局《关于企业关联方利息支出税前扣除标准有关税收政策问题的通知》（财税〔2008〕121号）的规定,计算企业所得税利息扣除额。

另一类是企业向除有关联关系的自然人以外的内部职工或其他人员借款的利息支出,利息支出不超过按照金融企业同期同类贷款利率计算的数额的部分,也可以在计算企业所得税前扣除,应根据国家税务总局《关于企业向自然人借款的利息支出企业所得税税前扣除问题的通知》（国税函〔2009〕777号）的规定,计算企业所得税利息扣除额。

注意扣除利率和区别非法集资,在国税函〔2003〕1114号国家税务总局《关于企业贷款支付利息税前扣除标准的批复》中规定,金融机构同类同期贷款利率包括中国人民银行规定的基准利率和浮动利率。此外，还需要注意区分非法集资。

（7）企业投资者投资未到位的利息支出。股东投资未到位可以分为以下两种情况：

第一种，投资者未按规定期限缴纳出资，不仅包括公司设立时分期缴纳出资的股东，也包括增资时分期缴纳出资的股东。

第二种，投资者未按规定足额缴纳出资。《关于企业投资者投资未到位而发生的利息支出企业所得税前扣除问题的批复》（国税函〔2009〕312 号）明确，凡企业投资者在规定期限内未缴足其应缴资本额的，该企业对外借款所发生的利息，相当于投资者实缴资本额与在规定期限内应缴资本额的差额应计付的利息，其不属于企业合理的支出，应由企业投资者负担，不得在计算企业应纳税所得额时扣除。具体计算不得扣除的利息，应以企业一个年度内每一账面实收资本与借款余额保持不变的期间作为一个计算期，每一计算期内不得扣除的借款利息按该期间借款利息发生额乘以该期间企业未缴足的注册资本占借款总额的比例计算。

实务操作中应注意区间的划分，首先，要按公司章程或《公司法》（《公司法》有分期出资应在 2 年内缴足的强制性规定）对出资的规定来认定股东应缴出资的时间，公司章程明确了出资期限的按章程划分区间，公司章程未明确出资期限的按《公司法》分期出资的规定来划分，2 年出资期限的起算点为公司成立之日起的 2 年之内，股东逾期未按规定出资，则会产生不得扣除利息；其次，逾期出资每变化一次，则要分段计算一次。各区间内，有多笔贷款及贷款利率有变化的，要按给定的公式计算，而不能用未出资额直接乘以利率来计算。国税函〔2009〕312 号文件未明确股东出资后又抽逃资本是否也适用该文件，但根据法理推论，投资者投资未到位应包括出资后又抽逃资本，因此，投资者出资后又抽逃资本的应按该文件执行。

问题二：企业向员工集资是否构成非法集资？

根据《最高人民法院关于审理非法集资刑事案件具体应用法律若干问题的解释（法释〔2010〕18 号）》（以下简称《解释》）第一条的规定，同时具备下列四个条件的，构成非法集资：

（1）未经有关部门依法批准或者借用合法经营的形式吸收资金；

（2）通过媒体、推介会、传单、手机短信等途径向社会公开宣传；

（3）承诺在一定期限内以货币、实物、股权等方式还本付息或者给付回报；

（4）向社会公众即社会不特定对象吸收资金。

那么，企业内部吸收员工的资金，是否构成非法集资呢？

《解释》第一条第二款已经做出明确的规定，未向社会公开宣传，在亲友或者单位内部针对特定对象吸收资金的，不属于非法吸收或者变相吸收公众存款。也就是说，企业内部针对特定人员（公司员工）吸收资金，不构成非法集资。

但是，在实践中，往往最初只是针对公司内部员工，但是随着利益的驱使、信息的扩散，公司内部员工开始向社会公众（即不特定对象）吸收资金参与其中，使得原本合法的内部行为演变成社会性、不特定性。如果企业负责人明知公司内部员工向社会不特定人员吸收资金而予以放任，则集资性质即发生了变化。

根据《最高人民法院、最高人民检察院、公安部关于办理非法集资刑事案件适用法律若干问题的意见（公通字〔2014〕16 号）》第二、第三条的规定，这种情形就不再属于"针对特定对象吸收资金"，而应当认定为"向社会公众吸收资金"，构成非法吸收公众存款罪。

另外，需要特别强调的是，虽然法律不禁止企业内部吸收资金，但是企业负责人应当对所吸收的资金加以严格管控，避免构成集资诈骗。

根据《解释》第四条的规定,具有下列情形之一的,可以认定为"以非法占有为目的",构成集资诈骗罪:

(1) 集资后不用于生产经营活动或者用于生产经营活动的数额与筹集资金规模明显不成比例,致使集资款不能返还的;

(2) 肆意挥霍集资款,致使集资款不能返还的;

(3) 携带集资款逃匿的;

(4) 将集资款用于违法犯罪活动的;

(5) 抽逃、转移资金及隐匿财产,逃避返还资金的;

(6) 隐匿、销毁账目,或者搞假破产、假倒闭,逃避返还资金的;

(7) 拒不交代资金去向,逃避返还资金的;

(8) 其他可以认定非法占有目的的情形。

《刑法》第一百七十六条规定:"非法吸收公众存款或者变相吸收公众存款,扰乱金融秩序的,处三年以下有期徒刑或者拘役,并处或者单处二万元以上二十万元以下罚金;数额巨大或者有其他严重情节的,处三年以上十年以下有期徒刑,并处五万元以上五十万元以下罚金。单位犯前款罪的,对单位判处罚金,并对其直接负责的主管人员和其他直接责任人员,依照前款的规定处罚。"

二、相关问题的认定

《最高人民法院、最高人民检察院、公安部关于办理非法集资刑事案件适用法律若干问题的意见(公通字〔2014〕16号)》对办理非法集资刑事案件适用法律问题提出以下意见:

1. 关于"向社会公开宣传"的认定问题

《最高人民法院关于审理非法集资刑事案件具体应用法律若干问题的解释》第一条第一款第二项中的"向社会公开宣传",包括以各种途径向社会公众传播吸收资金的信息,以及明知吸收资金的信息向社会公众扩散而予以放任等情形。

2. 关于"社会公众"的认定问题

下列情形不属于《最高人民法院关于审理非法集资刑事案件具体应用法律若干问题的解释》第一条第二款规定的"针对特定对象吸收资金"的行为,应当认定为向社会公众吸收资金:

(1) 在向亲友或者单位内部人员吸收资金的过程中,明知亲友或者单位内部人员向不特定对象吸收资金而予以放任的;

(2) 以吸收资金为目的,将社会人员吸收为单位内部人员,并向其吸收资金的。

根据国家税务总局《关于企业向自然人借款的利息支出企业所得税税前扣除问题的通知》(国税函〔2009〕777号)第二款的规定:

企业向除第一条规定以外的内部职工或其他人员借款的利息支出,其借款情况同时符合以下条件的,其利息支出在不超过按照金融企业同期同类贷款利率计算的数额的部分,根据《税法》第八条和税法实施条例第二十七条的规定,准予扣除。

(一) 企业与个人之间的借贷是真实、合法、有效的,并且不具有非法集资目的或其他违反法律、法规的行为;

(二) 企业与个人之间签订了借款合同。

若企业向职工集资,可以通过提高工资、薪金的手段来间接支付个人利息,超过银行同期同类贷款利率的部分以工资、薪金的方式在税前扣除,从而达到将企业支付的全部借款利息在税前扣除的目的。

四、计算不同方案下企业应纳的企业所得税

方案一:向其他企业借款,借款年利率为15%,且甲企业需要提供信贷担保,则:

甲企业本年度实际支付的利息总额＝3 000×15%＝450(万元)

甲企业可以在所得税前扣除的利息＝3 000×8%＝240(万元)

甲企业支付给其他企业的超过银行同期同类贷款利率部分的利息不得扣除,则:

甲企业调增的会计利润＝450－240＝210(万元)

假定不考虑其他扣除因素,则:

甲企业本年度应纳的企业所得税＝(5 000＋210)×25%＝1 302.5(万元)

甲公司本年度实现的净利润＝5 000－1 302.5＝3 697.5(万元)

方案二:向社会上的个人借款,借款年利率为18%,无须提供担保,则:

甲企业本年度实际支付的利息总额＝3 000×18%＝540(万元)

甲企业应代扣代缴放款人利息所得个人所得税＝540×20%＝108(万元)

放款人个人的税后净收益＝540－108＝432(万元)

甲企业可以在所得税前扣除的利息＝3 000×8%＝240(万元)

甲企业支付给社会个人的超过银行同期同类贷款利率部分的利息不得扣除,则:

甲企业应调增的会计利润＝540－240＝300(万元)

假定不考虑其他扣除因素,则:

甲企业本年度应纳企业所得税＝(5 000＋300)×25%＝1 325(万元)

甲企业本年度实现的净利润＝5 000－1 325＝3 675(万元)

方案三:向公司职工及其家属集资,集资年利率为15%,则:

甲企业本年度实际支付的利息总额＝3 000×15%＝450(万元)

甲企业应代扣代缴职工及其家属利息所得个人所得税＝450×20%＝90(万元)

职工及其家属个人的税后净收益＝450－90＝360(万元)

甲企业可以在所得税前扣除的利息＝3 000×8%＝240(万元)

甲企业支付给职工及其家属的超过银行同期同类贷款利率部分的利息不得扣除,则:

甲企业应调增的会计利润＝450－240＝210(万元)

假定不考虑其他扣除因素,则:

甲企业本年度应纳企业所得税＝(5 000＋210)×25%＝1 302.5(万元)

甲企业本年度实现的净利润＝5 000－1 302.5＝3 697.5(万元)

方案四:向公司职工集资,集资利率为15%,公司与职工个人约定,将集资年利率15%中的8%以利息方式支付,另外7%的部分以职工工资、薪金的方式支付,则:

甲企业本年度实际支付的利息总额＝3 000×15%＝450(万元)

甲企业应代扣代缴的职工利息所得个人所得税＝3 000×8%×20%＝48(万元)

职工个人的税后净收益＝450－48＝402(万元)

甲企业可以在所得税前扣除的利息＝3 000×8%＝240(万元)

甲企业支付给职工的利息因为没有超过银行同期同类贷款利率,所以可以全部扣除,则会计利润无调整。

假定不考虑其他扣除因素,则:

甲企业本年度应纳的企业所得税＝5 000×25％＝1 250(万元)

甲企业本年度实现的净利润＝5 000－1 250＝3 750(万元)

➤ 任务完成结论- 3

表 4－5　企业向内部或者外部集资的税负及风险分析　　　　万元

公司纳税 方案	应纳 企业所得税	净利润	备　注
方案一	1 302.5	3 697.5	需要提供烦琐的纳税担保手续
方案二	1 325.0	3 675.0	贷款速度快,但有被催债的风险
方案三	1 302.5	3 697.5	集资速度慢,集资风险较大
方案四	1 250.0	3 750.0	风险较小,肥水不流外人田

从以上分析不难看出,方案四最优,方案一和方案三次之,方案二最不可取。因此,从纳税的角度来考虑,应当选择方案四。实践中,一些企业因为急需要流动资金,被迫向社会个人借贷,由此背上了沉重的债务包袱,更有甚者,公司法人、高管被逼无奈,走上轻生之路,好端端的企业也从此被搞垮。前车之鉴,后事之师,因此,企业应综合比较各种筹资方案下的税后收益大小,从中选出最优的方案。

➤ 任务知识- 4

《企业所得税法实施条例》第四十条规定:"企业发生的职工福利费支出,不超过实际发生的工资薪金总额 14％的部分,准予扣除。"明确了职工福利费税前列支的额度不得超过实发工资薪金总额的 14％,超过部分作为纳税调整处理,且为永久性业务核算。

一、职工福利费的范畴

国家税务总局《关于企业工资薪金及职工福利费扣除问题的通知》(国税函〔2009〕3 号)指出,《企业所得税法实施条例》第四十条规定的企业职工福利费,包括以下内容:

(1) 尚未实行分离办社会职能的企业,其内设福利部门所发生的设备、设施和人员费用,包括职工食堂、职工浴室、理发室、医务室、托儿所、疗养院等集体福利部门的设备、设施及维修保养费用和福利部门工作人员的工资薪金、社会保险费、住房公积金、劳务费等。

(2) 为职工卫生保健、生活、住房、交通等所发放的各项补贴和非货币性福利,包括企业向职工发放的因公外地就医费用、未实行医疗统筹企业职工医疗费用、职工供养直系亲属医疗补贴、供暖费补贴、职工防暑降温费、职工困难补贴、救济费、职工食堂经费补贴、职工交通补贴等。

(3) 按照其他规定发生的其他职工福利费,包括丧葬补助费、抚恤费、安家费、探亲假路费等。

国家税务总局《关于企业所得税应纳税所得额若干税务处理问题的公告》(2012 年第 15

号)放宽了企业雇佣季节工、临时工、实习生、返聘离退休人员以及接受外部劳务派遣用工等五类人员的工资薪金税前扣除的基数,同时扩大了职工福利费税前扣除的计算基数。上述五类人员的职工福利费支出也应加入总的职工福利费,按计算加总后的工资薪金总额计算扣除限额。

其次,对于国有性质的企业,在账务处理时记入"劳务费"或其他科目的五类人员的工资薪金部分,也应计入申报表 A105050 第 1 行"工资薪金支出"载账金额,并按《国家税务总局关于企业工资薪金及职工福利费扣除问题的通知》(国税函〔2009〕3 号)第二条"属于国有性质的企业,其工资薪金,不得超过政府有关部门给予的限定数额;超过部分,不得计入企业工资薪金总额,也不得在计算企业应纳税所得额时扣除"的规定计算调整应纳税所得额。

按照权责发生制原则,有些企业日常还计提了诸多应付款项,如通讯费、水电费、取暖费、污染费、住房公积金、基本养老保险费、基本医疗保险费、失业保险费、工伤保险费、生育保险费、补充养老保险费、补充医疗保险费等,尽管这些已经作为成本费用在有关科目中列支,但如果这些应付款项在年底之前仍然没有支付,或者没有全部支付,或者没有取得相关的票据,企业就应当对没有支付和没有取得票据的部分进行纳税调整。

二、福利性补贴与职工福利费的区分

根据《国家税务总局关于企业工资薪金和职工福利费等支出税前扣除问题的公告》(国家税务总局公告 2015 年第 34 号)的规定,对《国家税务总局关于企业工资薪金及职工福利费扣除问题的通知》(国税函〔2009〕3 号)中关于"合理工资薪金"和"企业职工福利费"在企业所得税前扣除的有关规定进行了重要补充。

2015 年第 34 号公告第一条的规定,改变了以往将所有福利性支出计入职工福利费的做法。而是规定福利性支出中列入企业员工工资薪金制度、固定与工资薪金一起发放的福利性补贴,如果符合国税函〔2009〕3 号文件关于"合理工资薪金"的规定,可以作为企业发生的工资薪金支出,按规定在税前扣除。

会计实务中,我们可以按照国税函〔2009〕3 号文件关于"合理工资薪金"的规定,根据以下五条标准判断一项福利性支出是否属于"福利性补贴",如果任意一项条件都不满足,则属于"企业职工福利费"。

(1)福利性补贴纳入工资薪金制度管理,而且工资薪金制度必须是由企业的股东大会、董事会、薪酬委员会或相关管理机构制定的。这一条件要求福利性支出是企业的工资薪金制度必须涵盖,且工资薪金制度是经过公司治理机构按照正当程序制定的。

(2)对企业的工资薪金制度规范性和合理性的要求。作为发放福利性补贴依据的工资薪金制度必须相对规范,而且符合行业及地区水平。如果工资薪金制度存在计算标准模糊随意或有重要疏漏,或者与行业及地区平均公司水平相比畸高,则不符合此项条件。

(3)一定时期内福利性补贴相对固定,其调整是有序进行的。

(4)对实际发放的福利性补贴,已依法履行了代扣代缴个人所得税义务。

(5)有关福利性补贴的安排,不以减少或逃避税款为目的。设置这一标准是防止企业利用福利性补贴作为逃避纳税义务的工具。例如,企业在盈利能力增长时为了少缴所得税而不适当地增加福利性支出的名目和金额。

➤ 任务导入-4

甲企业在办理企业所得税汇算清缴时，经核算发现工资薪金总额为 2 000 万元，其中计入工资薪金的福利性支出 800 万元，包括：

(1) 企业内设福利部门发生费用 100 万元；

(2) 交通补贴和住房补贴 400 万元；

(3) 企业为职工发放供暖补贴 200 万元；

(4) 企业为高危工作岗位人员提供福利性津贴 100 万元。

其中，第二项和第四项是根据企业董事会制定的工资薪金制度按标准定期发放的，且甲企业依法代扣代缴了个人所得税，符合第 34 号公告第一条的规定。

请对该企业的上述业务进行纳税筹划。

➤ 任务实施-4

方案一：

甲企业在所得税汇算清缴中可以计入工资总额的费用＝2 000－800＝1 200(万元)

甲企业职工福利费扣除限额＝1 200×14％＝168(万元)

应调增的应纳税所得额＝800－168＝632(万元)

方案二：34 号公告生效后，甲企业就可以将交通补贴、住房补贴和为高危工作岗位人员提供福利性津贴计入"福利性补贴"，则：

甲企业所得税允许全额扣除的工资总额＝1 200＋400＋100＝1 700(万元)

职工福利费扣除限额＝1 700×14％＝238(万元)

职工福利费支出＝100＋200＝300(万元)

应调增的应纳税所得额＝300－238＝62(万元)

该方案比 34 号公告生效前的计算方法少调增应纳税所得额 570(632－62)万元。

➤ 任务完成结论-4

根据上例可知，原先受工资总额 14％扣除限额限制的福利性补贴改为计入工资总额，一方面可以全额扣除，另一方面还可以作为计算职工福利费、工会经费和教育费扣除限额的基数，可以减少三项费用因超过限额而调增的应纳税所得额。这也是熟悉区分福利性补贴与职工福利费对企业的重要意义。

➤ 任务知识-5

企业发生的业务招待费是指企业在经营管理等活动中用于接待应酬而支付的各种费用，主要包括业务洽谈、产品推销、对外联络、公关交往、会议接待、来宾接待等所发生的费用。例如，招待餐费、招待用烟茶、交通费等。在业务招待费的范围上，不论是财务会计制度还是新旧税法都未给予准确的界定。实践中，招待费具体范围如下：

(1) 企业生产经营需要而宴请或工作餐的开支；

(2) 企业生产经营需要赠送纪念品的开支；

(3) 企业生产经营需要而发生的旅游景点参观费和交通费及其他费用的开支。

（4）企业生产经营需要而发生的业务关系人员的差旅费开支。

要严格区分给客户的回扣、贿赂等非法支出,对此不能作为业务招待费而应直接做纳税调整。业务招待费仅限于与企业生产经营活动有关的招待支出,与企业生产经营活动无关的职工福利、职工奖励、企业销售产品而产生的佣金以及支付给个人的劳务支出都不得列支招待费。

《企业会计准则》规定,企业发生的业务招待费支出据实列入"管理费用——业务招待费"科目。

《税法》规定,企业应将业务招待费与会议费严格区分,不得将业务招待费挤入会议费。纳税人发生的与其经营活动有关的差旅费、会议费,税务机关要求提供证明资料的,应能够提供证明其真实性的合法凭证,否则不得在税前扣除。会议费证明材料包括会议时间、地点、出席人员、内容、目的、费用标准、支付凭证等。在业务招待费用核算中要按规定的科目进行归集,如果不按规定而将属于业务招待费性质的支出隐藏在其他科目中,则不允许税前扣除。《企业所得税法实施条例》第四十三条规定:"企业发生的与生产经营活动有关业务招待费支出,按照发生额的60%扣除,但最高不得超过当年销售收入(营业)收入的5‰。"其中销售(营业)收入主要由三部分组成,一是会计上的主营业务收入,二是会计上的其他业务收入,三是所得税中的视同销售收入。

根据《企业所得税法实施条例》第二十五条的规定:"企业发生非货币性资产交换,以及将货物、财产、劳务用于捐赠、偿债、赞助、集资、广告、样品、职工福利或者利润分配等用途的,应当视同销售货物、转让财产或者提供劳务,但国务院财政、税务主管部门另有规定的除外。"

根据国家税务总局《关于企业处置资产所得税处理问题的通知》(国税函〔2008〕828号)的规定,企业用于市场推广或销售;用于交际应酬;用于职工奖励或福利;用于股息分配;用于对外捐赠及其他改变资产所有权属的用途,因资产所有权属已发生改变而不属于内部处置资产,应按规定视同销售确定收入。

在上述情形下,属于企业自制的资产,应按企业同类资产同期对外销售价格确定销售收入;属于外购的资产,可按公允价值确定销售收入。

➤ 任务导入-5

甲公司20×7年度实现产品销售收入5 000万元,房屋出租收入600万元,提供加工劳务收入150万元,变卖固定资产收入30万元,视同销售收入250万元。管理费用中列支业务招待费60万元,全年发生会务费、差旅费共计20万元,其中部分会务费的会议邀请函以及相关凭证等保存不全,导致5万元的会务费无法扣除,销售费用中列支广告与业务宣传费100万元,该企业税前会计利润为800万元。

请计算甲公司的企业所得税应纳税额并拟进行纳税筹划。

➤ 任务实施-5

一、熟悉相关法律并设计纳税筹划思路

业务招待费作为企业不可避免的费用支出,历来受企业关注,如何合法合规地最大限度地降低其发生额,并将发生额控制在一个合理范围,是企业高管及财会人员必须掌握的一个重要问题。

（一）降低业务招待费发生额

企业要降低业务招待费，一般可以从以下两方面入手：

一是通过严格控制招待审批手续、降低招待标准、减少招待次数等手段来降低发生额；

二是准确核算业务招待费的发生额，把不属于业务招待费范围的费用正确核算到相应会计科目中去。

关于业务招待费的核算，有这样一句俗话"招待费，是个筐，什么都可往里装"，这体现了部分企业业务招待费核算的随意性，将本应属于差旅费、业务宣传费、会议费、职工福利费等内容的成本费用列在业务招待费中，认为只要是餐费、礼品等就是业务招待费。而新税法对差旅费、会议费没有进行限制，对业务宣传费、职工福利费等费用的限额相对于业务招待费来说比较宽松，这就要求我们一定从经济业务的实质出发，对"筐"里的内容进行透彻分析，准确进行业务招待费的会计核算。现逐一分析如下：

1. 合理划分企业会议费和业务招待费

对于很多企业来说，"会议费"是近几年才开始使用的会计科目。在未使用"会议费"这一会计科目以前，大部分会议费用都是在业务招待费中核算的。可见，由于核算习惯的原因，非常容易造成业务招待费与会议费的混淆，所以首先要准确界定会议费的核算范围，其次要完整提供相应的证明材料，具体要求如下：

根据 2016 年 7 月 1 日起施行的《中央和国家机关会议费管理办法》（财行〔2016〕214 号）第十四条的规定："会议费开支范围包括会议住宿费、伙食费、会议场地租金、交通费、文件印刷费、医药费等。前款所称交通费是指用于会议代表接送站，以及会议统一组织的代表考察、调研等发生的交通支出。会议代表参加会议发生的城市间交通费，按照差旅费管理办法的规定回单位报销。"

作为企业来讲，会议费在税前扣除的证明材料还应具体包括会议地点、会议时间、内容、出席人员、目的、支付凭证、费用标准等。

2. 合理划分业务招待费和差旅费

对于集团公司派员工到其下属单位检查、指导工作，下属单位接待发生的住宿费、内部食堂工作餐等费用，如果出差人员在集团公司报账，应当作为差旅费进行核算；如果在下属单位报账，从形式上看应作为业务招待费进行核算，但从整个集团来看，这一经济实质就是差旅费，如采用后一方式处理经济业务，将增加业务招待费的发生，使整个集团的企业所得税税负增加。下属单位如果只将住宿费发票作为差旅费列账，则涉及纳税调整事项。因为下属单位无法提供出差人员的相关证明材料，只有住宿费支付凭证，税务机关是不认可的。所以，集团公司出差人员应主动结算出差费用，并在集团公司本部作为差旅费报销入账，从而降低下属单位业务招待费的发生额，减少企业所得税税负。现行《企业所得税法》对差旅费的抵扣范围没有限制，还是全额税前抵扣。从整个集团公司的角度来看，如何合理划分业务招待费和差旅费，合法合规地利用差旅费的全额税前抵扣政策，对降低企业所得税税负具有深远的意义。

3. 合理划分业务招待费和广告与业务宣传费

现行《企业所得税法》对于广告费与业务宣传费实行合并扣除，即企业无论是取得广告业专用发票通过广告公司发布广告,还是通过各类印刷、制作单位制作如购物袋、遮阳伞、各类纪念品等印有企业标志的宣传物品,所支付的费用均可合并在规定比例内予以扣除。

所得税扣除规定中的广告费是指企业通过一定媒介和形式直接或者间接地介绍自己所推销的商品或所提供的服务,激发消费者对其产品或劳务的购买欲望,以达到促销的目的,而支付给广告经营者、发布者的费用;业务宣传费是指企业开展业务宣传活动所支付的费用,主要指未通过媒体传播的广告性支出,包括会议发放的印有企业标志的礼品和纪念品等,如某公司开业庆典给来宾赠送的礼品。二者的根本性区别为是否取得广告业专用发票。

现行《企业所得税法》对广告与业务宣传费的扣除基数的规定与业务招待费扣除基数相同,但税前扣除比例的规定相对较高,纳税人每一纳税年度发生的广告与业务宣传费,包括未通过媒体的广告性支出,在不超过销售收入或营业收入15%的范围内,可据实扣除,超过部分可以在以后年度结转扣除。在税法与会计处理的差异上,就会产生暂时性差异,即当年扣不完的,可以结转至下年补扣。因此,企业就可以在严格区分二者范围的基础上,通过二者的合理转换进行纳税筹划。

4. 合理划分业务招待费和职工福利费

在实际工作中,有些本属于职工福利费核算的费用,被习惯性地列入"业务招待费"科目中,造成业务招待费虚增。如节日职工会餐、购买服装、职工家属到工程项目所在地探亲期间的餐费支出等,部分财务人员一见餐费就作为业务招待费核算,其实质为福利性支出,应当作为职工福利费核算,以降低业务招待费的发生额,从而减少企业税负。

事实上,大家在工作中,同样一笔业务,不同的财务人员会有不一样的账务处理,对利润以及纳税的影响也是不一样的。正确的财务的处理应吻合与还原业务的真实面貌,切记脱离业务做假账!

例如,甲公司20×7年12月份购入服装一套,取得增值税专用发票,金额1 000元,增值税170元。在账务处理时就会有以下四种处理方法:

账务处理一:若是送客户则属于交际应酬费的范围,应记入"管理费用——业务招待费"科目,因为该项支出的用途与经营收入无关,即使取得了增值税专用发票且认证后,也不得抵扣增值税。

借:管理费用——业务招待费　　　　　　　　　　　　　　　　1 170
　　贷:银行存款　　　　　　　　　　　　　　　　　　　　　　　　　　1 170

账务处理二:若是送给职工当作福利则属于福利费的范围,应记入"应付职工薪酬——职工福利费"科目,同理,即使取得了增值税专用发票且认证后,也不得抵扣增值税。

借:应付职工薪酬——职工福利费　　　　　　　　　　　　　　1 170
　　贷:银行存款　　　　　　　　　　　　　　　　　　　　　　　　　　1 170

账务处理三:若是给员工当作工作服则属于劳保费的范围,应记入"管理费用——劳动保护费"科目,与经营有关的工装发票经认证后允许抵扣增值税进项税额。

借:管理费用——劳动保护费　　　　　　　　　　　　　　　　1 000
　　应交税费——应交增值税(进项税额)　　　　　　　　　　　　170
　　贷:银行存款　　　　　　　　　　　　　　　　　　　　　　　　　　1 170

账务处理四:若是给员工抵顶年终的奖金或者工资,则属于工资薪金的范围,应记入"应付职工薪酬——工资薪金"科目,工资费用是不允许抵扣增值税的。

借:应付职工薪酬——工资薪金　　　　　　　　　　　　　　　　1 170
　　贷:银行存款　　　　　　　　　　　　　　　　　　　　　　　　　1 170

(二)充分利用业务招待费的允许扣除临界点进行纳税筹划

《企业所得税法实施条例》第四十三条规定:"企业发生的与生产经营活动有关的业务招待费支出,按照发生额的60%扣除,但最高不得超过当年销售(营业)收入的5‰。"因此,税法规定的扣除是有限额的,此时不能按合法有效凭证金额进行扣除,而应该按税法规定来扣除。

假设某企业当年销售(营业)收入为 Y,业务招待费实际发生额为 X,可以得出当 $60\%X \leqslant 5\%Y$ 时,能同时满足所得税税法规定的业务招待费限额和避免更多纳税调整事项发生的要求。对上述公式进行调整可得出 $X \leqslant 8.33\%Y$,即当期列支的业务招待费金额小于或等于销售(营业)收入的 8.33‰ 的临界点时,企业才可以按业务招待费金额的60%进行税前扣除,企业才能充分利用好上述政策。

一般情况下,企业的销售(营业)收入是可以测定的。假定某企业当年的销售(营业)收入为 1 000 万元,那么允许在税前扣除的业务招待费最高不得超过 5(1 000×5‰)万元,则财务预算全年招待费应为 8.3(5÷60%)万元。现预测实际招待费发生额 X 分别为 7 万元、8 万元、9 万元、10 万元、11 万元时,对该企业所得税费用的影响,具体见下表:

表 4-6　五种情形下某企业业务招待费的所得税费用分析　　　　　　万元

情形＼公司纳税	应纳企业所得税
情形一:$X=7$	$[7-(7×60\%)]×25\%=0.7$
情形二:$X=8$	$[8-(8×60\%)]×25\%=0.8$
情形三:$X=9$	$[9-(9×60\%)]×25\%+[(9×60\%)-(1\ 000×5\%)]×25\%=1$
情形四:$X=10$	$[10-(10×60\%)]×25\%+[(10×60\%)-(1\ 000×5\%)]×25\%=1.25$
情形五:$X=11$	$[11-(11×60\%)]×25\%+[(11×60\%)-(1\ 000×5\%)]×25\%=1.5$

通过以上分析不难看出,当业务招待费实际发生额小于或等于纳税调整增加临界点 8.33‰Y 时,业务招待费的税率为 10%(0.7/7 或者 0.8/8),即实际消费 1 万元需要付出 1.1 万元的税费负担。当业务招待费实际发生额大于纳税调整增加临界点 8.33‰Y 时,业务招待费的税率随其实际发生额的增加而增加,即当 $X=9$ 时,税率为(1/9)11.11%;当 $X=10$ 时,税率为(1.25/10)12.5%;当 $X=11$ 时,税率为(1.5/11)13.64%),且超过部分每增加 1 万元,就要增加 0.25 万元的税费负担。

由此可见,企业的业务招待费发生额在小于或等于销售营业收入的 8.33‰时,才能满足 60%的抵扣政策,从而降低企业的税收负担。当业务招待费的发生额超过销售营业收入的 8.33‰时,税费负担会明显加重。因此,企业要合理确定业务招待费的预算发生额,并在全年的生产经营过程中严格控制,将其控制在销售营业收入的 8.33‰的临界点内,即纳税调整增加临界点相近的范围,以便充分利用可抵扣政策来降低企业的税负。

二、计算该企业所得税应纳税额并拟进行纳税筹划

该企业的业务招待费扣除标准＝（主营业务收入＋其他业务收入＋视同销售收入）×5‰
＝（5 000＋600＋150＋250）×5‰＝30（万元）

实际发生业务招待费的扣除限额＝60×60％＝36（万元）

根据二者孰低原则，该企业只能扣除30万元，应调整会计利润30（60－30）万元。

假定再无其他纳税调整事项，则：

当年应纳企业所得税＝（800＋30＋5）×25％＝208.75（万元）

方案一：将凭证不全的5万元会务费列为业务招待费，则此时业务招待费账面金额65（60＋5）万元。按照《企业所得税法》的规定，该企业当年业务招待费扣除限额为30万元，超过的35（65－30）万元就形成了永久性时间差异，当年不得扣除，也不能结转到以后年度扣除。仅此一项超支费用就需要纳税8.75（35×25％）万元。

若企业能加强内部控制，严格审批程序，事先进行纳税筹划，充分利用30万元的扣除限额，将实际业务招待费尽量控制在50[8.33‰×（5 000＋600＋150＋250）＝8.33‰×6 000＝49.98]万元以内，各种会务费、差旅费都能按照税法及企业财务管理制度的规定保留合法的凭证，那么，当年这5万元的会务费、差旅费即列到业务招待费中，当年的超支费用也仅为25（50－30＋5）万元，比筹划前节税2.5（35×25％－25×25％）万元。

方案二：将部分业务招待费转列为广告与业务宣传费，则：

该企业的业务招待费扣除限额为30万元，那么根据前述临界点原理，我们可以做出全年业务招待费财务预算金额 X 为50（30÷60％）万元。而广告费与业务宣传费的扣除限额为900[（主营业务收入＋其他业务收入＋视同销售收入）×15％＝（5 000＋600＋150＋250）×15％]万元。当年发生的100万元的广告费与业务宣传费可以全部据实扣除。

若该企业事前进行纳税筹划，将10万元的业务招待费改为宣传赠送的礼品，将"管理费用——业务招待费"科目转记为"销售费用——广告费与业务宣传费"科目，这样就可以将业务招待费降低至预算金额50万元，而将广告费与业务宣传费提高至110万元。此时企业当年发生的业务招待费就为50万元发生额的60％，即30（50×60％）万元可以全额扣除，该企业广告费与业务宣传费的110万元也可以全额扣除，通过纳税筹划，企业由此减少缴纳企业所得税2.5（10×25％）万元。

方案三：设立独立核算的销售公司，则：

甲公司可以考虑将其下设的销售部门注册成为一个独立核算的销售子公司——乙公司。先把产品以4 000万元的价格销售给乙公司。

乙公司再以5 000万元的价格对外销售，假定甲公司其他收入不变，甲公司与乙公司的业务招待费分别为20万元和40万元，甲公司与乙公司的利润总额分别为600万元和200万元。两企业无其他纳税调整事项，分别缴纳企业所得税。则：

甲公司的业务招待费扣除标准＝（主营业务收入＋其他业务收入＋视同销售收入）×5‰
＝（4 000＋600＋150＋250）×5‰＝25（万元）

实际发生的业务招待费扣除限额＝20×60％＝12（万元）

根据二者孰低原则，甲公司只能扣除12万元，应调整会计利润8（20－12）万元。

甲公司应纳税所得额＝600＋8＝608（万元）

甲公司应纳所得税额 608×25%＝152(万元)

乙公司的业务招待费扣除标准＝(主营业务收入＋其他业务收入＋视同销售收入)×5‰＝5 000×5‰＝25(万元)

实际发生的业务招待费扣除限额＝40×60%＝24(万元)

根据二者孰低原则,乙公司只能扣除 24 万元,应调整会计利润 16(40－24)万元。

乙公司应纳税所得额＝200＋16＝216(万元)

乙公司应纳所得税额＝216×25%＝54(万元)

甲公司和乙公司应纳企业所得税合计＝152＋54＝206(万元)

可见,集团公司比筹划前节省企业所得税 2.75(208.75－206)万元。

➤ 任务完成结论--5

从税负的角度来考虑,方案三最优,方案二次之,方案一涉税风险大。总之,企业想让业务招待费被税务机关认可并顺利地在税前扣除,首先必须保证业务招待费的支出是与经营活动直接相关并且是正常的和必要的,以充分、有效的资料和证据来证明这部分支出的真实性。有时候将业务招待费大幅调整为广告费与业务宣传费也可能会影响企业经营业绩。另外,必须合理地、最大限度地用好业务招待费的限额扣除比例,企业可采取业务招待费与其他费用划清界限、将业务招待费合理转换为其他费用、设立独立核算的销售公司等方法。

任务三 掌握企业所得税税率的纳税筹划

➤ 任务达成目标

1. 能利用小型微利企业低税率政策进行纳税筹划;
2. 能把一般企业转变为小型微利企业进行纳税筹划;
3. 能通过创造条件成为国家重点扶持的高新技术企业进行纳税筹划;
4. 能利用注册地点的选择进行纳税筹划。

➤ 核心技能

能利用税率差异对企业进行纳税筹划。

➤ 任务思维导图

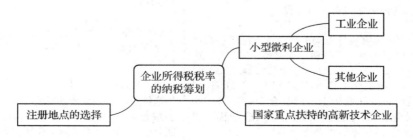

➤ 任务知识-1

一、小型微利企业的含义

小型微利企业是指符合《中华人民共和国企业所得税法》及其实施条例规定的从事国家非限制和禁止行业，并符合下列条件的企业：

（1）工业企业，年度应纳税所得额不超过 50 万元，从业人数不超过 100 人，资产总额不超过 3 000 万元；

（2）其他企业，年度应纳税所得额不超过 50 万元，从业人数不超过 80 人，资产总额不超过 1 000 万元。

二、小型微利企业的从业人数和资产总额计算

根据《财政部 国家税务总局关于扩大小型微利企业所得税优惠政策范围的通知》（财税〔2017〕43 号）的规定，从业人数包括与企业建立劳动关系的职工人数和企业接受的劳务派遣用工人数。

从业人数和资产总额指标应按企业全年的季度平均值确定。其具体计算公式如下：

$$季度平均值＝（季初值＋季末值）÷2$$
$$全年季度平均值＝全年各季度平均值之和÷4$$

年度中间开业或者终止经营活动的，以其实际经营期作为一个纳税年度确定上述相关指标。

三、小型微利企业享受的优惠

《企业所得税法》第二十八条规定，符合条件的小型微利企业，减按 20％的税率征收企业所得税。

我国小型微利企业所得税优惠制度的建立，是我国税法效率原则追求社会整体效益最大化的具体表现。

表 4-7　小型微利企业减半征收政策的演变

序号	政策变化	依据文件
1	自 2011 年 1 月 1 日至 2011 年 12 月 31 日，对年应纳税所得额低于 3 万元（含 3 万元）的小型微利企业，其所得减按 50％计入应纳税所得额，按 20％的税率缴纳企业所得税	《财政部 国家税务总局关于继续实施小型微利企业所得税优惠政策的通知》（财税〔2011〕4 号）（已过期）
2	《财政部 国家税务总局关于继续实施小型微利企业所得税优惠政策的通知》（财税〔2011〕4 号）	《财政部 国家税务总局关于继续实施小型微利企业所得税优惠政策的通知》（财税〔2011〕4 号）（已过期）
3	自 2014 年 1 月 1 日至 2016 年 12 月 31 日，对年应纳税所得额低于 10 万元（含 10 万元）的小型微利企业，其所得减按 50％计入应纳税所得额，按 20％的税率缴纳企业所得税	自 2014 年 1 月 1 日至 2016 年 12 月 31 日，对年应纳税所得额低于 10 万元（含 10 万元）的小型微利企业，其所得减按 50％计入应纳税所得额，按 20％的税率缴纳企业所得税（已过期）

（续表）

序号	政策变化	依据文件
4	自 2015 年 1 月 1 日至 2017 年 12 月 31 日,对年应纳税所得额低于 20 万元(含 20 万元)的小型微利企业,其所得减按 50% 计入应纳税所得额,按 20% 的税率缴纳企业所得税	《财政部 国家税务总局关于小型微利企业所得税优惠政策的通知》(财税〔2015〕34 号)自 2017 年 1 月 1 日起已废止
5	自 2015 年 10 月 1 日起至 2017 年 12 月 31 日,对年应纳税所得额在 20 万元到 30 万元(含 30 万元)之间的小型微利企业,其所得减按 50% 计入应纳税所得额,按 20% 的税率缴纳企业所得税	《财政部 国家税务总局关于进一步扩大小型微利企业所得税优惠政策范围的通知》(财税〔2015〕99 号)自 2017 年 1 月 1 日起已废止
6	自 2017 年 1 月 1 日至 2019 年 12 月 31 日,对年应纳税所得额低于 50 万元(含 50 万元)之间的小型微利企业,其所得减按 50% 计入应纳税所得额,按 20% 的税率缴纳企业所得税	《财政部 国家税务总局关于扩大小型微利企业所得税优惠政策范围的通知》(财税〔2017〕43 号)
…	…	…

四、小型微利企业享受优惠的途径

（1）查账征收企业。上一纳税年度符合小型微利企业条件的,分别按照以下情况处理:

① 按照实际利润预缴企业所得税的,预缴时累计实际利润不超过 50 万元(含,下同)的,可以享受减半征税政策;

② 按照上一纳税年度应纳税所得额平均额预缴企业所得税的,预缴时可以享受减半征税政策。

（2）核定征收企业。上一纳税年度符合小型微利企业条件的,预缴时累计应纳税所得额不超过 50 万元的,可以享受减半征税政策。

（3）上一纳税年度不符合小型微利企业条件的企业。预缴时预计当年符合小型微利企业条件的,可以享受减半征税政策。

（4）本年度新成立的小型微利企业,预缴时累计实际利润或应纳税所得额不超过 50 万元的,可以享受减半征税政策

（5）企业预缴时享受了减半征税政策,但汇算清缴时不符合规定条件的,应当按照规定补缴税款。

五、小型微利企业备案

小型微利企业所得税优惠政策实行"以表代备"。小微企业在季度预缴时可以直接享受小微企业所得税优惠,不需要到税务机关专门办理任何手续,可以采取自行申报方法享受优惠政策。年度终了后汇算清缴时,通过填报《企业所得税年度纳税申报表》中"资产总额""从业人数""所属行业""国家限制和禁止行业"等栏次履行备案手续。

➢ **任务导入-1**

甲有限责任公司主要生产玩具,2017 年度企业所得税应纳税所得额为 515 000 元。而在该年度企业资产总额和从业人数上符合小型微利企业条件。

请对该公司企业所得税纳税业务进行纳税筹划。

> **任务实施- 1**

一、熟悉相关法律并设计纳税筹划思路

现行企业所得税税率的差异,为纳税人提供了充分的筹划空间。假如企业从业人数和资产总额符合小型微利企业的认定标准,适用所得减按 50％计入应纳税所得额,再按 20％的优惠税率计算缴纳企业所得税,如其超过 50 万元,将全部纳税所得额适用 25％的税率,而不使用上述优惠政策。因此,存在一定范围内应纳税所得额的增长额应小于税负增长额。当纳税人估计年应纳税所得额刚好到达 50 万元的临界点时,可以增加一些合理的费用支出,向股东发放年终奖或者向员工加薪或者通过公益性捐赠支出,将其年度应纳税所得额控制在 50 万元以内,便仍然保留小型微利企业的身份,达到了税负最小化的目的。

二、计算该企业所得税应纳税额并拟进行纳税筹划

方案一:增加成本费用,则:

甲有限责任公司董事会研究决定按当地政府规定标准发放防暑降温费,给予全体员工发放 40 天的每人每天 15 元的防暑降温费,假定该公司员工有 30 名,列入企业职工福利费,并准予税前扣除。发放防暑降温费后:

预计企业当年需缴纳企业所得税＝(515 000－40×15×30)×50％×20％＝49 700(元)

税后净利润＝(515 000－49 700)＝465 300(元)

假设甲公司不进行纳税筹划,则:

预计 2017 年需缴纳企业所得税＝515 000×25％＝128 750(元)

税后净利润＝(515 000－128 750)＝386 250(元)

由此可以看出,变为小型微利企业的甲公司不仅可以少缴企业所得税 79 050(128 750－49 700)元,净利润还比未筹划前多 79 050(465 300－386 250)元。此外,发放防暑降温费,可以充分调动员工的劳动积极性,提高工作效率。

方案二:公益性捐赠,则:

根据《财政部、国家税务总局关于纳税人向农村义务教育捐赠有关所得税政策的通知》(财税〔2001〕103 号)的规定:"自 2001 年 7 月 1 日起,企事业单位、社会团体等社会力量通过非营利的社会团体和国家机关向农村义务教育的捐赠,准予在缴纳企业所得税前的所得额中全额扣除。"根据该规定,甲公司为支持农村义务教育发展,在 2017 年通过县教育局向农村义务教育捐赠 20 000 元的电子玩具,符合国家有关企业所得税税前扣除的规定,可以在计算缴纳 2017 年企业所得税前扣除。

捐赠前:

甲公司当年应纳企业所得税＝515 000×25％＝128 750(元)

税后净利润＝(515 000－128 750)＝386 250(元)

捐赠后:

甲公司当年应纳企业所得税＝(515 000－20 000)×50％×20％＝49 500(元)

税后净利润＝(515 000－49 500)＝465 500(元)

从上述结果可以看出,甲公司通过公益性捐赠合理地少缴企业所得税 79 250(128 750－

49 500)元,税后利润也由此增加了 79 250(465 500－386 250)元。这样做不仅可以使企业扩大产品宣传,树立良好的社会形象,而且可以抵消超过 50 万元的部分,从而化解可能适用高税率的涉税风险,以实现企业经济效益和社会效益的双赢。

➤ 任务完成结论- 1

从以上分析不难看出,如果企业的从业人数和资产总额都符合小型微利企业的标准并且应纳税所得额保持在 50 万元左右的话,则应当尽量争取转变为小型微利企业享受低税率优惠。

➤ 任务导入- 2

甲商业企业主要经营特色美食,资产总额为 1 000 万元,员工人数为 80 人。该企业预计 2017 年利润总额为 50 万元。假设没有纳税调整项目,并且会计利润刚好等于应纳税所得额。

请对甲企业的企业所得税纳税业务进行纳税筹划。

➤ 任务实施- 2

一、熟悉相关法律并设计纳税筹划思路

企业根据自身经营水平和盈利水平的预测,如果企业规模超过了小型微利企业的认定标准,则可考虑采取分立企业的方式来享受小型微利企业的优惠待遇。

二、计算不同方案下的企业所得税应纳税额并拟进行纳税筹划

方案一:甲商业企业维持现状,则:

甲企业当年应纳企业所得税＝500 000×25％＝125 000(元)

方案二:将甲企业分别注册为独立的企业甲公司和乙公司,则:

甲企业当年应纳企业所得税＝500 000×50％×20％＝50 000(元)

乙公司当年应纳企业所得税＝500 000×50％×20％＝50 000(元)

企业集团应纳企业所得税合计＝50 000＋50 000＝100 000(元)

➤ 任务完成结论- 2

从以上分析不难看出,方案二比方案一少缴纳企业所得税 25 000(125 000－100 000)元。从企业所得税税负的角度来考虑,应当选择方案二。但设立分支机构需要花费一定的费用,对于特色品牌来讲,还有可能影响正常的生产经营,也不利于经营管理,因此,企业需要综合分析才能做出正确选择。

➤ 任务知识- 3

成为国家重点扶持的高新技术企业是另一种纳税筹划途径。

高新技术企业是指在《国家重点支持的高新技术领域》内,持续进行研究开发与技术成果转化,形成企业核心自主知识产权,并以此为基础开展经营活动,在中国境内(不包括港、澳、台地区)注册 1 年以上的居民企业。它是知识密集、技术密集的经济实体。高新企业享受 15％的优惠所得税率。

高新技术企业

根据科技部、财政部、国家税务总局《关于修订印发〈高新技术企业认定管理办法〉的通知》（国科发火〔2016〕32号）文件的规定：

二、国家高新技术企业认定条件：

（一）企业申请认定时须注册成立一年以上。

（二）在中国境内（不含港、澳、台地区）注册的企业，通过自主研发、受让、受赠、并购等方式，或通过5年以上的独占许可方式，对其主要产品（服务）的核心技术拥有自主知识产权的所有权，且达到下列其中一项数量要求：A. 发明或者植物新品种2件以上；B. 实用新型专利6件以上；C. 非简单改变产品图案和形状的外观设计专利（主要是指：运用科学和工程技术的方法，经过研究与开发过程得到的外观设计）或者软件著作权或者集成电路布图设计专有权7件以上。

（三）对企业主要产品（服务）发挥核心支持作用的技术属于《国家重点支持的高新技术领域目录2016》规定的范围（主要包括电子信息、生物与新医药、航空航天、新材料、高技术服务、新能源与节能、资源与环境、先进制造与自动化等八大领域）。

（四）企业从事研发和相关技术创新活动的科技人员占企业当年职工总数的比例不低于10%。

（五）企业近三个会计年度（实际经营期不满三年的按实际经营时间计算，下同）的研究开发费用总额占同期销售收入总额的比例符合如下要求：

1. 最近一年销售收入小于5 000万元（含）的企业，比例不低于5%；

2. 最近一年销售收入在5 000万元至2亿元（含）的企业，比例不低于4%；

3. 最近一年销售收入在2亿元以上的企业，比例不低于3%。

其中，企业在中国境内发生的研究开发费用总额占全部研究开发费用总额的比例不低于60%；（委托外部研究开发费用的实际发生额应按照独立交易原则确定，按照实际发生额的80%计入委托方研发费用总额）。

（六）近一年高新技术产品（服务）收入占企业同期总收入的比例不低于60%。

（七）企业创新能力评价应达到相应要求。

（八）企业申请认定前一年内未发生重大安全、重大质量事故或严重环境违法行为。

➤ 任务导入-3

甲有限责任公司成立于2015年，现有员工120人，其中研发人员9名。2017年该企业具备国家重点扶持的高新技术企业认定的八个条件中的六个条件，只有第四个条件未满足，即企业从事研发和相关技术创新活动的科技人员占企业当年职工总数的比例不低于10%。该企业2017年预计利润总额800万元。假设没有纳税调整项目，并且会计利润刚好等于应纳税所得额。

请对甲公司企业所得税纳税业务进行纳税筹划。

➤ 任务实施-3

一、熟悉相关法律并设计纳税筹划思路

高新技术企业对于任何企业都是一个难得的国家级的资质认证，对依靠科技立身的企业

更是不可或缺的硬招牌,其品牌影响力仅次于中国名牌产品、中国驰名商标、国家免检产品。现行《企业所得税法》已经取消了必须设在高新技术开发区这一规定,但成为国家需要重点扶持的高新技术企业必须同时满足八个条件,当企业已经具备其中的几个条件时,应通过自身努力,在不违背相关法律的前提下,做好企业所得税纳税筹划工作。

二、计算不同方案下的企业所得税应纳税额并拟进行纳税筹划

方案一:继续维持现状,则:

甲公司应纳企业所得税=800×25%=200(万元)

方案二:补短板、创造条件成为高新技术企业。当年从国内外招录 4 名研发人员,每人基础年薪为 20 万元,使得研发团队总人数达到 13 名,从而符合从事研发和相关技术创新活动的科技人员占企业当年职工总数的比例高于 10% 这一指标,由此可以申请成为国家重点扶持的高新技术企业。则:

甲公司应纳企业所得税=(800-20×4)×15%=108(万元)

> ### 任务完成结论-3

从以上分析不难看出,方案二比方案一少缴纳企业所得税 92(200-108)万元。从企业所导税税负的角度来考虑,应当选择方案二。企业通过筹划,不仅可以抵减当年的应纳税所得额,还可以壮大研发团队,加快研发速度。

任务四　熟悉企业资产税务处理的纳税筹划

> ## 任务达成目标

1. 熟悉企业筹资、投资及资产管理的相关规定;
2. 能根据企业具体情况做出固定资产的纳税筹划方案。

> ## 核心技能

掌握纳税人筹资、投资、融资及各类资产的税务处理。

> ## 任务思维导图

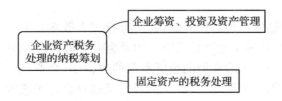

> ## 任务知识-1

对任何一个企业来说,筹资是其开展经营活动的基础。不能筹集到一定数量的资金,就不

能取得预期的经济效益。筹资作为一个相对独立的理财活动,其对企业经营理财业绩的影响,主要是通过资本结构的变动而发生作用的。

因而,分析筹资中的纳税筹划时,应着重考察以下两个方面:

(1) 资本结构的变动究竟是怎样对企业业绩和税负产生影响的;

(2) 企业应当如何组织资本结构的配置,才能在节税的同时实现所有者税后收益最大化的目标。

资本结构是由筹资方式决定的,不同的筹资方式形成不同的税前、税后资金成本。筹资决策的目标不仅要求筹集到足够数额的资金,而且要使资金成本最低。由于不同筹资方案的税负轻重程度往往存在差异,这便为企业在筹资决策中运用纳税筹划提供了可能。企业经营活动所需的资金,通常可以通过从银行取得长期借款、发行债券、发行股票、融资租赁以及利用企业的保留盈余等途径取得。下面比较各种筹资方式的筹资成本,为企业选择筹资方案提供参考。

一、发行股票

现行税法中规定股票发行的费用在计算企业应纳税所得额时可以扣除。而企业通过发行股票筹集资金,发行股票的筹资费用较高,在计算资本成本时要考虑筹资费用。

例如,某公司发行新股票,发行金额 1 000 万元,筹资费用率为股票市价的 10%,企业发行股票筹集资金,发行费用可以在企业所得税前扣除,但资金占用费即普通股股利必须在所得税后分配。该企业发行股票可以节税 25(1 000×10%×25%)万元。

二、发行债券

现行税法中规定,债券发行的成本也可以在计算企业应纳税所得额时扣除。发行债券的成本主要指债券利息和筹资费用。债券利息的处理与长期借款利息的处理相同,即可以在所得税前扣除,应以税后的债务成本为计算依据。

以上两种方法,我国《公司法》、《证券法》对此有严格的规定,一般中小企业不具备发行条件,故现实中并不可取。

三、长期借款

长期借款是指借款期在 1 年以上的借款,借款成本包括两部分,即借款利息和借款费用。一般来说,借款利息和借款费用高会导致筹资成本高,但因为符合规定的借款利息和借款费用可以计入税前成本费用扣除或摊销,所以能起到抵税作用。

四、留存收益

留存收益是企业缴纳所得税后形成的,其所有权属于股东。股东将这一部分未分配的税后利润存于企业,实质上是对企业追加投资。如果企业将留存收益用于再投资,所获得的收益率低于股东自己进行另一项风险相似的投资所获的收益率,企业就应该将留存收益分配给股东。留存收益成本的估算难于债券成本,这是因为很难对企业未来发展前景及股东对未来风险所要求的风险溢价做出准确的测定。由于留存收益是企业所得税后形成的,因此,企业使用留存收益不能起到抵税作用,也就没有节税意义。

➤ 任务导入-1

甲有限责任公司成立于20×3年,主要从事区域内石油钢材配件的销售,注册资本3 000万元,其中,A股东认缴出资2 000万元,B股东认缴出资1 000万元。20×7年年末,公司所有者权益共2 000万元。该公司准备在翌年扩大经营规模,亟须长期流动资金6 000万元,假定该公司今后每年的应纳税所得额为1 000万元(未扣除利息支出),净利润全部分给股东。现有以下两种集资方案可供选择:

方案一:A股东、B股东以2∶1的股权投资比例向甲公司投资6 000万元;

方案二:甲公司向A股东借款4 800万元、B股东借款1 200万元,合计6 000万元;假定借款利率10%,同期金融机构贷款利率为8%,企业无其他借款。

请对甲公司的上述筹资业务进行纳税筹划。

➤ 任务实施-1

一、熟悉企业所得税法关于融资的相关法律规定

根据财政部、国家税务总局《关于企业关联方利息支出税前扣除标准有关税收政策问题的通知》财税[2008]121号文件的规定:

一、在计算应纳税所得额时,企业实际支付给关联方的利息支出,不超过以下规定比例和税法及其实施条例有关规定计算的部分,准予扣除,超过的部分不得在发生当期和以后年度扣除。

企业实际支付给关联方的利息支出,除符合本通知第二条规定外,其接受关联方债权性投资与其权益性投资比例为:

（一）金融企业,为5∶1;

（二）其他企业,为2∶1。

二、企业如果能够按照税法及其实施条例的有关规定提供相关资料,并证明相关交易活动符合独立交易原则的;或者该企业的实际税负不高于境内关联方的,其实际支付给境内关联方的利息支出,在计算应纳税所得额时准予扣除。

三、企业同时从事金融业务和非金融业务,其实际支付给关联方的利息支出,应按照合理方法分开计算;没有按照合理方法分开计算的,一律按本通知第一条有关其他企业的比例计算准予税前扣除的利息支出。

四、企业自关联方取得的不符合规定的利息收入应按照有关规定缴纳企业所得税。

二、计算不同方案下的应纳税额并拟进行纳税筹划

方案一:A股东、B股东以2∶1的股权投资比例向甲公司投资6 000万元,则:

甲公司当年应纳企业所得税＝1 000×25%＝250(万元)

A股东当年应纳个人所得税＝(1 000－250)×2/3×20%＝100(万元)

B股东当年应纳个人所得税＝(1 000－250)×1/3×20%＝50(万元)

A股东、B股东应纳个人所得税合计＝100＋50＝150(万元)

应纳税额合计＝250＋150＝400(万元)

A 股东当年税后投资收益＝(1 000－400)×2/3＝400(万元)

B 股东当年税后投资收益＝(1 000－400)×1/3＝200(万元)

股东税后收益合计＝400＋200＝600(万元)

方案二:甲公司向 A 股东借款 4 800 万元、B 股东借款 1 200 万元,合计 6 000 万元;则:

表 4－8　甲公司支付给关联方的利息支出与税负对比分析　　　　　　　　万元

项　目	A 股东	B 股东	合　计
会计付息	4 800×10％＝480	1 200×10％＝120	480＋120＝600
税务允许扣除的利息支出	4 000×8％＝320	1 200×8％＝96	320＋96＝416
不得扣除的利息支出	480－320＝160	120－96＝24	160＝24＝184
应纳税所得额	1 000×2/3－320＝346.67	1 000×1/3－96＝237.33	346.67＋37.33＝584
分摊应纳企业所得税	346.67×25％＝86.67	237.33×25％＝59.33	86.67＋59.33＝146
股东获利息应纳个人所得税	480×20％＝96	120×20％＝24	96＋24＝120
分摊公司可分配利润	(1 000－600－146)×2/3＝169.33	(1 000－600－146)×1/3＝84.66	1 000－600－146＝254
股东获股息应纳个人所得税	254×2/3×20％＝33.87	254×1/3×20％＝16.93	254×20％＝50.8
股东应纳个人所得税	96＋33.87＝129.87	24＋16.93＝40.93	129.87＋40.93＝170.8
应纳税额合计	86.67＋129.87＝216.54	59.33＋40.93＝100.26	216.54＋00.26＝316.8
分摊税后股东收益	987.2×2/3＝658.13	987.2×1/3＝329.07	1 000＋184－146－50.8＝987.2

注:这里需要注意的是,一般企业计算可以在税前扣除的利息时,利息＝本金×金融机构同期同类贷款利率×借贷期限;而关联企业(或关联投资方)不仅要考虑利息,同时还要考虑关联债资比例,即债权性投资/权益性投资＝2/1。

➤ 任务完成结论-1

从以上分析不难看出,方案二比方案一少缴纳企业所得税 104(250－146)万元,税后收益也比方案一多 387.2(987.2－600)万元,因此应当选择方案二。企业在筹资时还应考虑,对外借款等债务资本需要偿还,而留存收益等权益资本不需要偿还,只需要在有盈利时进行利润分配。另外,要注意债务资本的筹集费用和利息可以在所得税前扣除;而权益资本只能扣除筹集费用,股息不能作为费用列支,只能在企业税后利润中分配。因此,企业在确定资本结构时必须考虑债务资本的比例,通过测算不同筹资结构下的股东收益大小,通过举债方式筹集一定的资金,可以获得节税利益。

➤ 任务知识-2

下面介绍一般银行贷款与租赁贷款融资的纳税筹划。

　　企业在生产经营过程中,有时会面临需要购置固定资产来扩大再生产但资金紧张的现实问题,提供金融机构贷款或者租赁贷款不啻为实用之选,二者可以实现融通资金,帮助公司达到投资技术设备,扩大生产经营规模的目的。

　　所谓租赁贷款,是指通过租借设备的方式来维持生产或扩大发展,从而产生效益,再把生产所得的资金偿还租金并最终获得设备的所有权。它一般可以分为经营租赁和融资租赁。从表面上看,租赁贷款是"借物",而实质上还是"借资",只是融资的方式较为独特。因此这种融资方式也被形象地比喻为"借鸡生蛋,卖蛋买鸡"。与一般银行贷款相比,租赁贷款是以物为载体的融资,可根据客户的实际要求进行相应的变动,因此融资方式更为灵活,企业可以通过租赁融资避免资金挪用现象的发生,有效防止资本形成过程中的资金转移,具有较强的约束力。租赁贷款与一般银行贷款的区别主要见下表4-9。

表4-9　一般银行贷款与租赁贷款的区别

区别＼类别	一般银行贷款	租赁贷款
合同标的不同	资金	技术设备
期限不同	1年期以下流动资金贷款为主,也有中长期贷款	通常根据租赁物的承租期限决定,设备类租赁一般为3～5年
产权关系不同	银行失去了对资金的所有权、拥有债权	在租赁期出租方仍对租赁资产拥有所有权,承租方仅有使用权
提供信用的要求不同	一般要求借款公司有一定数量的自有资金,按规定要占借款额的30%	无限制
担保方式不同	通常会要求提供抵押、质押或者第三方担保,中小企业增信困难	具备更灵活的增信手段,并且优质租赁物能起到进一步增信作用
还款方式不同	一般为到期之后一次性还本还息,中长期贷款基本按照半年或者年份期限偿还,每次偿还金额占总贷款金额比例较大,必须按时还款,对于借款公司还款压力大	还款方式相对灵活,可根据企业现金流情况定制分期还款方式,按月、按季、按年均可,相对来说偿还压力较小,有利于企业的资金周转

➤ 任务导入-2

　　甲公司为了扩大生产经营,亟须购置某种专用新设备,但苦于资金短缺导致项目停滞,现有以下三种方案可供选择:

　　方案一:通过银行借款来购置该设备,借款金额585万元,其中固定资产原值500万元,可抵扣增值税进项税额85万元。该公司财务制度规定,固定资产采用直线法计提折旧,使用期限为10年,残值率为5%,银行借款年利率为8%,购置此设备无购置建造期。

　　方案二:通过经营租赁贷款的方式租赁设备,每年支付租金100万元,该设备购置试产后即可投入正常使用。

方案三：通过融资租赁贷款的方式租赁设备，每年支付租金110万元，该设备购置试产后即可投入正常使用。

该设备投入正常使用后，预计年增加利润总额600万元，与此相关的其他支出为80万元。

请对该公司的上述业务进行纳税筹划。

➤ 任务实施-2

一、熟悉相关法律并设计纳税筹划思路

经营租赁又称为业务租赁，是融资租赁的对称。它是为了满足经营使用上的临时或季节性需要而发生的资产租赁。经营租赁是一种短期租赁形式，是指出租人将相关物品出租给承租人，收取租赁费用的租赁方式，出租方不仅要向承租人提供设备的使用权，还要向承租人提供设备的保养、保险、维修和其他专门性技术服务（融资租赁不需要提供这个服务）。对于租入方，不得计提折旧，但可以将租赁费分期在税前扣除。

融资租赁又称为设备租赁或现代租赁，是经营租赁的对称。它是出租人根据承租人对出卖人、租赁物的选择，向出卖人购买租赁物，提供给承租人使用，承租人支付租金的方式。一般通过以下标准来判定：

一是租赁期占租赁开始日该项资产尚可使用年限的75%以上；

二是支付给租赁公司的最低租赁付款额现值等于或大于租赁开始日该项资产账面价值的90%及以上；

三是承租人对租赁资产有优先购买权，并在行使优先购买权时所支付购买金额低于优先购买权日该项租赁资产公允价值的5%；

四是承租人有继续租赁该项资产的权利，其支付的租赁费低于租赁期满日该项租赁资产正常租赁费的70%。

总而言之，融资租赁其实质就是转移与资产所有权有关的全部或绝大部分风险和报酬的租赁。从某种意义上讲，对于确定要行使优先购买权的承租企业，融资租赁实质上就是分期付款购置固定资产的一种变通方式，但要比直接购买高得多。资产的所有权最终可以转移，也可以不转移。而对经营租赁则不同，仅仅转移了该项资产的使用权，对与该项资产所有权有关的风险和报酬并没有转移，仍然属于出租方，承租企业只按合同规定支付相关费用，承租期满的经营租赁资产由承租企业归还出租方。二者的区别见下表4-10：

表4-10 经营租赁与融资租赁的区别

区别 \ 类别	经营租赁	融资租赁
目的不同	承租人单纯为了满足生产、经营上短期或临时的需要而租入资产	以融资为主要目的，承租人有明显购置资产的企图
风险和报酬不同	租赁期内资产的风险与报酬仍归出租人	在租赁期内，对租赁资产应视同自有资产管理
租赁的实质不同	实质上并没有转移与资产所有权有关的全部风险和报酬	实质是将与资产所有权有关的全部风险和报酬转移给了承租人

（续表）

区别 \ 类别	经营租赁	融资租赁
设备维修、保养的责任方不同	由出租方（租赁公司）负责	由承租方（购置公司）负责
租约不同	可签订租约，也可不签订租约；可因一方的要求而随时取消	租约一般不可取消，再建新的租约
租赁程序不同	经营租赁出租的设备由租赁公司根据市场需要选定，然后再寻找承租企业	融资租赁出租的设备由承租企业提出要求购买或由承租企业直接从制造商或销售商那里选定
租赁期限不同	租赁期较短，短于资产有效使用期	租赁期较长，接近于资产的有效使用期
租赁期满后设备处置方法不同	租赁期满后，承租资产由租赁公司收回	期满后，企业可以很少的"名义货价"（相当于设备残值的市场售价）留购

企业可以通过比较金融机构借款的方式购置设备或者租赁贷款的方式购置设备的税负大小，选择纳税最小的方案。

二、计算不同方案下的企业所得税应纳税额并拟进行纳税筹划

方案一：通过银行借款来购置该设备。这种情况下，购置固定资产的利息（非构建期间）和折旧就可以在税前扣除。以第一年为例：

购置固定资产应付利息＝585×8％＝46.8（万元）

直线法提取折旧，则：

第一年折旧额＝500×（1－5％）÷10＝47.5（万元）

假定再无其他纳税调整事项，则：

甲企业应纳企业所得税＝（600－80－46.8－47.5）×25％＝106.43（万元）

方案二：通过经营租赁贷款的方式租赁设备，每年支付租金100万元。这种情况下，经营期间的租金可以作为长期待摊费用来处理，在计算企业所得税时可以全部扣除。以第一年为例，假定再无其他纳税调整事项，则：

甲企业应纳企业所得税＝（600－100－80）×25％＝105（万元）

方案三：通过融资租赁贷款的方式租赁设备，每年支付租金110万元。这种情况下，根据"实质重于形式"的原则，企业通过融资租赁的方式租入固定资产的发生利息（非构建期间）和折旧就可以在税前扣除。而由此发生的租金支出不得扣除。以第一年为例：

购置固定资产应付利息＝585×8％＝46.8（万元）

直线法提取折旧，则：

第一年折旧额＝500×（1－5％）÷10＝47.5（万元）

假定再无其他纳税调整事项，则：

甲企业应纳企业所得税＝（600－80－46.8－47.5）×25％＝106.43（万元）

根据财政部、国家税务总局《关于促进企业技术进步有关财务税收问题的通知》（财工字〔1996〕41号）的规定："企业技术改造采取融资租赁方法租入的机器设备，折旧年限可按租赁

期限和国家法规的折旧年限孰短的原则确定,但最短折旧年限不短于 3 年。"

若甲企业采用双倍余额递减法加速折旧,则:

该固定资产年折旧率＝2÷预计使用寿命(年)×100％＝2÷10×100％＝20％

第一年的折旧＝固定资产原值×年折旧率＝1 000×20％＝200(万元)

假定再无其他纳税调整事项,则:

甲企业应纳企业所得税＝(600－80－46.8－200)×25％＝68.3(万元)

若甲企业采用年数总和法加速折旧,则:

该固定资产年折旧率＝固定资产各年初尚可使用年数÷固定资产预计使用年限各年数之和×100％＝固定资产各年初尚可使用年数÷[固定资产预计使用年限×(预计使用年限＋1)÷2]×100％

其中,固定资产预计使用年限各年数之和＝10×(10＋1)÷2＝55(年)

第一年的折旧额＝(固定资产原值－预计残值)×年折旧率＝1 000×(1－5％)×10/55＝172.73(万元)

假定再无其他纳税调整事项,则:

甲企业应纳企业所得税＝(600－80－46.8－172.73)×25％＝75.12(万元)

➤ 任务完成结论-2

从以上分析可以看出,方案三若不采取加速折旧的办法,企业应纳所得税额与方案一相同,方案二的税负与方案一、方案三相比最小。但若方案三采用加速折旧的方法时,方案三税负最小,尤其当企业采用双倍余额递减法时,更为明显。通过以上比较,企业采用融资租赁业务,通过加速折旧方式,确实减少了当年上缴所得税的金额。但是,这并不等于是减免所得税。充其量只能是一种缓缴所得税的行为。因为,企业在前些年少缴纳的所得税,会在以后数年内如数补缴给税务部门。

关于企业在银行贷款和融资租赁之间如何选择,要从企业借款期限、额度、用途及企业自身的经营情况综合考虑。如果企业的借款期限较短、资金需求量也不大,且借款后可迅速回笼资金,可直接考虑银行贷款。因为银行贷款较融资租赁可减少初期企业承担的手续费等成本。如果企业的融资需求量大且借款期限较长,银行由于一些政策性因素和风险控制因素等就难以为其提供融资,这时,企业可向融资租赁公司融资。如果企业的资金用途非常明确,就是要用借来的资金购买机器设备,租赁公司是最好的选择。融资租赁有"加速折旧"的政策优惠,如果企业注重的不是其财务报表的表面收益水平,而是希望能够实际上减少其所得税的税负,则利用融资租赁较之银行贷款更为有利。但要发挥融资租赁税收优势的前提是企业必须得到当地税务部门的理解和支持,同时需要企业有足够的利润金额,才有可能通过加速折旧来消化更多的费用成本,从而达到减少利润额和应缴所得税的目的。否则,加速折旧只会造成企业更大的亏损。所以,利润微薄或没有利润的企业,贸然采用融资租赁方式造成加速折旧,则只能是"饮鸩止渴"。

此外,中小企业适合选择融资租赁,除了银行难为中小企业贷款的客观原因,资信状况更值得中小企业关注,因为融资租赁属于表外业务,不体现在企业的资产负债表的负债项目中。而一般的银行贷款则全部体现为企业的负债,影响企业的资信状况。

因此,综合考虑的话,通过经营租赁来融资就不失为一种明智之举。对承租人来讲,经营租赁一方面可以减少因长期拥有设备而承担的维修、保养设备的负担和风险；另一方面，企业可以在经营活动中以支付租金的方式冲减企业的利润，降低应纳税所得额，从而减少税负。

> **任务知识-3**

根据《企业所得税法》第十一条的规定："在计算应纳税所得额时，企业按照规定计算的固定资产折旧，准予扣除。"

一、《企业所得税法》中固定资产的概念

根据《企业所得税法实施条例》第五十七条的规定："《企业所得税法》第十一条所称固定资产，是指企业为生产产品、提供劳务、出租或者经营管理而持有的、使用时间超过 12 个月的非货币性资产，包括房屋、建筑物、机器、机械、运输工具以及其他与生产经营活动有关的设备、器具、工具等。"

二、固定资产计税基础的确定

根据《企业所得税法实施条例》第五十七条的规定，固定资产按照以下方法确定计税基础：

（一）外购的固定资产，以购买价款和支付的相关税费以及直接归属于使该资产达到预定用途发生的其他支出为计税基础；

（二）自行建造的固定资产，以竣工结算前发生的支出为计税基础；

（三）融资租入的固定资产，以租赁合同约定的付款总额和承租人在签订租赁合同过程中发生的相关费用为计税基础，租赁合同未约定付款总额的，以该资产的公允价值和承租人在签订租赁合同过程中发生的相关费用为计税基础；

（四）盘盈的固定资产，以同类固定资产的重置完全价值为计税基础；

（五）通过捐赠、投资、非货币性资产交换、债务重组等方式取得的固定资产，以该资产的公允价值和支付的相关税费为计税基础；

（六）改建的固定资产，除《企业所得税法》第十三条第（一）项和第（二）项规定的支出外，以改建过程中发生的改建支出增加计税基础。

三、固定资产不得计算折旧扣除的范围

根据《企业所得税法》第十一条的规定，下列固定资产不得计算折旧扣除：

（一）房屋、建筑物以外未投入使用的固定资产；

（二）以经营租赁方式租入的固定资产；

（三）以融资租赁方式租出的固定资产；

（四）已足额提取折旧仍继续使用的固定资产；

（五）与经营活动无关的固定资产；

（六）单独估价作为固定资产入账的土地；

（七）其他不得计算折旧扣除的固定资产。

四、固定资产计算折旧最低年限的规定？

根据《企业所得税法实施条例》第六十条的规定,除国务院财政、税务主管部门另有规定外,固定资产计算折旧的最低年限如下:

(一) 房屋、建筑物,为 20 年;
(二) 飞机、火车、轮船、机器、机械和其他生产设备,为 10 年;
(三) 与生产经营活动有关的器具、工具、家具等,为 5 年;
(四) 飞机、火车、轮船以外的运输工具,为 4 年;
(五) 电子设备,为 3 年。

五、固定资产缩短折旧年限或加速折旧的范围

根据《企业所得税法》第三十二条的规定:"企业的固定资产由于技术进步等原因,确需加速折旧的,可以缩短折旧年限或者采取加速折旧的方法。"

根据《企业所得税法实施条例》第九十八条的规定:

《企业所得税法》第三十二条所称可以采取缩短折旧年限或者采取加速折旧的方法的固定资产,包括:
(一) 由于技术进步,产品更新换代较快的固定资产;
(二) 常年处于强震动、高腐蚀状态的固定资产。

采取缩短折旧年限方法的,最低折旧年限不得低于本条例第六十条规定折旧年限的 60%;采取加速折旧方法的,可以采取双倍余额递减法或者年数总和法。

六、企业持有的单位价值不超过 5 000 元的固定资产计算折旧的方法

根据《财政部 国家税务总局关于完善固定资产加速折旧企业所得税政策的通知》(财税〔2014〕75 号)文件的规定,自 2014 年 1 月 1 日起,对所有行业企业持有的单位价值不超过 5 000 元的固定资产,允许一次性计入当期成本费用在计算应纳税所得额时扣除,不再分年度计算折旧。

七、企业新购进的专门用于研发的仪器、设备计算折旧的方法

根据财政部、国家税务总局《关于完善固定资产加速折旧企业所得税政策的通知》(财税〔2014〕75 号)的规定:"对所有行业企业 2014 年 1 月 1 日后新购进的专门用于研发的仪器、设备,单位价值不超过 100 万元的,允许一次性计入当期成本费用在计算应纳税所得额时扣除,不再分年度计算折旧;单位价值超过 100 万元的,可缩短折旧年限或采取加速折旧的方法。"

八、部分重点行业小微企业新购进的研发和生产经营共用的仪器、设备计算折旧的方法

根据财政部 国家税务总局《关于完善固定资产加速折旧企业所得税政策的通知》(财税

［2014］75 号）文件的规定：

生物药品制造业，专用设备制造业，铁路、船舶、航空航天和其他运输设备制造业，计算机、通信和其他电子设备制造业，仪器仪表制造业，信息传输、软件和信息技术服务业等 6 个行业的小型微利企业，在 2014 年 1 月 1 日后新购进的研发和生产经营共用的仪器、设备，单位价值不超过 100 万元（含）的，允许一次性计入当期成本费用在计算应纳税所得额时扣除，不再分年度计算折旧；单位价值超过 100 万元的，可缩短折旧年限或采取加速折旧的方法。

根据国家税务总局《关于进一步完善固定资产加速折旧企业所得税政策有关问题的公告》（国家税务总局公告 2015 年第 68 号）

轻工、纺织、机械、汽车等四个领域重点行业的小型微利企业，在 2015 年 1 月 1 日后新购进的研发和生产经营共用的仪器、设备，单位价值不超过 100 万元（含）的，允许在计算应纳税所得额时一次性全额扣除；单位价值超过 100 万元的，允许缩短折旧年限或采取加速折旧方法。

九、重点行业的企业新购进的固定资产选择缩短折旧年限或采取加速折旧方法的范围

（1）对生物药品制造业，专用设备制造业，铁路、船舶、航空航天和其他运输设备制造业，计算机、通信和其他电子设备制造业，仪器仪表制造业，信息传输、软件和信息技术服务业等行业企业，2014 年 1 月 1 日后购进的固定资产（包括自行建造），允许按不低于《企业所得税法》规定折旧年限的 60% 缩短折旧年限，或选择采取双倍余额递减法或年数总和法进行加速折旧。

（2）对轻工、纺织、机械、汽车等四个领域重点行业的企业 2015 年 1 月 1 日后新购进的固定资产，可由企业选择按不低于《企业所得税法》规定折旧年限的 60% 缩短折旧年限，或选择采取双倍余额递减法或年数总和法进行加速折旧。

➢ 任务导入-3

甲企业 20×5 年 12 月取得一台新设备，原值 100 万元，预计使用年限 5 年，预计残值率 5%，由于该设备属于强震动、高腐蚀状态的固定资产，企业按规定办理了加速折旧备案，税务机关批准使用年限平均法、双倍余额递减法或年数总和法计提折旧。假设该企业无其他纳税调整项目，企业所得税税率为 25%，折现率为 10%，近 5 年未扣除折旧的预计会计利润总额为 1 000万元。

请对甲企业不同生产境遇下的企业所得税进行纳税筹划。

➢ 任务实施-3

一、计算分析该企业在持续盈利时的折旧额、应纳企业所得税额、折现值

先计算甲企业不同折旧方法下每年计提的折旧额，见下表 4-11：

表 4 - 11　甲企业近 5 年三种折旧方法下每年计提的折旧额　　　　　万元

折旧方法 年限	年限平均法	双倍余额递减法	年数总和法
第一年	9.5	20.0	31.67
第二年	9.5	16.0	25.33
第三年	9.5	12.8	19.00
第四年	9.5	28.6	12.67
第五年	9.5	28.6	6.33
合　计	47.5	106.0	95.00

再计算甲企业不同折旧方法下每年的应纳税所得额,见下表 4 - 12:

表 4 - 12　甲企业近 5 年三种折旧方法下每年的应纳税所得额及应纳企业所得税　　万元

折旧方法 年限	年限平均法		双倍余额递减法		年数总和法	
	应纳税所得额	企业所得税	应纳税所得额	企业所得税	应纳税所得额	企业所得税
第一年	990.5	247.63	980.0	24.05	968.33	242.082 5
第二年	990.5	247.63	984.0	246.00	974.67	243.667 5
第三年	990.5	247.63	987.2	246.80	981.00	245.250 0
第四年	990.5	247.63	971.4	242.85	987.33	246.832 5
第五年	990.5	247.63	971.4	242.85	993.67	248.417 5
合　计	4 952.5	1 238.15	4 894.0	1 223.50	4 905.00	1 226.250 0

从上表可以看出,若企业采用加速折旧法计算折旧,开始的年份由于折旧额较多,因而计算出来的应纳企业所得税额较少,但这仅是推迟缴纳税款,企业由此获得了资金的时间价值。为了便于进一步分析比较,我们应考虑资金的时间价值,假定银行的利率为 10%,这样我们就能计算不同折旧方法下甲企业每年的折现值,见下表 4 - 13:

表 4 - 13　甲企业近 5 年三种折旧方法下每年的折现值(P/A,10%,5)　　万元

折旧方法 年限	年限平均法	双倍余额递减法	年数总和法	复利现值系数
第一年	225.120 4	222.729 5	220.077 2	0.909 1
第二年	204.641 4	203.294 4	201.366 8	0.826 4
第三年	186.044 4	185.420 8	184.256 3	0.751 3
第四年	169.131 3	165.866 6	168.586 6	0.683 0
第五年	153.753 5	150.785 6	154.242 4	0.620 9
合　计	938.691 0	928.096 9	928.529 4	—

从上表我们可以看出,企业在持续盈利的前提下,若采用加速折旧的方法,将 5 年合计的应纳税款折合为现在的资金价值,双倍余额递减法数额最小,年数总和法次之,直线法最大。

因此,企业在条件允许的情况下,采用双倍余额递减法最为有利。但实践中,企业未来的经营情况具有很大的不确定性,因此,这种方法大多在企业成熟期采用。

二、计算分析该企业在享受税收减免期时的应纳企业所得税额

仍以上面任务为例,假设甲企业为国家重点扶持的公共基础设施项目投资经营企业,固定资产均为初始投资时购置,则该企业就可以按照《企业所得税法实施条例》第八十七条的规定享受税收优惠政策:"享受自项目取得第一笔生产经营收入所属纳税年度起,第一年至第三年免征企业所得税,第四年至第六年减半征收企业所得税。"此时,根据之前所计算的数据可以看出,不同的折旧方法下,企业享受的免税额不同。

若甲企业采用年限平均法计提折旧,前 3 年可享受免征企业所得税的税额为 742.89 (247.63×3)万元;若甲企业采用双倍余额递减法计提折旧,前 3 年可享受免征企业所得税的税额为 737.8(245+246+246.8)万元;若甲企业采用年数总和法计提折旧,前 3 年可享受免征企业所得税的税额为 731(242.082 5+243.667 5+245.25)万元。

由上述分析不难看出,企业采用年限平均法计提折旧时,前 3 年计提的折旧最少,应纳税所得额最大,可以享受的减免税最多。因此,当企业处于税后优惠期时,应尽量少计提折旧,将折旧费推迟到非税收优惠期间扣除,这样就能获得最大的抵税效应,享受的减免税优惠最多。

三、计算分析该企业在处于法定弥补期时的应纳企业所得税额

仍以上面任务为例,假设甲企业在 20×6 年年末购置的固定资产,其 1 000 万元的利润总额为 20×6 年后未扣除固定资产折旧额的利润。同时,该企业在 20×6 的账面上还有 20×2 年前按照税法规定计算的尚未弥补的亏损额 800 万元,且亏损额 800 万元可以在 20×6 年弥补。我们再计算甲企业在不同折旧方法下的折旧额对企业所得税的影响,具体见下表4-14:

表 4-14　甲企业采用不同的折旧方法对企业所得税的影响表　　　　　万元

项目 ＼ 折旧方法	年限平均法	双倍余额递减法	年数总和法
20×6 年扣除折旧前的利润	1 000	1 000	1 000
20×6 年扣除折旧后的利润	990.5	980	968.33
20×6 年可用于弥补亏损的利润	990.5	980	968.33
20×6 年应纳税所得额	(990.5−800)× 25%＝47.625	(980−800)× 25%＝45	(968.33−800)× 25%＝42.082 5
20×6 年后 5 年的应纳税所得额合计	1 238.15−247.63+ 47.625＝1 038.145	1 223.5−245+ 45＝1 023.5	1 226.25−242.082 5+ 42.082 5＝1 026.25

由上述计算不难看出,若甲企业采用年限平均法,由于前期折旧额最小,故可用于弥补的利润总额最多,不考虑资金的时间价值,其 5 年合计应纳税额最多;若企业采取双倍余额递减法,由于前期折旧额最大,故可用于弥补的利润总额最少,不考虑资金的时间价值,其 5 年合计应纳税额最少,对企业最为有利。

➢ **任务完成结论- 3**

实践中,由于企业在未来期间面临的市场经营状况各异,盈利或者亏损都有可能发生,因此,企业必须审时度势,综合考虑,做出合理的决策。

➢ **任务知识- 4**

在我国企业的固定资产管理中,通常将固定资产修理分为大修理和中小修理两类。前者支出属于资本支出,后者支出属于收益性支出。固定资产大修理是对固定资产的日常维护,也是对企业的固定资产进行的局部更新,其主要特点是修理范围大、间隔时间长、修理次数少,支出费用大。

《企业所得税法》规定,纳税人的固定资产一般性修理支出为收益性支出,可在发生当期直接扣除。而已足额提取折旧的固定资产的改建支出、租入固定资产的改建支出、固定资产的大修理支出,应作为资本性支出,在计算应纳税所得额时,不能在当期在所得税前列支,应作为长期待摊费用,按照规定的摊销准予扣除。固定资产大修理支出按照固定资产尚可使用年限分期摊销。例如,某企业对一栋房屋进行加固(改变结构),原值2 000万元,按20年计算已提折旧10年余值1 000万元(不考虑残值),发生修理费1 200万元,维修后使用期可以延长2年以上。这时,发生的修理费1 200万元只能作为长期待摊费用扣除。假设上述企业发生的修理费为800万元,这时应调整折旧,改变计税基础,新确认的计税基础为1 800(1 000+800)万元。

其会计分录如下:

(1) 符合长期待摊费用的修理费发生时:

借:长期待摊费用

　　贷:银行存款(或原材料等)

(2) 摊销时:

借:管理(销售)费用等

　　贷:长期待摊费用

(3) 不符合长期待摊费用时:

借:管理(销售)费用

　　贷:银行存款等

根据《企业所得税法实施条例》第六十九条的规定:

《企业所得税法》第十三条第(三)项所称固定资产的大修理支出,是指同时符合下列条件的支出:

(一) 修理支出达到取得固定资产时的计税基础50%以上;

(二) 修理后固定资产的使用年限延长2年以上。

按照税法的相关规定,如果符合这两条可以进入长期待摊费用,按照估计的受益期间进行摊销即可。

当然,如果企业在资金允许的条件下,可以考虑更新原型设备。更新原型设备的最佳更新时机一般应选择在设备的经济寿命内,设备原型更新方案的优选就是从各种方案中选择总费用最小的方案,可以通过计算总费用现值来判断。

依据工程经济学的一般原理,设备大修的最低经济界限为:

$$R \leqslant Kn - Lt$$

式中,R——某次大修理费用;Kn——同种设备的重置费用;Lt——旧设备被更换时的残值。

而设备大修的理想经济界限为:

$$C_{zoj} \leqslant C_{zn}$$

式中,C_{zoj}——第 j 次大修理后设备生产单位产品的生产成本;C_{zn}——具有相同用途的新设备生产单位产品的生产成本。

➢ 任务导入-4

甲企业 20×1 年购置一台原值为 20 万元的锻造设备,该设备已使用 6 年,需要进行第一次大修,预计大修费为 12 万元,大修后平均生产锻件 45 吨,年平均运行成本 2.53 万元,大修时设备残值 3 万元,经大修后设备增值 9 万元,并可继续使用 4 年,进入第二次大修时残值为 2 万元。新设备价值为 40 万元,预计使用 5 年进行第一次大修,此时残值为 7.5 万元。在第一次大修期内年均生产锻件 63 吨,年平均运行费用 2.26 万元。基准折现率为 10%。预计该企业 20×7 年及未来 4 年未考虑修理支出的每年应纳税所得额为 80 万元。

问:大修是否合理? 若进行大修理,请对该公司的业务进行纳税筹划。

➢ 任务实施-4

一、根据任务提供的数据就该企业锻造设备大修理的经济性做出评价

按大修理最低经济界限原则,该设备第一次大修费用为 12 万元,小于新设备更换净费用 37(40－3)万元,因此,满足大修理最低经济界限原则。

再比较单位产量成本,则:

现役设备第一次大修理后的单位产量成本 $= C_{zoj} = \left\{ \left[90\,000 - 20\,000(1+0.1)^{-4} \right] \times \right.$ $\left. \dfrac{0.1(1+0.1)^4}{(1+0.1)^4-1} \right\} \div 45 + 25\,300 \div 45 = 535.25 + 562.22 = 1\,097.47(元)$

新设备在第一次大修期内单位产量成本 $= C_{zn} = \left\{ \left[400\,000 - 30\,000 - 75\,000(1+0.1)^{-5} \right] \times \right.$ $\left. \dfrac{0.1(1+0.1)^5}{(1+0.1)^5-1} \right\} \div 63 + 22\,600 \div 63 = 1\,353.62 + 358.73 = 1\,712.35(元)$

由于 $C_{zoj} < C_{zn}$,所以对现役设备大修理是合理的。

需要说明的是,在现役设备第一次大修理后单位产量成本的计算中,大修费 12 万元和旧设备残值 3 万元为沉没成本,与决策无关,决策相关成本应为大修后设备的现行市场价值 9 万元。9 万元实质上是残值 3 万元与大修费 12 万元联合作用的结果,故 9 万元与 12 万元只能二者取其一。

二、对该企业的大修理业务进行纳税筹划

方案一:假定甲企业大修理当月可完工,若将大修理支出资本化,则:

该锻造设备原值的 $50\% = 20 \times 50\% = 10$(万元)

由于该旧设备的第一次修理支出总金额为 12 万元>10 万元,且通过大修理使得该设备的使用寿命延长了 2(4-2)年,符合《企业所得税法实施条例》中规定的固定资产的大修理支出。因此,这 12 万元的支出就不能在 20×7 年直接扣除,而只能在未来的 4 年内通过平均摊销的方式进行税前扣除。

甲企业 20×7 年应纳企业所得税 $= 80 \times 25\% = 20$(万元)

未来 4 年每年应纳企业所得税 $= (80 - 12 \div 4) \times 25\% = 19.25$(万元)

5 年缴纳企业所得税的现值合计 $= 20 + 19.25 \times (P/A, 10\%, 4) = 20 + 19.25 \times 3.1699 = 81.02$(万元)

方案二:将大修理支出费用化,则:

若甲企业通过适当压低材料费或者配件费的进价,将修理支出的总额降到 10 万元以下,假设降低到 9.8 万元,则属于日常修理支出,该笔支出就可以在 20×7 年税前全部扣除。则:

甲企业 20×7 年应纳企业所得税 $= (80 - 9.8) \times 25\% = 17.55$(万元)

未来 4 年每年应纳企业所得税 $= 80 \times 25\% = 20$(万元)

5 年缴纳企业所得税的现值合计 $= 17.55 + 20 \times (P/A, 10\%, 4) = 17.55 + 20 \times 3.1699 = 80.95$(万元)

➤ 任务完成结论-4

从以上分析不难看出,方案二比方案一使得甲企业 5 年缴纳企业所得税的现值共少 0.07(81.02-80.95)万元,因此应当选择方案二。事实上,在企业在对固定资产进行大修理时,首先要考虑设备原型更新,如果该固定资产工作时间为 1~6 年,则应考虑采取旧设备大修理方案;如果工作时间为 7~10 年,最佳方案为原型设备更换。当然也可以继续使用旧设备直至报废。同时,企业还要考虑其盈亏情况。

若企业目前和将来一段时间内出现亏损,企业应尽量将修理支出资本化,加大资产的账面价值,使得企业税前可以扣除的折旧费用向以后年度递延,这样就能平均各年度可以扣除的费用。

若企业目前和将来一段时间内属于盈利情形,企业应尽量将修理支出费用化,以加大当期税前扣除项目,减少当期企业所得税应纳税额。但要注意固定资产修理的支出数额和时间安排必须在保证正常的生产经营的前提下进行,否则就有可能顾此失彼,得不偿失。

任务五　熟悉企业所得税纳税时机或方式的纳税筹划

➤ 任务达成目标

1. 在法律允许的范围内,能合理安排纳税时间并做出纳税筹划。

2. 能对企业所得税纳税方式的选择进行纳税筹划。

➤ 核心技能

会对企业纳税时机进行安排进行纳税筹划。

➤ 任务思维导图

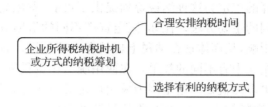

➤ 任务知识

《企业所得税法》第五十三条规定:"企业所得税按纳税年度计算。纳税年度自公历 1 月 1 日起至 12 月 31 日止。企业在一个纳税年度中间开业,或者终止经营活动,使该纳税年度的实际经营期不足十二个月的,应当以其实际经营期为一个纳税年度。企业依法清算时,应当以清算期间作为一个纳税年度。"

《企业所得税法》第五十四条规定:"企业所得税分月或者分季预缴。企业应当自月份或者季度终了之日起十五日内,向税务机关报送预缴企业所得税纳税申报表,预缴税款。企业应当自年度终了之日起五个月内,向税务机关报送年度企业所得税纳税申报表,并汇算清缴,结清应缴应退税款。企业在报送企业所得税纳税申报表时,应当按照规定附送财务会计报告和其他有关资料。"

《企业所得税法》第五十五条规定:"企业在年度中间终止经营活动的,应当自实际经营终止之日起六十日内,向税务机关办理当期企业所得税汇算清缴。企业应当在办理注销登记前,就其清算所得向税务机关申报并依法缴纳企业所得税。"

会计实践中,企业在合法的情况下应尽可能延期纳税。纳税人延期缴纳本期税款就等于得到一笔无息贷款,可以使纳税人在本期有更多的资金用于产生收益,获得更多的所得,相当于节减了税款。

本期应纳税所得额为收入总额减去准予扣除项目的金额。所以推迟税款缴纳的方法尽管有很多,但基本思路可以归结为:一是推迟收入的确认;二是费用应当尽早确认;三是直接推迟税款的缴纳。

1. 推迟销售收入的确认

推迟销售收入的确认从本质上来看,就是推迟确认各类形式销售收入的实现时间,推迟确认收入的实现时间可以推迟纳税时间,使企业获得更多的货币时间价值,获得纳税的利益。

企业销售货物的结算方式不同,对收入确认时间的标准也不同。现行税法规定,直接收款销售以收到销货款或取得索取销货款凭据,并将提货单交给买方的当天为收入确认时间;赊销和分期收款销货方式均以合同约定的收款日期为收入确认时间;而订货销售和分期预收货款销售,在交付货物时确认收入的实现。这样,就可以通过选择合适的销售结算方式,控制收入确认的时间,达到减税或延缓纳税的目的。比如,直接收款销货时,可以推迟收款时间或推迟提货单的交付时间,把收入确认时点延至次年,从而延迟纳税。每种销售方式都有其收入确认的条件,企业通过对收入确认条件的控制,可以控制收入确认的时间。在进行企业所得税筹划时,企业应特别关注临近年终发生的销售业务,因为这类业务最容易对收入确认时点进行筹划。

2. 成本费用应当尽早确认

成本费用核算的纳税筹划是通过成本的核算和费用的分摊来实现的。在正常纳税期内,纳税筹划目标是在企业费用支出最小化的前提下,实现费用摊入成本最大化。现行的税法和会计法规对成本费用核算的规定为这种纳税筹划提供了可能,费用划分、费用列支、会计方法选择是成本费用纳税筹划的主要方法。比如,固定资产不同的折旧方法在成本核算中会对企业盈利水平产生不同的影响,从而体现在纳税上也就存在着差别。直线法与加速折旧法在不同的税制条件和不同的企业中有不同的效果。在使用统一比例税率的条件下,加速折旧法能比直线法在税收上得到更多的益处。这是因为采用加速折旧法与直线法对比,在确定应税收益时,由于在早期计入了数额较大的折旧费,将使早期的应税收益相应地减少,从而使纳税人能在使用这些固定资产的早期缴纳较少的所得税款,而在后期才缴纳较多的税款。虽然在总盈利不变的情况下应纳税额相等,但由于纳税时间延迟无异于对纳税人提供了一种无息贷款,使纳税人能从中得到一定的财务利益。但是,如果企业在营利前期享受免税、减税待遇时,固定资产加速折旧的速度越快,企业所享受的税收优惠越少。在固定资产使用的后期,折旧额减少,利润越来越大,但税收的优惠时期已经过去。所以,在纳税人享受前期减免税优惠的企业,采取直线折旧法反而有利于纳税人的节税。

(二)合理选择纳税年度

企业所得税的一些定期优惠政策是从企业取得生产经营所得的年度开始计算的,如果企业从年度中间甚至年底开始生产经营,则该年度将作为企业享受税收优惠政策的第一年。由于该年度的生产经营所得非常少,因此,企业是否享受减免税政策意义并不是很大。此时,企业就应当恰当选择享受税收优惠的第一个年度,适当提前或者推迟进行生产经营活动的日期。

➤ 任务导入-1

甲企业成立于 2016 年 2 月,综合利用磷肥厂及电厂固体废物磷石膏及脱硫石膏(其符合财税〔2009〕166 号《关于公共基础设施项目和环境保护节能节水项目企业所得税优惠目录》中的公共垃圾处理——工业固体废物处理项目)生产环保节能产品,可以享受自项目取得第一笔生产经营收入的纳税年度起,第一年至第三年免征企业所得税,第四年至第六年减半征收企业所得税的优惠政策。该公司原计划于 2017 年 11 月份开始生产经营,当年预计会有亏损,2018—2023 年,每年预计应纳税所得额分别为 100 万元、500 万元、600 万元、800 万元、1 200 万元和 2 000 万元。

请计算 2018—2023 年,该公司应当缴纳的企业所得税并设计纳税筹划方案。

➤ 任务实施-1

一、熟悉企业所得税税收优惠政策并设计纳税筹划思路

根据财政部、国家税务总局《关于公共基础设施项目和环境保护·节能节水项目企业所得

税优惠政策问题的通知》(国税发〔2009〕80 号)的规定:

一、对居民企业(以下简称企业)经有关部门批准,从事符合《公共基础设施项目企业所得税优惠目录》(以下简称《目录》)规定范围、条件和标准的公共基础设施项目的投资经营所得,自该项目取得第一笔生产经营收入所属纳税年度起,第一年至第三年免征企业所得税,第四年至第六年减半征收企业所得税。

企业从事承包经营、承包建设和内部自建自用《目录》规定项目的所得,不得享受前款规定的企业所得税优惠。

二、本通知所称第一笔生产经营收入,是指公共基础设施项目建成并投入运营(包括试运营)后所取得的第一笔主营业务收入。

该企业计划于 2017 年 11 月开始经营,时近隆冬,若能将生产经营日期推迟到 2018 年 1 月 1 日以后,就可以充分利用税收优惠的政策节税。

二、计算不同方案下的企业所得税应纳税额

方案一:甲企业不进行纳税筹划,则:

甲企业应从 2017 年度就开始认定为已从事生产经营,应当计算享受税收优惠的期限。该公司 2017—2019 年度可以享受免税待遇,不需要缴纳企业所得税。从 2020 年度到 2022 年度可以享受减半征税的待遇,因此:

需要缴纳的企业所得税:$(600+800+1\ 200)\times25\%\times50\%=325$(万元)

2023 年度不享受税收优惠,则:

需要缴纳的企业所得税 $=2\ 000\times25\%=500$(万元)

这样,甲企业 2017—2023 年度需要缴纳的企业所得税合计 $=325+500=825$(万元)

方案二:该企业进行纳税筹划,将投产日期推迟到 2018 年 1 月 1 日后,这样,2018 年度就是该企业享受税收优惠的第一年,2018—2020 年度,甲企业可以享受免税待遇,不需要缴纳企业所得税。2021—2023 年度,甲企业可以享受减半征收企业所得税的优惠待遇,则:

需要缴纳的企业所得税 $=(800+1\ 200+2\ 000)\times25\%\times50\%=500$(万元)

➤ 任务完成结论-1

由上述分析不难看出,经过纳税筹划,方案二比方案一减轻甲企业税收负担 325(825−500)万元。因此,从税负的角度来考虑,应该选择方案二。

➤ 任务导入-2

甲企业 2017 纳税年度缴纳企业所得税 600 万元,企业预计 2018 纳税年度应纳税所得额会有一个比较大的增长,每季度实际的应纳税所得额分别为 700 万元、800 万元、1 000 万元、1 200万元。企业选择按照纳税期限的实际数额来预缴企业所得税。假定该企业适用的企业所得税税率为 25%。

请计算该企业每季度预缴企业所得税的数额,并设计纳税筹划方案。

➢ 任务实施-2

一、根据税法规定设计预缴税款纳况筹划思路

《企业所得税法实施条例》第一百二十八条规定,企业根据《企业所得税法》第五十四条的规定,分月或者分季预缴企业所得税时,应当按照月度或者季度的实际利润预缴;按照月度或者季度的实际利润预缴有困难的,可以按上一纳税年度应纳税所得额的月度或者季度平均额预缴,或者按照经税务机关认可的其他方法预缴。预缴方法一经确定,该纳税年度内不得随意变更。

当企业预计当年的应纳税所得额比上一纳税年度低时,可以选择按纳税期限的实际数预缴,当企业预计当年的应纳税所得额比上一纳税年度高时,可以选择按上一年度应税所得额的1/12或1/4的方法分期预缴所得税。

二、合理安排所得税的预缴方式

按照25%的企业所得税税率计算,该企业需要在每季度预缴的企业所得税分别为175万元、200万元、250万元、300万元。由于企业2018年度的实际应纳税所得额比2017年度的高,而且也在企业的预料之中,因此,企业可以选择按上一年度应税所得额的1/4的方法按季度分期预缴所得税。这样,该企业在每季度只需要预缴企业所得税150万元,假设银行活期存款利息为3%,每年计算一次利息。则该企业可以获得利息收入为 $2.0625[(175-150) \times 3\% \times 9/12 + (200-150) \times 3\% \times 6/12 + (250-150) \times 3\% \times 3/12 = 0.5625 + 0.75 + 0.75]$ 万元。

➢ 任务完成结论-2

由以上分析不难看出,经过纳税筹划,该企业相当于获得了2.0625万元的无息贷款。因此,从税负的角度来考虑,应该选择方案二。

业务技能自测

一、单选题

1. 根据《企业所得税法》的规定,关于确定来源于中国境内、境外所得的下列表述中,不正确的是(　　)。

A. 提供劳务所得,按照劳务发生地确定

B. 销售货物所得,按照交易活动发生地确定

C. 股息、红利等权益性投资所得,按照分配所得的企业所在地确定

D. 转让不动产所得,按照转让不动产的企业或者机构、场所所在地确定

2. 根据《企业所得税法》的规定,下列关于确定销售收入实现时间的表述中,正确的是(　　)。

A. 销售商品采用托收承付方式的,在收到货款时确认收入

B. 销售商品采用预收款方式的,在发出商品时确认收入

C. 销售商品采用支付手续费方式委托代销的,在发出代销商品时确认收入

D. 销售商品需要安装和检验的,在销售合同签订时确认收入

3. 根据《企业所得税法》的规定,下列各项中属于免税收入的是(　　)。

A. 企业购买国债取得的利息收入

B. 纳入预算管理的事业单位取得的财政拨款

C. 事业单位从事营利性活动取得的收入

D. 企业转让股权取得的收入

4. 某企业为居民企业,2017 年实际发生的工资薪金支出为 100 万元,计提三项经费18.5 万元,其中,福利费本期发生 12 万元;拨缴的工会经费为 2 万元,已经取得工会拨缴收据;实际发生职工教育经费 2 万元。该企业 2017 年计算应纳税所得额时,应调增应纳税所得额为(　　)万元。

　　A. 1.5　　　　　　　B. 2　　　　　　　C. 2.5　　　　　　　D. 0

5. 某工业企业 2017 年度全年销售收入为 1 000 万元,房屋出租收入 100 万元,提供加工劳务收入 50 万元,变卖固定资产收入 30 万元,视同销售收入 100 万元,当年发生业务招待费 10 万元。则该企业 2017 年度所得税前可以扣除的业务招待费用为(　　)万元。

　　A. 6　　　　　　　　B. 6.25　　　　　　C. 4.75　　　　　　D. 3.75

6. 某居民企业 2017 年度取得生产经营收入总额 3 000 万元,发生销售成本 2 200 万元、财务费用 150 万元、管理费用 400 万元(其中含业务招待费用 15 万元),上缴增值税 60 万元、消费税 140 万元、城市维护建设税 14 万元、教育费附加 6 万元,"营业外支出"账户中列支被工商行政管理部门罚款 7 万元、通过公益性社会团体向贫困地区捐赠 8 万元。该企业在计算 2017 年度应纳税所得额时,准许扣除的公益、救济性捐赠的金额是(　　)万元。

　　A. 2.25　　　　　　　B. 8　　　　　　　C. 2.79　　　　　　D. 9

7. 按照《企业所得税法》的有关规定,在计算企业所得税应纳税所得额时,下列项目准予从收入总额中扣除的是(　　)。

A. 固定资产减值准备　　　　　　　　　B. 被没收财务的损失

C. 遭到地震袭击的存货毁损　　　　　　D. 非广告性质的赞助支出

8. 2017 年 5 月,甲公司向非关联企业乙公司借款 100 万元用于生产经营,期限为半年,双方约定年利率为 10%。已知甲、乙公司都是非金融企业,金融企业同期同类贷款年利率为 7.8%,甲公司在计算当年企业所得税应纳税所得额时,准予扣除的利息费用为(　　　)。

A. 7.8 万元　　　　B. 10 万元　　　　C. 3.9 万元　　　　D. 5 万元

9. 甲企业 2017 年取得销售收入 3 000 万元,广告费支出 400 万元,上年结转广告费 60 万元。根据《企业所得税法》的规定,甲企业 2017 年准予扣除的广告费是(　　　)万元。

A. 460　　　　　　B. 450　　　　　　C. 510　　　　　　D. 340

10. 根据《企业所得税法》的规定,下列固定资产中,在计算企业所得税应纳税所得额时,准予计算折旧扣除的是(　　　)。

A. 以融资租赁方式租出的大型机床　　　B. 以经营租赁方式租入的载货汽车

C. 已投入使用的厂房　　　　　　　　　D. 已足额提取折旧仍继续使用的电脑

11. 下列无形资产不得计算摊销费用扣除的是(　　　)。

A. 商标权　　　　　　　　　　　　　　B. 自创商誉

C. 专利权　　　　　　　　　　　　　　D. 土地使用权

12. 企业从事(　　　)项目的所得不适用减半征收企业所得税。

A. 茶叶的精加工　　　　　　　　　　　B. 水产养殖场对海水动物幼苗的繁殖

C. 农场对茶叶的炒制　　　　　　　　　D. 咖啡的种植

13. 2016 年 1 月 1 日,甲创业投资企业采取股权投资方式向未上市的取得高新技术企业资格的乙公司(该公司属于中小企业)投资 120 万元,股权持有至 2018 年 6 月 1 日,甲创业投资企业计算 2017 年度应纳税所得额时,对乙公司的投资额可以抵扣的数额为(　　　)万元。

A. 108　　　　　　B. 96　　　　　　C. 84　　　　　　D. 0

14. 下列各项中,能作为业务招待费税前扣除限额计提依据的是(　　　)。

A. 出售固定资产的收入　　　　　　　　B. 因债权人原因确实无法支付的应付款项

C. 转让无形资产所有权的收入　　　　　D. 转让无形资产使用权的收入

15. 某企业 2017 年 3 月 1 日,以经营租赁方式租入固定资产使用,租期 1 年,按独立纳税人交易原则支付租金 1.2 万元;6 月 1 日,以融资租赁方式租入机器设备一台,租期 2 年,当年支付租金 1.5 万元。该企业计算当年企业应纳税所得额时应扣除的租赁费用为(　　　)万元。

A. 2.7　　　　　　B. 1.5　　　　　　C. 1.2　　　　　　D. 1.0

二、多选题

1. 根据《企业所得税法》的规定,下列关于确定所得来源地的表述中,正确的有(　　　)。

A. 提供劳务所得,按照劳务发生地确定

B. 销售货物所得,按照交易活动发生地确定

C. 权益性投资资产转让所得,按照投资企业所在地确定

D. 股息所得,按照分配股息的企业所在地确定

2. 根据《企业所得税法》的规定,下列各项中,在计算企业所得税应纳税所得额时,应计入收入总额的有(　　　)。

A. 转让专利权收入   B. 债务重组收入

C. 接受捐赠收入   D. 确实无法偿付的应付款项

3. 根据《企业所得税法》的规定,企业缴纳的下列税金中,准予在计算企业所得税应纳税所得额时扣除的有( )。

A. 增值税   B. 消费税

C. 城镇土地使用税   D. 城市维护建设税

4. 根据《企业所得税法》的规定,下列各项中,准予在以后纳税年度结转扣除的有( )。

A. 职工教育经费   B. 广告费和业务宣传费

C. 创业投资的70%   D. 业务招待费

5. 甲企业2017年利润总额为2 000万元,工资薪金支出为1 500万元,已知在计算企业所得税应纳税所得额时,公益性捐赠支出、职工福利费支出、职工教育经费支出的扣除比例分别为不超过12%、14%和2.5%。下列支出中,允许在计算2017年企业所得税应纳税所得额时全额扣除的有( )。

A. 公益性捐赠支出200万元

B. 职工福利费支出160万元

C. 职工教育经费支出40万元

D. 2017年7月至2018年6月期间的厂房租金支出50万元

6. 根据《企业所得税法》的规定,在计算企业所得税应纳税所得额时,准予扣除的有( )。

A. 向客户支付的合同违约金   B. 向税务机关支付的税收滞纳金

C. 向银行支付的逾期借款利息   D. 向公安部门缴纳的交通违章罚款

7. 根据《企业所得税法》的规定,下列资产中,不得计提折旧在企业所得税税前扣除的有( )。

A. 以经营租赁方式租入的固定资产   B. 以经营租赁方式租出的固定资产

C. 以融资租赁方式租入的固定资产   D. 以融资租赁方式租出的固定资产

8. 企业从事( )项目的所得免征企业所得税。

A. 绿豆的种植   B. 留兰香的种植

C. 苹果的种植   D. 甜菜的种植

9. 按照《企业所得税法》及其实施条例的规定,下列表述中,正确的有( )。

A. 无形资产的摊销年限不得低于10年

B. 生产性生物资产计算折旧的最低年限为10年

C. 其他应当作为长期待摊费用的支出摊销年限不得低于3年

D. 运输工具计算折旧的最低年限为4年

10. 根据《企业所得税法》的规定,下列关于企业所得税纳税期限的表述中,正确的有( )。

A. 企业在一个纳税年度中间开业,使该纳税年度的实际经营期不足12个月的,应当以其实际经营期为一个纳税年度

B. 企业依法清算时,应当以清算期间作为一个纳税年度

C. 企业所得税按年计征,分月或者分季预缴,年终汇算清缴,多退少补

D. 企业在年度中间终止经营活动的,应当自实际经营终止之日起60日内,向税务机关办理当期企业所得税汇算清缴

三、判断题

1. 居民企业应当仅就其来源于中国境内的所得缴纳企业所得税。　　　　　（　　）

2. 依照有关法律、行政法规和国家有关税法的规定,如会员费、合理的会议费、差旅费、违约金、诉讼费等项目不得扣除。　　　　　　　　　　　　　　　　　（　　）

3. 非居民企业取得的来源于中国境外但与其在中国境内设立的机构、场所有实际联系的所得,应缴纳企业所得税。　　　　　　　　　　　　　　　　　　　（　　）

4. 企业为促进商品销售,给予购买方的商业折扣,应按扣除商业折扣后的金额确定销售收入,计算企业所得税应纳税所得额。　　　　　　　　　　　　　　　（　　）

5. 企业接受捐赠所得不属于企业所得税的征税对象。　　　　　　　　　（　　）

6. 某有限责任公司2017年实际发生的工资薪金总额为950万元,支出的职工福利费为150万元,在计算该公司2017年的应纳税所得额时,支出的职工福利费用应据实扣除。

（　　）

7. 借款费用应否资本化与借款期间长短无直接关系。如果某纳税年度企业发生长期借款,并且没有指定用途,当期也没有发生购置固定资产支出,则其借款费用全部可直接扣除。

（　　）

8. 企业之间支付的管理费、企业内营业机构之间支付的租金和特许权使用费,以及银行企业内营业机构之间支付的利息,不得扣除。　　　　　　　　　　　　（　　）

9. 停止使用的生产性生物资产,应当自停止使用的当月起停止计算折旧。　（　　）

10. 企业不能提供完整、准确的收入及成本、费用凭证,不能正确计算应纳税所得额的,由税务机关核定其应纳税所得额。（　　）

项目五　个人所得税的纳税筹划

任务一　熟悉个人所得税纳税人的纳税筹划

➤ 任务达成目标

1. 能利用纳税人的身份认定进行纳税筹划；
2. 能合理选择组织形式进行纳税筹划。

➤ 核心技能

能利用纳税人身份的选择进行纳税筹划。

➤ 任务思维导图

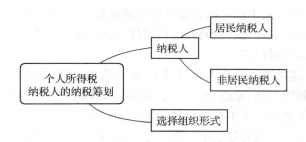

➤ 任务知识

随着人们收入的不断提高，个人所得税的纳税人数也在逐年增加，在整个税收结构中所占的比例越来越大。个人所得税的纳税义务人，包括中国公民、个体工商业务、个人独资企业、合伙企业投资者、在中国有所得的外籍人员（包括无国籍人员等）和香港、澳门、台湾同胞。上述纳税人依据住所和居住时间两个标准，区分为居民纳税人和非居民纳税人，分别承担不同的纳税义务。居民纳税人承担无限纳税义务，就其来源于中国境内或境外的全部所得缴纳个人所得税；而非居民纳税人只承担有限纳税义务，仅就其来源于中国境内的所得，向中国政府缴纳个人所得税。

在实践中，有些国家还将自然人居民分为非长期居民和长期居民，二者都负无限纳税义务，但非长期居民负有条件的无限纳税义务，长期居民则负无条件的无限纳税义务。例如，我国《个人所得税法》就将将在中国境内无住所但在我国境内居住满 1 年且不超过 5 年的个人视为非长期居民，这些纳税人按法律要求就其来源于中国境外的所得向中国纳税，但是经过税务主管机关批准，可以只就由中国境内公司、企业以及其他经济组织或者个人支付的部分缴纳个人所得税,而不必就外国境内公司、企业或个人支付的外国来源的所得纳税。可见,这是一种有条件的无限纳税义务。而一旦在中国无住所的个人在中国境内居住满5年,则从第六年起,他就应当就其来源于中国境外的全部所得缴纳个人所得税。

➤ 任务导入

乔纳斯先生从20×6年9月起被德国一家公司派到我国,在该公司与我国合资的A公司任职做技术指导工作。乔纳斯先生每月的工资由境内、境外两家公司分别支付。

我国境内的A公司每月向其支付20 000元人民币,德国公司每月向其支付工资折合人民币30 000元。20×7年6月,乔纳斯先生被该德国公司临时派到新加坡,为新加坡一家集团公司检测设备,他在新加坡工作25天,新加坡公司向其支付工资3 000美元,随即又返回我国的A公司工作。9月,乔纳斯先生又被该德国公司临时派到韩国,为韩国一家集团公司做技术指导服务,他在韩国工作15天,韩国公司向其支付工资2 000美元,随即又返回我国的A公司工作。

请对乔纳斯先生的上述业务进行纳税筹划。

➤ 任务实施

一、熟悉《个人所得税法》中关于纳税人的具体规定

根据《中华人民共和国个人所得税法》第一条的规定:"在中国境内有住所,或者无住所而在境内居住满一年的个人,从中国境内和境外取得的所得,依照本法规定缴纳个人所得税。在中国境内无住所又不居住或者无住所而在境内居住不满一年的个人,从中国境内取得的所得,依照本法规定缴纳个人所得税。"

《个人所得税法实施条例》对《个人所得税法》第一条第一款的规定做了详细解释。在中国境内有住所的个人是指因户籍、家庭、经济利益关系而在中国境内习惯性居住的个人。在境内居住满1年是指在一个纳税年度中在中国境内居住365日。临时离境的,不扣减日数。前款所说的临时离境是指在一个纳税年度中一次不超过30日或者多次累计不超过90日的离境。

二、按照上述规定确定工作停留时间

乔纳斯先生属于在中国境内无住所,居住满1年但不超过5年的个人,根据我国《个人所得税法》的规定,他应就在我国境内工作期间取得的由境内、境外雇主支付的工资薪金向我国纳税,而他被德国公司临时派到新加坡、韩国工作属于临时离境,这期间他在新加坡和韩国工作取得的由新加坡和韩国公司支付的工资薪金无须向我国纳税。但若乔纳斯当年回国探亲或有其他临时离境等累计时间超过50天,则全年内多次离境则会超过90(25+15+50)天,就能避免成为居民纳税人的条件,减少应纳个人所得税。

➤ 任务完成结论

这种方法只适用于在中国居住的外国人、海外侨胞和香港、澳门、台湾同胞,所以适用范围有限。一般来讲,居住在中国境内的外国人、海外侨胞和香港、澳门、台湾同胞,如果在一个纳税年度里,一次离境超过30日或多次离境累计超过90日的,简称"90天规则",将不视为全年在中国境内居住。牢牢把握这个尺度就会避免成为个人所得税的居民纳税义务人,而仅就其

来源于中国境内的所得缴纳个人所得税。

此外,纳税人通过合理选择组织形式也可进行纳税筹划,具体见项目一下的任务一。

任务二　掌握个人所得税工资薪金所得的纳税筹划

➤ 任务达成目标

1. 熟悉会计和税法对职工与职工薪酬的界定;
2. 会辨别劳动合同、劳务合同与雇佣合同;
3. 能通过降低名义工资收入,提高员工福利水平的方法来进行纳税筹划;
4. 能通过将工资薪金所得均匀分摊的方法进行纳税筹划;
5. 能对全年一次性奖金进行个人所得税纳税筹划;
6. 能利用所得形式转换法选择有利的纳税项目进行纳税筹划。

➤ 核心技能

全年一次性奖金的个人所得税纳税筹划。

➤ 任务思维导图

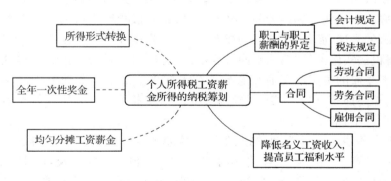

➤ 任务知识-1

一、现行会计准则对职工和职工薪酬的界定

1. 职工

根据财政部于 2014 年 7 月 1 日颁布执行的《企业会计准则第 9 号——职工薪酬》第三条的规定:"本准则所称职工,是指与企业订立劳动合同的所有人员,含全职、兼职和临时职工,也包括虽未与企业订立劳动合同但由企业正式任命的人员。未与企业订立劳动合同或未由其正式任命,但向企业所提供服务与职工所提供服务类似的人员,也属于职工的范畴,包括通过企业与劳务中介公司签订用工合同而向企业提供服务的人员。"

2. 职工薪酬

《企业会计准则第 9 号——职工薪酬》第二条规定:"职工薪酬,是指企业为获得职工提供的服务或解除劳动关系而给予的各种形式的报酬或补偿。职工薪酬包括短期薪酬、离职后福利、辞退福利和其他长期职工福利。企业提供给职工配偶、子女、受赡养人、已故员工遗属及其他受益人等的福利，也属于职工薪酬。

短期薪酬，是指企业在职工提供相关服务的年度报告期间结束后十二个月内需要全部予以支付的职工薪酬，因解除与职工的劳动关系给予的补偿除外。短期薪酬具体包括：职工工资、奖金、津贴和补贴，职工福利费，医疗保险费、工伤保险费和生育保险费等社会保险费，住房公积金，工会经费和职工教育经费，短期带薪缺勤，短期利润分享计划，非货币性福利以及其他短期薪酬。

带薪缺勤，是指企业支付工资或提供补偿的职工缺勤，包括年休假、病假、短期伤残、婚假、产假、丧假、探亲假等。

利润分享计划，是指因职工提供服务而与职工达成的基于利润或其他经营成果提供薪酬的协议。离职后福利，是指企业为获得职工提供的服务而在职工退休或与企业解除劳动关系后，提供的各种形式的报酬和福利，短期薪酬和辞退福利除外。

辞退福利，是指企业在职工劳动合同到期之前解除与职工的劳动关系，或者为鼓励职工自愿接受裁减而给予职工的补偿。

其他长期职工福利，是指除短期薪酬、离职后福利、辞退福利之外所有的职工薪酬，包括长期带薪缺勤、长期残疾福利、长期利润分享计划等。"

二、现行《个人所得税法》对职工和职工薪酬的界定

我国现行税法对职工并没有明确的定义。职工一般是指企业对其有雇佣关系的人员。雇佣关系是指受雇人向雇佣人提供劳务，雇佣人支付相应报酬形成权利义务关系。现行税法也无有关职工薪酬的表述，而是基于"任职或者受雇"标准分为"工资薪金"和"劳务报酬"。

《企业所得税法实施条例》第三十四条规定："工资薪金，是指企业每一纳税年度支付给在本企业任职或者受雇的员工的所有现金形式或者非现金形式的劳动报酬，包括基本工资、奖金、津贴、补贴、年终加薪、加班工资，以及与员工任职或者受雇有关的其他支出。企业发生的合理的工资薪金支出，准予扣除。"

根据《个人所得税法实施条例》第八条第一款的规定，工资、薪金所得是指个人因任职或者受雇而取得的工资、薪金、奖金、年终加薪、劳动分红、津贴、补贴以及与任职或者受雇有关的其他所得。劳务报酬所得是指个人从事设计、装潢、安装、制图、化验、测试、医疗、法律、会计、咨询、讲学、新闻、广播、翻译、审稿、书画、雕刻、影视、录音、录像、演出、表演、广告、展览、技术服务、介绍服务、经纪服务、代办服务以及其他劳务取得的所得。

在企业的实际操作中如何把握"任职或者受雇"以及"聘用"这个要件，税法没有规定，但一般的判定方法如下：

（1）依照是否根据《劳动合同法》的规定签订用工合同来判定。如果企业与劳动者签订的是确立劳动关系，明确双方劳动权利和义务的劳动合同，属于与企业有"任职或者受雇"以及"聘用"的关系，其劳动报酬属于工资、薪金；如果企业与劳动者签订的是就某一项劳务以及劳务成果所达成的劳务协议，是供、需双方达成的劳务以及劳务成果的买卖交易合同，就不属于与企业有"任职或者受雇"以及"聘用"关系，不属于工资、薪金。

（2）依照劳动者提供的劳务是否具有"独立性"来判定。根据《国家税务总局在关于印发〈征收个人所得税若干问题的规定〉的通知》(国税发〔1994〕89号)第十九条规定，对劳务的独立性进

行了进一步明确。"工资、薪金所得是属于非独立个人劳务活动,即在机关、团体、学校、部队、企事业单位及其他组织中任职、受雇而得到的报酬;劳务报酬所得则是个人独立从事各种技艺、提供各项劳务取得的报酬。两者的主要区别在于,前者存在雇佣与被雇佣关系,后者则不存在这种关系。"

➤ 任务导入-1

甲长期为 A 商店运送货物挣取劳务费。某日,甲因有事临时让乙代其为 A 商店运送货物,每日获取劳动报酬 120 元。谁知,乙在第二次运送货物途中遭遇不幸身亡。肇事车辆逃逸,查无下落。乙的家人要求甲与 A 商店老板共同赔偿因乙死亡造成的损失,双方为此发生纠纷。乙的家人以乙与甲和 A 商店之间具有劳动合同关系要求按工伤处理为由,向劳动仲裁委员会申请仲裁。

问题:

(1) 乙死亡造成的损失应由谁来承担?

(2) 乙的家人能否向劳动仲裁委员会主张权利? 若不能,应如何解决此纠纷?

➤ 任务实施-1

一、了解劳动合同与雇佣合同、劳务合同的区别

现实中,许多劳动者分不清劳动合同与雇佣合同、劳务合同,甚至将劳务合同当成劳动合同来签,有可能使劳动者失去《劳动合同法》的保护,不利于劳动者维护自身的合法权益。所以,首先要明确劳动合同与雇佣合同、劳务合同的定义。

(1) 劳动合同是用人单位与劳动者依照法律规定,以双方劳动权利为主要内容订立的协议。

(2) 雇佣合同是受雇人提供劳动,雇佣人支付报酬的协议。

(3) 劳务合同是一方为完成某项工作而使用一方提供的劳动并为此而支付报酬的协议。

劳动合同与雇佣合同、劳务合同的共同之处在于,都是一方提供劳动,另一方支付报酬,但细分析其法律特征则仍可看出其不同之处。

首先,通过下表 5-1 了解一下劳动合同与雇佣合同的区别:

表 5-1 劳动合同与雇佣合同的区别

项 目	劳动合同	雇佣合同
合同的主体不同	主体包括用人单位和劳动者。劳动合同的用人单位是指在中华人民共和国境内设立的企业、事业单位、国家机关、社会团体和个体经济组织	主体是雇主和受雇人,而且雇佣合同的雇主只能是自然人
法律干预程度不同	用人单位支付劳动者工资不得违反法律、法规的强制性规定,法律对劳动合同的干预程度要高于雇佣合同	劳动报酬则主要由完全平等的合同双方自行协商,在合同的签订、变更、解除的过程中以当事人的意思表示为主,法律不过分干预

（续表）

项　目	劳动合同	雇佣合同
适用调整法律规范不同	受《劳动法》、《劳动合同法》的调整	受《民法通则》和《合同法》的调整
解决纠纷的程序不同	合同纠纷采用仲裁前置程序，即劳动合同纠纷不经过劳动争议仲裁机构处理，人民法院不予受理	雇佣合同是民事合同，审理机关是人民法院，纠纷发生后当事人无须经过仲裁，有权直接向人民法院起诉

其次，了解劳动合同与劳务合同的区别，见下表5-2：

表5-2　劳动合同与劳务合同的区别

项　目	劳动合同	劳务合同
合同的主体不同	劳务合同的主体可以双方都是单位，也可以双方都是自然人；还可以一方是单位，另一方是自然人。提供劳动一方的主体具有多样性	劳动合同的主体是确定的，只能是接受劳动的一方为单位，提供劳动的一方是自然人。提供劳动一方的主体具有单一性
适用调整法律规范不同	受《劳动法》《劳动合同法》的调整	受《民法通则》和《合同法》的调整
双方当事人关系不同	劳动合同的劳动者在劳动关系确立后成为用人单位的成员，须遵守用人单位的规章制度，双方之间具有领导与被领导、支配与被支配的隶属关系	劳务合同的一方无须成为另一方成员即可为需方提供劳动，双方之间的法律地位从始至终是平等的
承担劳动风险责任的主体不同	劳动者在提供劳动过程中的风险责任须由用人单位承担	提供劳动的一方有权自行支配劳动，自行承担劳动风险责任
合同内容不同	内容更多的是法定性条款，双方选择的范围远小于劳务合同	内容相对简单，合同内容主要是双方平等协商后约定的工作内容和劳务报酬等的合意性条款
劳动者薪酬的称谓不同	因劳动合同支付的劳动报酬称为工资，具有按劳分配性质，工资除当事人自行约定数额外，其他如最低工资、工资支付方式都要遵守法律、法规的规定	劳务合同支付的劳动报酬称为劳务费，主要由双方当事人自行协商价格支付方式等，国家法律不过分干涉
争议处理方式不同	劳动合同必须先通过劳动争议仲裁委员会的仲裁，对裁决不服的才能起诉到法院，对于部分情形的裁决甚至可以一裁终局	劳务合同一般通过法院诉讼解决（如果约定了仲裁条款，也可仲裁），但仲裁排除诉讼

二、在本任务案例中做具体分析并提出解决途径

了解了劳动合同与雇佣合同及劳务合同的区别，让我们再分析任务提供的案例。甲以个人名义要求乙代其送货并支付劳动报酬，与乙具有雇佣合同关系，根据相关规定，雇主应承担受雇人在执行受雇事务时造成的自身损害的后果，因此甲应承担乙死亡给其家人造成的损失；A商店让甲为其送货并支付报酬，甲并未成为A商店一员，不受其管理和约束，因此A商店和甲之间是劳务合同关系，根据劳务合同风险由提供劳务方自负的原则，A商店不承担乙死亡

的赔偿责任。由于此案中不存在劳动合同关系,因此,乙的家人向劳动仲裁委员会申请仲裁是不对的,应当向人民法院提起诉讼。

➢ 任务完成结论-1

纳税人在进行个人所得税纳税筹划时,首先要了解相关的法律法规,不断地学习相应的财税政策,才能够有效地进行合理避税。因此,纳税人在进行个人所得税纳税筹划的同时,也达到了普及税法的目的。另外,有些中小企业、个体户与劳动者不签订任何形式的合同,这时,劳动者就要保留好自己的工资条或者银行打款记录,在很多劳动争议中,工资条、考勤记录等都可以作为维权的重要证据。

➢ 任务知识-2

从会计和税法的差异来看,并不是所有的职工薪酬都需要缴纳个人所得税。

一、关于工资、奖金、补贴和津贴

根据个人所得税的相关政策,工资薪金所得明显包含工资、奖金和按照国家统一规定发给的补贴、津贴。

二、关于职工福利费

根据《个人所得税法》的规定,福利费是指根据国家有关规定,从企业、事业单位、国家机关、社会团体提留的福利费或者工会经费中支付给个人的生活补助费;所说的救济金是指各级人民政府民政部门支付给个人的生活困难补助费。

为避免企业滥用福利费,根据《国家税务总局关于生活补助费范围确定问题的通知》(国税发〔1998〕155号)文件的明确规定:

下列收入不属于免税的福利费范围,应当并入纳税人的工资、薪金收入计征个人所得税:

(一)从超出国家规定的比例或基数计提的福利费、工会经费中支付给个人的各种补贴、补助;

(二)从福利费和工会经费中支付给本单位职工的人人有份的补贴、补助;

(三)单位为个人购买汽车、住房、电子计算机等不属于临时性生活困难补助性质的支出。企业应掌握上述规定,合理确定职工福利费支出。

三、关于养老保险费、工伤保险费、失业保险费以及医疗保险费等社会保险费

按照财政部、国家税务总局《关于基本养老保险费基本医疗保险费失业保险费住房公积金有关个人所得税政策的通知》(财税〔2006〕10号)文件的规定,按照国家、省政府、自治区、直辖市等规定的社会保险费缴费比例,企事业单位实际缴纳的基本医疗险、基本养老险、失业险、工伤险免于征收个人所得税。个人按照规定标准实际缴纳的基本医疗险、基本养老险和失业险也免于征收个人所得税。超过规定标准的缴费比例实际缴纳的基本医疗保险费、基本养老保险费、失业保险费和工伤保险费,超过部分应并入工资、薪金计算征收个税。

对于企业的补充养老保险制度,财政部、人力资源和社会保障部、国家税务总局《关于企业年

金职业年金个人所得税有关问题的通知》(财税〔2013〕103 号)中重新指定了关于企业年金和职业年金的个人所得税计算方法,实行了年金(含企业年金和职业年金)个税递延纳税的优惠规定。企业单位、事业单位按照国家有关政策规定对其全体员工(无论是雇佣或任职的)缴付年金,其中单位支出的部分在纳入个人账户时,员工暂时不用缴纳个人所得税。对于年金中的个人支出部分,在未达到自身工资收入计税基础的 4% 以内的范围,计征个税时当期的应纳税所得额可以扣除该部分。但单位和个人支付的超过国家规定标准部分的基本保险以及各种补充保险,应当并入个人收入所得计征个人所得税。

四、关于住房公积金

作为社会保障制度的重要一环——住房保障,住房公积金发挥了极其关键的作用。在如今楼价高企,房价居高不下的现实背景下,住房公积金较好地缓解了职工用房问题。财税〔2006〕10 号文件规定了住房公积金的个人所得税涉税事项,单位和个人需根据建设部、财政部、中国人民银行《关于住房公积金管理若干具体问题的指导意见》(建金管〔2005〕5 号)、《住房公积金管理条例》等规定精神,在不超过 12% 的标准内可以扣除。缴存住房公积金的职工本人上一年度月平均工资有上限限制,不得超过当地区市上一年度职工月平均工资的 3 倍,当地社会保险办等相关人力资源部门每年会按照有关规定公布相应的标准。

五、关于职工教育经费以及工会经费

企业费用支出中的职工教育经费和工会经费支出,(如工会活动费用、职工学习培训费用),由于职工本人并没有实际取得所得,因此无并入本人的工资薪金所得计征个人所得税。但除有关税收法律法规规定免税或不征税的项目以外,个人的现金、实物是从工会经费和职工教育经费中支出的,须并入个人的工资薪金所得计征个人所得税。

六、关于不属于货币性支出的福利

根据《个人所得税法实施条例》第十条的规定:"个人所得的形式,包括现金、实物、有价证券和其他形式的经济利益。所得为实物的,应当按照取得的凭证上所注明的价格计算应纳税所得额;无凭证的实物或者凭证上所注明的价格明显偏低的,参照市场价格核定应纳税所得额。所得为有价证券的,根据票面价格和市场价格核定应纳税所得额。所得为其他形式的经济利益的,参照市场价格核定应纳税所得额。"

七、关于因解除与职工的劳动关系的补偿

对个人取得的收入是来自于与企事业等单位解除了劳动关系而获取的一次性补偿,财政部、国家税务总局在《关于个人与用人单位解除劳动关系取得的一次性补偿收入征免个人所得税问题的通知》(财税〔2001〕157 号)做了以下规定:

(1) 对于补偿收入在当地上年职工平均工资 3 倍数额以内的部分,免于征收个人所得税;

(2) 超过标准的部分,根据财政部、国家税务总局《关于个人与用人单位解除劳动关系取得的一次性补偿收入征免个人所得税问题的通知》(国税发〔1999〕178 号)文件的规定计征个人所得税。

国家税务总局《关于个人因解除劳动合同取得经济补偿金征收个人所得税问题的通知》

（国税发〔1999〕178 号）文件规定了具体的计算办法。对国有企业职工从破产企业取得的一次性安置费收入，国家税务总局《关于国有企业职工因解除劳动合同取得一次性补偿收入征免个人所得税问题的通知》（国税发〔2000〕77 号）文件明确了符合规定的破产企业员工获得的一次性收入（比如，安家费、安置费等）免征个税。

应当注意的是，取得上述一次性补偿收入计征个人所得税时，依然可以扣除法定免征额。例如，甲市 A 公司 20×7 年 5 月与马某解除劳动合同，并且一次性支付马某补偿金 60 000 元。马某已在 A 公司任职达 8 年。甲市当年在岗职工月平均工资为 3 410 元。则：

马某取得的一次性补偿＝60 000 元＜122 760（3 410×12×3）元，免于征收个人所得税。

➤ 任务导入-2

甲公司部门经理刘某月工资为 7 800 元，应工作需要，须租住一套住房，每月需要支付房租 2 000 元。上下班交通费约 800 元，个人实际可支配收入为 5 000 元。

请对刘某的个人所得税进行纳税筹划。

➤ 任务实施-2

一、熟悉现行税法中对于工资——福利费征管的漏洞

个人所得税工资薪金的应纳税额＝全月应纳税所得额×税率－速算扣除数

全月应纳税所得额＝（应发工资－四险一金）－个税免征额

实发工资＝应发工资－四险一金－个人所得税税额

这里的"四险一金"是指企业或个人按照国家或地方政府规定的比例提取并向指定金融机构实际缴纳的医疗保险费、基金养老保险费、工伤保险费和失业保险费以及住房公积金。

在各档税率不变的条件下，纳税人可以通过减少收入的方式使得自己适用较低的税率，同时计税的基数也变小。由于现行税法对个人取得的非货币性福利所得没有具体的征税管理办法，纳税人尽可能和单位达成协议，改变自己的工资薪金的支付方法，可行的做法是，由单位提供一些必要的福利，如企业为职工创造居住条件、为职工上下班提供交通车服务、为职工提供免费的餐饮服务、为职工提供培训或旅游机会、通过公司名义购买充值电话卡为职工缴纳手机话费等将纳税人的现金工资转换为提供福利。这样一方面在本企业内部满足职工的物质与服务需求，减少员工相应的外部需求，提高员工的职业忠诚度，增强企业的凝聚力；另一方面，通过调整，职工名义上的工资薪金虽然减少了，但能够享受到的收入效用并没有减少，而且还能够达到以福利抵减收入来降低税收负担的目的。

二、计算不同方案下纳税人应纳的个人所得税

方案一：正常情况下，则：

刘某应纳个人所得税＝（7 800－3 500）×10％－105＝325（元）

方案二：若甲公司为部门经理免费提供住房及上下班免费班车服务，但将每月工资下调为 5 000 元，则：

刘某应纳个人所得税＝(5 000－3 500)×3%＝45(元)

➤ 任务完成结论-2

从以上分析不难看出,方案二比方案一使得纳税人刘某少缴纳个人所得税 280(325－45)元,因此应当选择方案二。事实上,对于纳税人来说,这只是收入的方式发生了变化,并没有使自己享受到的收入效用减少,同时由于这种以福利抵减收入的方式相应地减少了其纳税负担,反而增加了员工的实际可支配收入。

➤ 任务知识-3

目前,由于个人所得税工资薪金所得项目适用超额累进的税率形式,难免会出现收入高低不等的两个月的总税负大于或等于将总收入平分到两个月的总税负的不利情形。职工的当月收入越高,其所需缴纳的个人所得税就越高,这在一定程度上提升了个别月份工资较高的员工的纳税负担。尤其是对于一些薪酬收入波动较大的销售人员来说,由于市场转型、季节原因、供需情况等因素,销售人员销售任务的完成情况也会随之上下波动,会导致其不同月份的收入相差比较悬殊,如果按照当月收入情况缴纳个人所得税,其税后收入往往不甚理想。因此,企业可以采取均衡分摊薪酬的方式,尽可能地均摊职工的月收入,使其收入较为平稳,不必因为某月收入过高而缴纳较多的个人所得税,这从一定程度上可降低职工的纳税负担,有效增加其税后收入。

➤ 任务导入-3

A 公司甲职员每月工资 3 000 元,A 公司发放的奖金有两种,一种是年终奖金,每人每年 24 000 元;二是 6 月和 12 月月末各发一次半年奖,每次 12 000 元。假定甲职员除工资之外无其他收入。

问甲职员应该如何进行纳税筹划?

➤ 任务实施-3

一、熟悉全年一次性奖金特殊的个人所得税的计算方法

(1) 全年一次性奖金的界定。根据国家税务总局《关于调整全年一次性奖金等计算征收个人所得税方法问题的通知》(国税发〔2005〕9 号)的规定:"全年一次性奖金是指行政机关、企事业单位等扣缴义务人根据其全年经济效益和对雇员全年工作业绩的综合考核情况,向雇员发放的一次性奖金。上述一次性奖金也包括年终加薪、实行年薪制和绩效工资办法的单位根据考核情况兑现的年薪和绩效工资。"

(2) 全年一次性奖金的计税方法。对于职工个人取得的全年一次性奖金,单独作为一个月工资薪金所得计算纳税。但考虑到该项收入与年度工作业绩相关且数额往往比较大,在计算税款时采用"按年平均取低税率"的方法,以降低税额、减轻个人负担。其具体分为以下两个步骤进行计算:

第一步,将个人当月内取得的全年一次性奖金除以 12 个月,按其商数确定适用税率和速算扣除数。

如果在发放年终一次性奖金的当月,个人当月工资薪金所得低于税法规定的费用减除标准,应将全年一次性奖金减除"个人当月工资、薪金所得与费用减除标准的差额"后的余额,按上述方法确定全年一次性奖金的适用税率和速算扣除数。

第二步,将个人当月内取得的全年一次性奖金,按上一步确定出的适用税率和速算扣除数计算征税。

如果个人当月工资薪金所得高于(或等于)税法规定的费用减除标准的,则税款的计算公式为:

$$应纳税额＝个人当月取得全年一次性奖金×适用税率－速算扣除数$$

如果个人当月工资薪金所得低于税法规定的费用减除标准的,则税款的计算公式为:

应纳税额＝(个人当月取得全年一次性奖金－个人当月工资薪金所得与费用减除标准的差额)×适用税率－速算扣除数

(3)注意事项。在一个纳税年度内,对每一个纳税人,该计税方法只允许采用一次;实行年薪制和绩效工资的单位,个人取得年终兑现的年薪和绩效工资按上述计税方法执行;个人取得除全年一次性奖金以外的其他各种名目的奖金,如半年奖、季度奖、加班奖、先进奖、考勤奖等,一律与当月工资、薪金收入合并,按税法规定缴纳个人所得税。

二、计算不同方案下的个人所得税应纳税额

方案一:甲职员没有纳税筹划,则:

正常当月工资3 000元,未超过费用扣除标准3 500元,不需要缴纳个人所得税。

正常月份当月工资薪金所得与费用扣除额的差额＝3 500－3 000＝500(元)

若一次领取年终奖24 000元,先减除"当月工资薪金所得与费用扣除额的差额"500元,则:

应纳税所得额＝24 000－500＝23 500(元)

23 500除以12个月,即23 500÷12＝1 958.33元,再按其商数确定适用税率为10%,速算扣除数为105。则:

年终奖24 000元应缴纳的个人所得税＝(24 000－500)×10%－105＝2 245(元)

甲职员全年应缴纳个人所得税＝2 245(元)

若半年一次领取半年奖12 000元,半年奖应该与当月工资合并纳税,则:

甲职员6月、12月应分别缴纳个人所得税＝[(3 000＋12 000)－3 500]×25%－1 005＝1 870(元)

这种情形下,甲职员全年应纳个人所得税合计＝1 870×2＝3 740(元)

方案二:甲职员进行纳税筹划,与公司协商,将平均每月的年终奖2 000元分摊在每月工资中,即每个月工资变为5 000元,取消年终奖或半年奖的发放,则:

甲职员每月应纳个人所得税＝(5 000－3 500)×3%＝45(元)

甲职员全年应缴纳个人所得税合计＝45×12＝540(元)

➤ 任务完成结论-3

由以上计算不难看出,通过纳税筹划,方案二比方案一在年终一次性发放奖金的情形下使得甲职员增加 1 705(2 245－540)元的实际可支配收入,比方案一在半年一次性发放奖金的情形下使得甲职员增加 3 200(3 740－540)元的实际可支配收入。可见,在员工当月的工资薪金不超过 3 500 元的费用减除标准时,若半年一次性发放奖金应缴纳的个人所得税税额最高,其次是全年一次性发放奖金的税负次之。这时,如果采取"削峰填谷"式的分摊筹划法,就可以节省不少税款。具体操作时,企业可以将奖金进行细化,拿出一些奖金按月发放,留一些奖金按季考核发放,最后再保留一部分奖金用于"拉差距""拉档次"在年终发放,这样,从总体上来说,税负就会获得减轻。

另外,对于职工低价购房的差价收入,单位按低于购置或建造成本价格出售住房给职工,职工因此而少支出的差价部分属于个人所得税应税所得,也应按"工资、薪金所得"项目比照全年一次性奖金的征税方法计算缴纳个人所得税。职工因单位低价售房而少支出的差价部分是指职工实际支付的购房价款低于该房屋的购置或建造成本价格的差额,但不包含住房制度改革期间免税的差价收益。

➤ 任务知识-4

如上所述,全年一次性奖金是工资薪金税目下的一种特殊形式。

由于工资薪金类所得在适用七级超额累进税率时,不同月份应纳税所得额对应着不同的税率和速算扣除数,而全年一次性奖金是以除以 12 后的所得确定的税率和速算扣除数与总额相对应,只要奖金超过了某一个限额就要对全部一次性奖金适用较高一级的税率,且因为速算扣除数相对较小,其实质上是一种全额累进税率。这就会出现相邻区间奖金总额相差很少而税负相差很大的现象。

➤ 任务导入-4

甲公司员工郑某 20×8 年 1 月取得了上一年度 12 月份的工资收入 7 000 元(含税),其中,基本养老保险 1 000 元、基本医疗保险 800 元、失业保险 300 元、住房公积金 600 元(以上均在税法允许扣除范围之内),并领取 20×7 年全年一次性奖金 18 001 元(含税)。

请对郑某应纳的个人所得税进行纳税筹划。

➤ 任务实施-4

一、了解全年一次性奖金的纳税原理及纳税盲区

为了使大家在工作中能快速、简便地计算全年一次性奖金的应纳税额,制作了下表5－3,本表适用于大多数职员(少数当月扣除"三险一金"后的工资收入低于 3 500 元的员工,实际应纳税额会略小于按下表公式计算的应纳税额)。

表 5 - 3　个人所得税全年一次性奖金计算明细表　　　　　　　万元

序号	全年一次性奖金	年平均后月收入额	税率	速算扣除数	计算过程	实缴个税
1	0～18 000（以 18 000 为例）	18 000÷12＝1 500	3%	0	18 000×3%	540
2	18 001～54 000（以 54 000 为例）	54 000÷12＝4 500	10%	105	54 000×10%－105	5 295
3	54 001～108 000（以 108 000 为例）	108 000÷12＝9 000	20%	555	108 000×20%－555	21 045
4	108 001～420 000（以 420 000 为例）	420 000÷12＝35 000	25%	1 005	420 000×25%－1 005	103 995
5	420 001～660 000（以 660 000 为例）	660 000÷12＝55 000	30%	2 755	660 000×30%－2 755	195 245
6	66 0001～960 000（以 960 000 为例）	960 000÷12＝80 000	35%	5 505	960 000×35%－5 505	330 495
7	96 0001以上（以 1 000 000 为例）	1 000 000÷12＝83 333.33	45%	13 505	1 000 000×45%－13 505	436 495

二、计算不同方案下的个人所得税应纳税额

方案一:若不进行纳税筹划,郑某正常应纳个人所得税,则:

郑某当月工资薪金所得＝7 000－1 000－800－300－600＝4 300(元)

高于当月费用扣除标准 3 500 元,则:

郑某当月工资薪金应纳个人所得税税额＝(4300－3 500)×3%＝24(元)

全年一次性奖金所得 18 001 元,除以 12 个月可得商数为 1 500.8(18 010÷12)元,按其商数查找税率表,确定适用税率为 10%,速算扣除数为 105,则:

郑某当月取得的全年一次性奖金所得应纳个人所得税税额＝雇员当月取得全年一次性奖金×适用税率－速算扣除数＝18 001×10%－105＝1 695.1(元)

郑某当月税后个人可支配收入＝4 300＋18 010－24－1 695.1＝20 590.9(元)

方案二:若进行纳税筹划,将郑某的年终奖下调至 17 999 元,相应地将郑某当月工资薪金增加至 7 001 元,则:

郑某当月工资薪金所得＝7 001－1 000－800－300－600＝4 301(元)

高于当月费用扣除标准 3 500 元,则:

郑某当月工资薪金应纳个人所得税税额＝(4 301－3 500)×3%＝24.03(元)

全年一次性奖金所得为 17 999 元,除以 12 个月可得商数为 1 499.92(17 990÷12)元,按商数查找税率表,确定适用税率为 3%,速算扣除数为 0,则:

郑某当月取得的全年一次性奖金所得应纳个人所得税税额＝雇员当月取得全年一次性奖金×适用税率－速算扣除数＝17 999×3%－0＝539.97(元)

郑某当月税后个人可支配收入＝4 301＋17 999－24.03－539.97＝21 736(元)

➤ 任务完成结论- 4

现将方案一和方案二中郑某的应纳个人所得税税额及税后个人可支配收入对比分析如下:

表5-4　两种不同方案中个人所得税及税后个人可支配收入的对比分析　　　　　　元

方案＼个人纳税	工资薪金应纳个税	全年一次性奖金应纳个税	税后个人可支配收入
方案一	24	1 695.1	20 590.9
方案二	24.03	539.97	21 736

从以上分析不难看出,方案二比方案一虽然多缴纳工资薪金个人所得税0.03(24.03－24)元,但对于全年一次性奖金却要多缴纳个人所得税1 155.13(1 695.1－539.97)元,由此多获得税后收益1 145.1(21 736－20 590.9)元,因此应当选择方案二。

通过上述计算比较可以发现,郑某的年终奖只比18 000多了1元,但应纳个人所得税就出现了大幅增加的问题,出现了高奖金低收入的"纳税黑洞"或者"扣税盲区"。而这18 000正是全年一次性奖金由3%增加到10%的临界点。

仍以郑某为例,若暂不考虑当月正常工资,郑某的年终奖为18 000时,适用税率3%、速算扣除数为0,则郑某取得的全年一次性奖金所得应纳的个人所得税税额为540(18 000×3%)元,郑某税后个人可支配收入为17 460(18 000－540)元。而再上一级的税率就变成了10%,适用的速算扣除数变为105。现假定郑某全年一次性奖金增加到M,M落入适用10%的税率区间,此时郑某应纳个人所得税为$M×10\%－105$元,税后个人可支配收入变为17 460$[M－(M×10\%－105)]$元,通过求解公式,可得$M＝19 283.33$元,即当郑某取得全年一次性奖金收入高于18 000元但低于19 283.33元时,税后个人可支配收入反而不如取得全年一次性奖金为18 000元时的多。因此,这就得到了第一个"纳税黑洞"或者"扣税盲区"为[18 001元～19 283.33元]。由于个人所得税税率有七级,按照上述测算方法,我们可得到全部的"纳税黑洞"或者"扣税盲区",具体见下表5-5:

表5-5　全年一次性奖金"纳税黑洞"或者"扣税盲区"的测算　　　　　　元

序号	"纳税黑洞"或者"扣税盲区"	适用税率/%	适用速算扣除数
1	[18 001～19 283.33]	10	105
2	[54 001～60 187.50]	20	555
3	[108 001～114 600]	25	1 005
4	[420 001～447 500]	30	2 755
5	[66 0001～706 538.46]	35	5 505
6	[96 0001～1120 000]	45	13 505

分析上面的异常区间就会发现,全年一次性奖金数额越大,税率越高,税后收入相差越大。这就提醒纳税人,不能在以上区间发放年终奖,否则将会出现一次性奖金数额高而税后收入低的现象。除去以上区间,全年发放的一次性奖金与税后所得是成正比例关系的,即奖金越多,税后所得越多。所以对于年终奖应该合理发放,特别应注意个人所得税工资薪金所得税率中的临界点(如全年一次性奖金平均后取得的月收入额1 500元、4 500元、9 000元等),当奖金数额在这些临界点的12倍附近时,尽量安排在临界点12倍以下发放。现举例说明如下(见表5-6):

表5-6　全年一次性奖金"纳税黑洞"或者"扣税盲区"测算举例　　　　　（元）

序号	年终一次性奖金	应纳个人所得税	税后收入
1	54 000	54 000×10%－105＝5 295	54 000－5 295＝48 705
2	54 001	54 001×20%－555＝10 245	54 001－10 245＝43 755
3	60 000	60 000×20%－555＝11 445	60 000－11 445＝48 555
4	60 200	60 200×20%－555＝11 485	60 200－11 485＝48 715
5	420 000	420 000×25%－1 005＝103 995	420 000－103 995＝316 005
6	420 001	420 001×30%－2 755＝123 245	420 001－123 245＝296 755

纳税人在选择年终奖筹划时,一方面,要避开无效区间;另一方面,应尽量选无效区间的起点减去1后的余额作为年终奖最佳金额,如选6 000元、24 000元、60 000元、240 000元等。因为按照这些金额所适用的税率较低。同样,剔除掉"纳税黑洞"或者"扣税盲区"之后,可以得到一个全年一次性奖金的"纳税可行性区间",如表5-7所示,这对于纳税人来讲有着重要的参考价值。

表5-7　全年一次性奖金"纳税可行性区间"的测算　　　　　元

序号	纳税可行性区间	适用税率/%	适用速算扣除数
1	[0～18 000]	3	0
2	[19 283.33～54 000]	10	105
3	[60 187.5～108 000]	20	555
4	[114 600～420 000]	25	1 005
5	[447 500～660 000]	30	2 755
6	[706 538.46～960 000]	35	5 505
7	[1 120 000～∞]	45	13 505

➤ 任务知识-5

实现所得形式的互相转换,是个人所得税纳税筹划的一种重要方法。不同形式的应税所得之间,在计税方法上存在着很大的差异,这就使得同一收入按照不同的计税方法计税缴纳个人所得税时,其应纳税额也不同。如个人的当月应纳税所得额较低时(低于4 500元),由于"'工资薪金所得'前两级税率分别是3%和10%,均低于'劳务报酬所得'的比例税率20%;在'工资薪金所得'第三级税率和'劳务报酬所得'的基本税率相等的情形下,由于'工资薪金所得'在计算应纳个人所得税时,可以减去速算扣除数555元,而'劳务报酬所得'却不能,因此当纳税人的应纳税所得额较低时,按照'工资薪金所得'项目纳税的税负会较低"。这就为纳税项目的选择提供了筹划余地。

➤ 任务导入-5

魏某为国企改制后的内退技术工程师,20×7年6月开始,拟长期在A私营企业担任技术

顾问,每月获得报酬 6 000 元。在魏某与 A 企业签订就业协议时,有以下两种方案可供选择:

方案一:魏某以雇佣关系与 A 企业签订劳动合同。

方案二:魏某以提供劳务关系与 A 企业签订劳务合同。

假定无论何种用工关系,对 A 企业和魏某的其他方面不产生任何影响。

请对魏某的个人所得税进行纳税筹划。

➤ 任务实施-5

一、了解工资薪金所得与劳务报酬所得相互转换的纳税原理

如前所述,我们已经了解了劳动合同和劳务合同,以及工资薪金所得和劳务报酬所得的区别。事实上,无论是工资薪金所得还是劳务报酬所得均属于劳动所得,二者最大的区别在于,提供劳动的个人是否与接受其劳动的单位或个人签订了存在雇佣关系的劳动合同。加之二者在计算个人所得税应纳税额时,由于费用扣除金额、税率、计算方式等都不同,故相同数额的收入,按照不同的项目计算的应纳税额也会出现差异,这就给纳税人带来了很大的筹划空间。

二、计算不同方案下的个人所得税应纳税额

方案一:魏某以雇佣关系与 A 私营企业签订劳动合同,则:

魏某每月应缴纳的个人所得税 $=(6\ 000-3\ 500)\times10\%-105=145$(元)

方案二:魏某以提供劳务关系与该企业签订劳务合同,则:

魏某每月应缴纳的个人所得税 $=6\ 000\times(1-20\%)\times20\%=960$(元)

➤ 任务完成结论-5

由以上计算可以看出,方案二与方案一相比魏某每月要少缴纳个人所得税 815(960-145)元,因此,本案例中若从税负的角度来考虑,应选择方案二。但是实践中,这种方法并非绝对使用的。

现假设劳动者个人应税收入为 M(属于 9 000~35 000 元级次),此时适用"工资薪金所得"第四级税率,"劳务报酬所得"按照 20%的扣除率扣除,适用的个人所得税税率为 20%,则可得如下平衡式:

$(M-3\ 500)\times25\%-1\ 005=M\times(1-20\%)\times20\%$

经计算后,可得:

$M=20\ 888.89$ 元,即当个人应税月收入为 20 888.89 元时,此时适用"工资薪金所得"与"劳务报酬所得"计征个人所得税并无差别。若个人月收入在 20 888.89 元以下时,按照"工资薪金所得"缴纳个人所得税税负较轻;而当个人月收入超过 20 888.89 元时,按照"劳务报酬所得"缴纳个人所得税税负较轻。

任务三　掌握劳务报酬的纳税筹划

➢ 任务达成目标

1. 能通过拆分应税项目的方法进行纳税筹划。
2. 能通过拆分收入次数的方法进行纳税筹划。
3. 能通过劳务报酬与工资薪金的相互转化进行纳税筹划。
4. 能通过劳务报酬与其他项目的相互转化进行纳税筹划。

➢ 核心技能

会根据劳务报酬项目进行应纳个人所得税的计算与纳税筹划。

➢ 任务思维导图

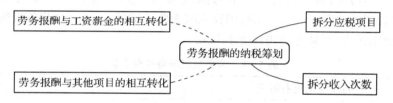

➢ 任务知识-1

根据我国现行《个人所得税法》及其实施条例的相关规定,劳务报酬是指个人从事各项应税所得而应得的收入。属于个人独立从事某种技艺,独立提供某种劳务而取得的报酬,与支付报酬的单位不存在雇佣与被雇佣关系;而工资薪金所得是个人非独立劳动,从所在单位领取的报酬,他与支付报酬的单位存在雇佣与被雇佣关系。个人担任企业董事职务所取得的董事费收入,也属于劳务报酬性质,按劳务报酬所得项目征收个人所得税。一般地,劳务报酬要在缴纳完流转税后才能计征个人所得税,"营改增"后,归属于现代服务业类目的劳务报酬的应税劳务已经全部由国家税务局负责征管。个人取得的劳务报酬收入需要到国税局代开发票方能报销。

根据《营业税改证增值税试点实施办法》第四十九条的规定:"个人发生应税行为的销售额未达到增值税起征点的,免征增值税;达到起征点的,全额计算缴纳增值税。增值税起征点不适用于登记为一般纳税人的个体工商户。"

其第五十条规定:

增值税起征点幅度如下:
(一) 按期纳税的,为月销售额 5 000～20 000 元(含本数)。
(二) 按次纳税的,为每次(日)销售额 300～500 元(含本数)。

劳务报酬所的个人所得税的计算以次为单位,所以在计算与劳务报酬相关的增值税时,适用的起征点一般为每次(日)销售额 500 元。同时,应注意随增值税附加征收的城市维护建设税、教育费附加、地方教育费附加等。

➤ 任务导入-1

20×7 年 4 月,甲装饰公司设计师段先生利用业余时间为乙房地产开发公司住宅项目设计装修一间样板房,签订劳务合同为 18 000 元(含 3 000 元 CAD 设计费),以上劳务报酬所得均为含税金额。

请为段先生获得的劳务报酬所得进行纳税筹划。

➤ 任务实施-1

一、熟悉劳务报酬所得应缴税款的计算

劳务报酬所得作为个人独立从事非雇佣的各种劳务所取得的所得,一般适用 20% 的比例税率计征。其应纳税所得额为:每次劳务报酬收入不足 4 000 元的,用收入减去 800 元的费用;每次劳务报酬收入超过 4 000 元的,用收入减去收入额的 20%。对劳务报酬所得一次收入畸高的,实行加成征收,具体办法由国务院规定。

表 5-8　劳务报酬所得税税率表　　　　　　　　　　　　　　　　　　　　元

级数	每次应纳税所得额	税率/%	速算扣除数
1	不超过 20 000 部分	20	0
2	20 000～50 000	30	2 000
3	超过 50 000	40	7 000

由于劳务报酬所得一般是在先计征增值税及相关税费的基础上再按次征收的,因此在考虑税负水平以便于后期筹划,应当计算包含增值税及个人所得税的总税负。为了方便起见,假设劳动者应税收入为 M,暂不考虑应纳增值税及相关税费,劳务报酬的个人所得税应纳税额的计算见下表 5-9:

表 5-9　劳务报酬所得应纳个人所得税的计算　　　　　　　　　　　　　　元

应税收入(M)	应纳税所得额	税率/%	速算扣除数	应交个人所得税税额
$M<800$	0	0	0	0
$800 \leqslant M < 4\,000$	$M-800$	20	0	$0.2M-160$
$4\,000 \leqslant M < 25\,000$	$0.8M$	20	0	$0.16M$
$25\,000 \leqslant M < 62\,500$	$0.8M$	30	2000	$0.24M-2\,000$
$62\,500 \leqslant M$	$0.8M$	40	7 000	$0.32M-7\,000$

二、计算不同方案下的应纳个人所得税税额

方案一:段先生不进行纳税筹划,则:

乙公司应代扣代缴的段先生个人所得税＝每次含税劳务报酬所得×（1－20％）×20％＝18 000×0.8×0.2＝18 000×0.16＝2 880（元）

方案二：若段先生能将合同中所涉及的业务性质进行细化并有能力分别进行会计核算，或者将合同分拆为设计劳务合同 3 000 元与装修劳务合同 15 000 元，则会出现以下不同的减税效果：

乙公司应代扣代缴的段先生设计劳务报酬个人所得税＝（每次含税收入－800）×20％＝（3 000－800）×20％＝440（元）

乙公司应代扣代缴的段先生装修劳务报酬个人所得税＝每次含税劳务报酬所得×（1－20％）×20％＝15 000×（1－20％）×20％＝2 400（元）

段先生应纳个人所得税合计＝440＋2 400＝2 840（元）。

➤ 任务完成结论-1

本案例中，合同总价款不在加成征收区间内，由以上计算可以看出，方案二主要是减除额的利用起到了节税效果，使段先生的总税款节约了 40（2 880－2 840）元，增加了税后收益，所以应当选择方案二。由于税法里劳务报酬中的应税劳务是所列举的若干项，即劳务报酬是按项计征的，因此，如果业务包含多个应税项目，则应尽可能分别核算，各自签订合同。对较低的个人总收入而言，这样操作能充分利用减除额；对较高的个人总收入而言，节税效果更多地源于规避了累进税率的特性。

➤ 任务知识-2

根据《个人所得税法实施条例》第二十一条第一款的有关规定："劳务报酬所得，属于一次性收入的，以取得该项收入为一次；属于同一项目连续性收入的，以一个月内取得的收入为一次，计算纳税。对属于同一项目连续性收入的以一个月内取得的收入为一次的，考虑属地管辖与时间划定有交叉的特殊情况，统一规定以县（含县级市、区）为一地，其管辖内的一个月内的劳务服务为一次；当月跨县地域的，则应分别计算。"这就为个人所得税的纳税筹划提供了空间，纳税人可以通过"削峰填谷"的方式跨月分摊劳务收入，从而降低每次收入额，从而降低个人所得税税负。

➤ 任务导入-2

周先生（注册会计师、律师）为本市甲公司新三板上市提供咨询服务，3—5 月取得同一项目劳务收入 60 000 元，支付交通、食宿等费用 9 000 元，以上劳务报酬所得均为含税金额。下面有三种纳税方案：

方案一：一次性领取申报纳税；

方案二：周先生与甲公司约定，改变支付方式，分次领取并申报纳税；

方案三：由甲公司提供相关费用，降低应纳税所得并分次领劳务报酬。

请对周先生的上述业务进行个人所得税纳税筹划。

➤ 任务实施-2

一、熟悉现行税法中劳务报酬应纳个人所得税的避税方法

依据《个人所得税法》的规定，劳务报酬所得采用合并综合收入、三级超额累进税率计税，

按次或月计算。实践中,可以利用以下方法进行避税:

(1)分次纳税避税。纳税人在为他人提供劳务时,需要根据劳务合同书,合理安排纳税年度内每月收取劳务费的数量和实际支付的次数,即可达到避税的目的。

(2)采取由被服务方提供一定服务避税。比如,由被服务一方向提供劳务服务一方提供伙食、交通以及其他方面的服务,就等于扩大了提供劳务方的费用开支,降低了劳务报酬总额,从而使劳务报酬应纳税所得保持在较低的纳税水平上。

二、计算不同方案下的应纳个人所得税税额

方案一:若周先生一次性领取并申报纳税,则:

周先生的应纳税所得额为 48 000[60 000×(1−20%)]元,适用的税率为 30%,速算扣除数为 2 000元,则:

甲公司应代扣代缴的周先生个人所得税=48 000×30%−2 000=12 400(元)

周先生获得的净收益=60 000−12 400−9 000=38 600(元)

方案二:若周先生与甲公司约定,60 000 元收入分三次领取,每月领取一次,每次领 20 000元,这样对于甲公司来说,分摊在每月支付一定的费用,避免了经济负担的集中。则:

甲公司 3—5 月应代扣代缴的周先生个人所得税合计=20 000×(1−20%)×20%×3=3 200(元)

周先生获得的净收益=60 000−3 200−9 000=47 800(元)

方案三:由甲公司提供相关费用,降低应纳税所得分次领劳务报酬。即采取由甲公司提供一定服务费用开支等方式,虽然减少了纳税人的收入,但同时也减少了纳税人的应纳税所得。比如,由甲公司向周先生提供伙食、报销差旅交通费、通讯费、培训费以及提供其他方面的福利、服务来抵顶一部分劳务报酬。对甲公司来说,劳务报酬开支并没有增多,反而可以做大成本费用支出,减少应纳企业所得税税额;对纳税人来说,这些伙食、交通费等开支是纳税人的日常开支,若由纳税人用收入购买往往不能在缴纳所得税时扣除。则:

甲公司 3—5 月应代扣代缴的周先生个人所得税合计=20 000×(1−20%)×20%×3=3 200(元)

周先生获得的净收益=60 000−3 200=56 800(元)

➤ 任务完成结论-2

现将以上三种方案中周先生的应纳个人所得税税额及税后个人净收益的对比分析如下:

表 5-10 三种不同方案中周先生个人所得税及税后净收益的对比分析   元

个人纳税 方案	劳务报酬所得应纳个人所得税	税后个人净收益
方案一	12 400	38 600
方案二	3 200	47 800
方案三	3 200	56 800

从以上分析不难看出,方案三税负最低,方案二次之,方案一税负最重,从降低个人所得税税负的角度来考虑,应当选择方案二。可见,对于劳务报酬收入,纳税人通过纳税筹划,可以降

低个人所得税税负。关键是在签订劳务合同时,应约定领取报酬的数额和次数,明确相关费用由发放劳务报酬的单位或个人来承担。

➤ 任务知识- 3

个人所得税采用分类(共十一类)课征制度,下面在个人所得税计算方式的视角下将十一类整合为"单一扣除＋累进税率""分级扣除＋比例税率""无扣除＋比例税率"三类。显然,劳务报酬属于"分级扣除＋比例税率"(当收入畸高时,有加成税率,从而也变为累进税率制);工资薪金属于"单一扣除＋累进税率"。二者最大的区别在于,劳动者是否与发放劳务报酬的单位或个人签订了存在雇佣关系的劳动合同。这就给纳税人带来了很大的纳税筹划空间。

➤ 任务导入- 3

某市甲房产中介公司业务员张某在本月从所在单位获得工资类收入 3 000 元,同一月份张某为乙房产中介公司介绍了客户,当月报酬为 2 600 元。

问:仅从节税的角度来看,张某是否应与乙公司签订正式劳动合同,形成正式雇佣关系?

➤ 任务实施- 3

一、熟悉现行《个人所得税法》关于自行申报的相关规定

根据我国《个人所得税法实施条例》第三十六条的规定:

纳税义务人有下列情形之一的,应当按照规定到主管税务机关办理纳税申报:

(一)年所得 12 万元以上的;

(二)从中国境内二处或者二处以上取得工资、薪金所得的;

(三)从中国境外取得所得的;

(四)取得应纳税所得,没有扣缴义务人的;

(五)国务院规定的其他情形。

年所得 12 万元以上的纳税义务人,在年度终了后 3 个月内到主管税务机关办理纳税申报。

二、计算不同方案下的应纳个人所得税

方案一:若张某与乙公司不签订正式劳务合同,没有正式雇佣关系,则:

张某在甲公司的工资薪金不足费用减除额 3 500 元无须缴纳税款。乙公司应代扣代缴的张某劳务报酬个人所得税税款为 36[(2 600－800)×20％]元,当月张某在两家公司获得的收

入需要缴纳个人所得税合计为 36(0＋36)元。

方案二:若张某与乙公司签订了正式劳动合同,形成正式雇佣关系,则张某应将两处工资薪金所得进行合并纳税,应申报缴纳的个人所得税税款为 105[(3 000＋2 600－3 500)×10%－105]元。

➤ 任务完成结论- 3

由以上计算可以看出,方案一较方案二节税 69(105－36)元,即张某应选择不与乙公司签立正式劳动合同,形成正式雇佣关系。实践中,对于张某这种"一女二嫁"的做法不仅违反了《劳动合同法》中"竞业禁止"的规定,也有违"爱岗敬业"的职业道德,故不可取。

➤ 任务知识- 4

现行《个人所得税法》中规定了最后一个应税项目是经国务院财政部门确定征税的其他所得。其他所得适用的税率为 20%。目前,我国财税部门明确规定应按"其他所得"税目缴纳个人所得税的主要有以下几项:无偿受赠他人房屋所得、从房地产公司取得的违约金收入、个人提供担保获得的报酬、从其他单位取得的现金等所得、股民取得的交易手续费返还收入、取得的保险无赔款优待收入、取得未出险的人寿保险的利息、取得中国科学院院士荣誉奖金、取得银行支付的揽储奖金。这里重点考虑纳税人"从其他单位取得的现金等所得",显然,"从其他单位取得的现金等所得"与劳务报酬所得具有一个共同点,即获得报酬的个人与支付报酬的单位或个人不具有任职受雇关系。从计算方式的转化上来看,劳务报酬与其他所得之间的转化是"分级扣除＋比例税率"与"无扣除＋比例税率"的转化。

根据财政部、国家税务总局《关于企业促销展业赠送礼品有关个人所得税问题的通知》(财税〔2011〕50 号)文件第二条的规定:

企业向个人赠送礼品,属于下列情形之一的,取得该项所得的个人应依法缴纳个人所得税,税款由赠送礼品的企业代扣代缴:

1. 企业在业务宣传、广告等活动中,随机向本单位以外的个人赠送礼品,对个人取得的礼品所得,按照"其他所得"项目,全额适用 20%的税率缴纳个人所得税。

2. 企业在年会、座谈会、庆典以及其他活动中向本单位以外的个人赠送礼品,对个人取得的礼品所得,按照"其他所得"项目,全额适用 20%的税率缴纳个人所得税。

3. 企业对累积消费达到一定额度的顾客,给予额外抽奖机会,个人的获奖所得,按照"偶然所得"项目,全额适用 20%的税率缴纳个人所得税。

因此,若企业发生了对外支付个人礼品的行为,就要按 20%税率代扣代缴个人所得税。

➤ 任务导入- 4

甲市 A 品牌珠宝公司计划在某节日庆典活动中发布系列新产品,公司管理层给推广活动安排了 10 万元的预算用于请娱乐圈明星到场助兴。对于这笔预算的使用,公司准备在以下两个方案中进行选择:

方案一:A 公司与明星签订推广代言协议,支付明星劳务报酬 10 万元。

方案二：明星在活动现场义演，不收取任何费用，A公司赞助明星10万元自有品牌珠宝。

假定以上金额均为含税金额，当地的城市维护建设税税率为7%，教育费附加为3%，地方教育费附加为2%。

请对A公司的以上业务进行纳税筹划。

➤ 任务实施-4

一、熟悉现行《税法》下关于劳务报酬所得应缴纳相关税费的规定

根据国家税务总局《关于印发〈广告市场个人所得税征收管理暂行办法〉的通知》（国税发〔1996〕148号）第二条的规定："凡在广告中提供名义、形象或在广告设计、制作、发布过程中提供劳务并取得所得的个人以及广告主、广告经营者或受托从事广告制作的单位和广告发布者，均应当依照本办法的规定办理个人所得税有关事宜……"

第三条规定："在广告设计、制作、发布过程中提供名义、形象及劳务并取得所得的个人为个人所得税的纳税义务人（以下简称纳税人）……"

第五条规定："纳税人在广告设计、制作、发布过程中提供名义、形象而取得的所得，应按劳务报酬所得项目计算纳税。纳税人在广告设计、制作、发布过程中提供其他劳务取得的所得，视其情况分别按照税法规定的劳务报酬所得、稿酬所得、特许权使用费所得等应税项目计算纳税……"

第六条规定："纳税人以现金、实物和有价证券以外的其他形式取得所得，税务机关可以根据其所得的形式和价值，核定其应纳税所得额，据以征税。对于不能准确提供或划分个人在广告设计、制作、发布过程中提供名义、形象及劳务而取得的所得的纳税人，主管税务机关可以根据支付总额等实际情况，参照同类广告活动名义、形象及其他劳务提供者的所得标准，核定其应纳税所得额，据以征税。"

第七条规定："劳务报酬所得以纳税人每参与一项广告的设计、制作、发布所取得的所得为一次；稿酬所得以在图书、报刊上发布一项广告时使用其作品而取得的所得为一次；特许权使用费所得以提供一项特许权在一项广告的设计、制作、发布过程中使用而取得的所得为一次。上述所得，采取分笔支付的，应合并为一次所得计算纳税。"

第九条规定："分笔取得一次所得和扣缴人应扣未扣或少扣税款以及没有扣缴人的纳税人，应当于取得所得的月度终了后七日内，向扣缴人所在地主管税务机关自行申报纳税。"

第十条规定："扣缴人和纳税人必须接受税务机关依法进行的税务检查，如实反映情况，提供有关资料，不得拒绝、隐瞒。"

二、计算不同方案下应扣缴的个人所得税

方案一：A公司与明星签订推广代言协议，支付明星劳务报酬10万元。由于该推广代言具有广告性质，按现行"营改增"政策属于增值税应税劳务，A公司需要缴纳增值税及相关附加为0.672[10×6%×(1+7%+3%+2%)]万元，需要扣缴明星个人所得税2.5[10×(1−20%)×40%−0.7]万元，总税收负担为3.172(0.672+2.5)万元。

方案二：明星在活动现场义演，不收取任何费用，珠宝公司赞助明星10万元自有品牌珠宝。对于明星获取的此项礼品，A公司应按"其他所得"税目代扣代缴2(10×20%)万元的个人所得税。

➤ **任务完成结论- 4**

由以上计算可以看出,方案二比方案一节约税款总计 1.172(3.172－2)万元,且由于公司支付的是自产珠宝,因而对产品的宣传展示效果也更明显。

任务四　掌握个人捐赠的纳税筹划

➤ **任务达成目标**

能对个人捐赠进行纳税筹划。

➤ **核心技能**

会进行个人捐赠应纳个人所得税的计算。

➤ **任务思维导图**

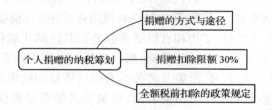

➤ **任务知识**

一、公益捐赠是企业及个人积极承担社会责任的一种体现形式

根据《关于修改〈中华人民共和国个人所得税法〉的决定》(中华人民共和国主席令第四十八号)第六条第二款的规定:"个人将其所得对教育事业和其他公益事业捐赠的部分,按照国务院有关规定从应纳税所得中扣除。"

根据《国务院关于修改〈中华人民共和国个人所得税法实施条例〉的决定》(中华人民共和国国务院令第 600 号)第二十四条的规定:"《个人所得税法》第六条第二款所说的个人将其所得对教育事业和其他公益事业的捐赠,是指个人将其所得通过中国境内的社会团体、国家机关向教育和其他社会公益事业以及遭受严重自然灾害地区、贫困地区的捐赠。捐赠额未超过纳税义务人申报的应纳税所得额 30％的部分,可以从其应纳税所得额中扣除。"

根据财政部、国家税务总局《关于教育税收政策的通知》(财税〔2004〕39 号)第一款第八条的规定:"纳税人通过中国境内非营利的社会团体、国家机关向教育事业的捐赠,准予在企业所得税和个人所得税前全额扣除。"

二、个人捐赠应注意的事项

(1) 个人向教育及公益事业的具体对象捐赠必须通过非营利性的社会团体或国家机关进

行,直接向受赠单位或个人的捐赠,不能在个人所得税税前扣除。

(2)直接对具体对象如科研机构、高等院校和一些基金会的捐赠,必须有文件明确规定的才能税前扣除;没有文件规定的,不能从应税所得额中扣除。

(3)通过"社会团体"转赠给教育或公益事业的捐赠都可以税前扣除。社会团体是指经业务主管单位审查同意,并经县以上政府的民政部门登记的中国公民自愿组成,为实现会员共同意愿,按照其章程开展活动的非营利性社会组织。

根据财政部、国家税务总局《关于公益救济性捐赠税前扣除政策及相关管理问题的通知》(财税〔2007〕6号)文件的规定,经国务院批准成立的非营利的公益性社会团体进行确认;经省级人民政府民政部门批准成立的非营利的公益性社会团体,其捐赠税前扣除资格由省级财政部门进行确认。

(四)个人的捐赠扣除应当在个人所得税应纳税所得额中扣除。也就是说,应当在减除法定费用之后再减除实际捐赠额(或捐赠限额),故其扣除顺序是先扣除法定费用,后扣除实际捐赠额(或捐赠限额)。

三、个人捐赠的办理手续

(1)接受捐赠或办理转赠的非营利性的社会团体和国家机关,应按照财务隶属关系分别使用由中央或省级财政部门统一印(监)制的捐赠票据,并加盖接受捐赠或转赠单位的财务专用章。

(2)对于单位统一将个人的捐赠款汇总捐赠的,代扣代缴单位在取得统一的捐赠票据后,将与其相对应的个人捐款的明细单附后,以此作为个人所得税税前扣除依据。

(3)向科研机构和高等学校的捐赠须提供科研机构和学校的研究项目计划及资金收款证明。税务机关据此对捐赠单位和个人进行税前扣除。

➤ 任务导入

工程师杨某每月工资为10 000元,7月、8月准备向某县山体滑坡的灾后重建工程捐赠4 000元。现有以下两种方案可供选择:

方案一:8月一次性捐赠4 000元;

方案二:7月和8月分别捐赠2 000元,合计4 000元。

➤ 任务实施

一、熟悉允许扣除的捐赠额的确定方法

根据《个人所得税法》及其实施条例的规定,纳税人将其所得通过中国境内的社会团体、国家机关向教育和其他社会公益事业以及遭受严重自然灾害地区、贫困地区的捐赠,捐赠额未超过纳税人申报的应纳税所得额30%的部分,可以从其应纳税所得额中扣除。

$$捐赠扣除限额 = 应纳税所得额 \times 30\%$$

如果实际捐赠额大于捐赠限额,只能按捐赠限额扣除;如果实际捐赠额小于或者等于捐赠限额,按照实际捐赠额扣除(孰低原则)。

在扣除实际捐赠额(或捐赠限额)的情形下,应纳税额的计算公式如下:

$$应纳税额＝(应纳税所得额－允许扣除的捐赠额)×适用税率－速算扣除数$$

从 2000 年开始,财政部、国家税务总局陆续放宽公益救济性捐赠扣除限额,出台了全额税前扣除的政策规定,允许个人通过非营利性的社会团体和政府部门(个别的也可以直接捐赠),对红十字事业、福利性、非营利性老年服务机构,公益性青少年活动场所(其中包括新建),农村义务教育等的捐赠准予在个人所得税税前 100%(全额)扣除。

$$应纳税额＝(应纳税所得额－全部捐赠额)×适用税率－速算扣除数$$

二、计算不同方案下的应纳个人所得税

方案一:8 月一次性捐赠 4 000 元,则:

捐赠扣除限额＝(10 000－3 500)×30%＝1 950(元)

7 月应纳个人所得税＝(10 000－3 500)×20%－555＝745(元)

杨某的实际捐赠额 4 000 元大于捐赠限额,只能按照捐赠限额来扣除。

8 月应纳个人所得税＝(10 000－3 500－1 950)×20%－555＝355(元)

7 月、8 月纳税合计＝745＋355＝1 100(元)

方案二:7 月和 8 月分别捐赠 2 000 元,合计 4 000 元。则:

捐赠扣除限额＝(10 000－3 500)×30%＝1 950(元)

杨某的实际捐赠额 2 000 元大于捐赠限额,只能按照捐赠限额来扣除。

7 月、8 月每月缴纳个人所得税＝(10 000－3 500－1 950)×20%－555＝355(元)

7 月、8 月纳税合计＝355×2＝710(元)

➤ 任务完成结论

由以上计算可以看出,方案二充分利用了捐赠扣除限额,比方案一少缴纳个人所得税 390(1 100－710)元,因此应当选择方案二。

任务五　熟悉规避个人应纳税所得的纳税筹划

➤ 任务达成目标

能通过规避应纳税所得进行纳税筹划。

> ## 核心技能

综合利用个人所得税优惠政策进行纳税筹划。

> ## 任务思维导图

规避个人应纳税所得的纳税筹划 —— 综合利用个人所得税优惠政策

> ## 任务知识

税收中的视同销售有流转税与所得税之分,两者之间不可相互适用,如增值税法规规定的视同销售行为,不一定就要视同销售缴纳所得税,是否需要缴纳个人所得税,要看《个人所得税法》有没有视同销售的规定。由于现行《税法》中各税种对视同销售的规定不完全一致,所以纳税人在实践中往往难以把握。现将视同销售在各税种之间的差异性和不可相互适用性归纳如下:

一、视同销售在增值税上的相关规定

根据《增值税暂行条例实施细则》第四条的规定:

单位或者个体工商户的下列行为,视同销售货物:

(一)将货物交付其他单位或者个人代销;

(二)销售代销货物;

(三)设有两个以上机构并实行统一核算的纳税人,将货物从一个机构移送其他机构用于销售,但相关机构设在同一县(市)的除外;

(四)将自产、委托加工的货物用于集体福利或者个人消费;

(五)将自产、委托加工或者购进的货物作为投资,提供给其他单位或者个体工商户;

(六)将自产、委托加工或者购进的货物分配给股东或者投资者;

(七)将自产、委托加工或者购进的货物无偿赠送其他单位或者个人。

根据财政部、国家税务总局《关于全面推开营业税改征增值税试点的通知》(财税〔2016〕36号)第十四条的规定:

下列情形视同销售服务、无形资产或者不动产:

(一)单位或者个体工商户向其他单位或者个人无偿提供服务,但用于公益事业或者以社会公众为对象的除外。

(二)单位或者个人向其他单位或者个人无偿转让无形资产或者不动产,但用于公益事业或者以社会公众为对象的除外。

(三)财政部和国家税务总局规定的其他情形。

二、视同销售在所得税上的相关规定

根据《企业所得税法实施条例》第二十五条的规定:"企业发生非货币性资产交换,以及将

货物、财产、劳务用于捐赠、偿债、赞助、集资、广告、样品、职工福利或者利润分配等用途的,应当视同销售货物、转让财产或者提供劳务,但国务院财政、税务主管部门另有规定的除外。"

根据我国《个人所得税法实施条例》第十条的规定:"个人所得的形式,包括现金、实物、有价证券和其他形式的经济利益。所得为实物的,应当按照取得的凭证上所注明的价格计算应纳税所得额;无凭证的实物或者凭证上所注明的价格明显偏低的,参照市场价格核定应纳税所得额。所得为有价证券的,根据票面价格和市场价格核定应纳税所得额。所得为其他形式的经济利益的,参照市场价格核定应纳税所得额。"

➤ 任务导入

20×8 年 1 月,为了奖励高级管理人员孙某对公司的突出贡献,甲公司(非上市公司)购买了一辆 117 万元的高级小汽车,作为红利送给孙某,孙某每月工资薪金为 2 万元。预计孙某每年支付该汽车保险费(车船税)等固定费用 6 万元(可取得普通发票),油耗及维修保养费约为 6 万元(可取得增值税专用发票)。假定该小汽车预计使用年限为 20 年,净残值率为 5%。

请对甲公司的上述业务进行纳税筹划。

➤ 任务实施

一、熟悉现行税法中的相关规定并设计纳税筹划思路

若甲公司是以公司的名义购车,仅将车辆的使用权交给孙某,则孙某无须缴纳个人所得税,同时,甲公司还可以抵扣购进车辆的进项税额,计提车辆的折旧,减少企业应纳税所得额,可谓一举多得。

二、计算不同方案下公司及个人应纳税额及进行相关的会计处理

方案一:甲公司购置 117 万元的高级小汽车,作为红利赠送给公司高管孙某。则:

甲公司购置小汽车时可抵扣的增值税进项税额 $= 117 \div (1 + 17\%) \times 17\% = 17$(万元)

借:固定资产——汽车　　　　　　　　　　　　　　　1 000 000

　　应交税费——应交增值税(进项税额)　　　　　　170 000

　　贷:银行存款　　　　　　　　　　　　　　　　　1 170 000

甲公司将该小汽车作为红利分配给孙某时,属于增值税视同销售,则:

甲公司应计提的增值税销项税额 $= 117 \div (1 + 17\%) \times 17\% = 17$(万元)

借:应付股利　　　　　　　　　　　　　　　　　　　1 170 000

　　贷:主营业务收入　　　　　　　　　　　　　　　1 000 000

　　　　应交税费——应交增值税(销项税额)　　　　170 000

甲公司应纳增值税 $=$ 销项税额 $-$ 进项税额 $= 17 - 17 = 0$

孙某获得小汽车属于股息红利所得,则:

孙某应缴纳个人所得税 $= 117 \times 20\% = 23.4$(万元)

甲公司支付红利时:

借:利润分配　　　　　　　　　　　　　　　　　　　1 170 000

　　贷:应付股利　　　　　　　　　　　　　　　　　1 170 000

甲公司实际支付时：

借：应付股利　　　　　　　　　　　　　　　　　　　　　　　234 000

　　贷：应交税费——应交个人所得税（红利所得）　　　　　　　234 000

孙某每年支付的固定费用、油耗及维修保养费＝6＋6＝12（万元）

孙某每年工资薪金所得应纳个人所得税＝[（20 000－3 500）×25％－1 005]×12÷10 000＝3.744（万元）

方案二：甲公司以公司名义购车，仅将车辆的使用权交给孙某，由公司支付该车的固定费用、油耗及维修保养费。公司按照年限平均法计提折旧，同时降低孙某的工资12万元（相当于方案一每年支付的车辆固定费用、油耗及维修保养费总额）。则：

甲公司购置小汽车时可抵扣的增值税进项税额＝117÷（1＋17％）×17％＝17（万元）

甲公司每年对小汽车计提折旧费可抵减的企业所得税＝[117÷（1＋17％）]×（1－5％）÷20×25％＝1.19（万元）

甲公司每年小汽车的固定费用、油耗及维修保养费可抵减的企业所得税＝[6＋4÷（1＋17％）]×25％＝9.42×25％＝2.355（万元）

甲公司每年小汽车油耗及维修保养费可抵扣的增值税进项税额＝4÷（1＋17％）×17％＝0.58（万元）

孙某每年工资薪金所得应纳个人所得税＝[（20 000－120 000÷12－3 500）×20％－555]×12÷10 000＝0.894（万元）

➤ 任务完成结论

由以上计算可以看出，方案二比方案一使得孙某少缴纳个人所得税26.25（23.4＋3.744－0.894）万元；甲公司每年少缴纳企业所得税3.545（1.19＋2.355）万元，每年少缴纳增值税17.58[0－（－17）－（－0.58）]万元，无论对公司还是个人均有利，因此应当选择方案二。

<h2 style="text-align:center">业 务 技 能 自 测</h2>

一、单选题

1. 根据《个人所得税法》的规定，在中国境内无住所但取得所得的下列外籍个人中，属于居民纳税人的是（　　）。

A. M 国甲，在华工作 6 个月

B. N 国乙，2017 年 1 月 10 日入境，2017 年 10 月 10 日离境

C. X 国丙，2016 年 10 月 1 日入境，2017 年 12 月 31 日离境，其间临时离境 28 天

D. Y国丁,2016年3月1日入境,2017年3月1日离境,其间临时离境100天

2. 根据《个人所得税法》度的规定,下列所得中,应缴纳个人所得税的是(　　)。

A. 加班工资　　　　　　　　　　　B. 独生子女补贴

C. 差旅费津贴　　　　　　　　　　D. 国债利息收入

3. 2017年7月,甲公司职员钱某取得的下列收入中,应计入"工资、薪金所得"税目缴纳个人所得税的是(　　)。

A. 差旅费津贴200元　　　　　　　B. 劳动分红2 000元

C. 独生子女补贴3元　　　　　　　D. 误餐补助50元

4. 根据《个人所得税法》的规定,居民纳税人取得的下列所得中,应按"工资、薪金所得"税目计缴个人所得税的是(　　)。

A. 国债利息所得

B. 出租闲置住房取得的所得

C. 参加商场有奖销售活动中奖取得的所得

D. 单位全勤奖

5. 某外籍专家甲在中国境内无住所,于2017年2—11月受聘在华工作。该期间甲每月取得中国境内企业支付的工资人民币28 000元;另以实报实销形式取得住房补贴人民币5 000元。已知外籍人士个人工资薪金所得费用减除标准为4 800元/月,全月工资薪金应纳税所得额超过9 000～35 000元的部分,适用的个人所得税税率为25%,速算扣除数为1 005元。甲在中国期间每月应缴纳的个人所得税为(　　)元。

A. 1 750　　　　　B. 3 750　　　　　C. 4 795　　　　　D. 6 750

6. 2017年6月,张某从本单位取得基本工资4 000元,岗位津贴1 000元,季度奖金2 100元。已知工资薪金收入减除费用的标准为每月3 500元,全月应纳税所得额不超过1 500元的,适用税率为3%,全月应纳税所得额超过1 500～4 500元的部分,适用税率为10%,速算扣除数为105元。根据《个人所得税法》的规定,张某当月工资薪金所得应缴纳个人所得税额的下列计算中,正确的是(　　)。

A. (4 000＋1 000－3 500)×3%＝45(元)

B. (4 000－3 500)×3%＝15(元)

C. (4 000＋1 000＋2 100÷3－3 500)×10%－105＝115(元)

D. (4 000＋1 000＋2 100－3 500)×10%－105＝255(元)

7. 根据《个人所得税法》的规定,个人转让房屋所得应适用的税目是(　　)。

A. 财产转让所得　　　　　　　　　B. 特许权使用费所得

C. 偶然所得　　　　　　　　　　　D. 劳务报酬所得

8. 2017年10月,高校教师雷某取得一次性技术服务收入4 200元,支付交通费300元。已知劳务报酬所得个人所得税税率为20%,每次收入不超过4 000元的,减除费用800元;每次收入在4 000元以上的,减除20%的费用。雷某当月该笔收入应缴纳个人所得税税额的下列计算中,正确的是(　　)。

A. [(4 200－300)－800]×20%＝620(元)

B. 4 200×(1－20%)×20%＝672(元)

C. [4 200×(1－20%)－300]×20%＝612(元)

D. 4 200×(1－20%)×20%－300＝372(元)

9. 根据《个人所得税法》的有关规定,下列各项中,按照"稿酬所得"税目征收个人所得税的是(　　)。

A. 作品出版或者发表收入

B. 审稿收入

C. 设计收入

D. 讲课收入

10. 中国公民田某任职于国内甲企业,2017年出版著作一部并取得稿酬 20 000 元,当年添加印数而追加稿酬 3 000 元,田某所得稿酬收入应缴纳个人所得税的计算式为(　　)。

A. [20 000×(1－20%)＋(3 000－800)]×20%×(1－30%)＝2 548(元)

B. 20 000×(1－20%)×20%×(1－30%)＝2 240(元)

C. (20 000＋3 000)×(1－20%)×20%×(1－30%)＝2 576(元)

D. (20 000＋3 000)×(1－20%)×20%＝3 680(元)

11. 2017 年 7 月,王某出租住房取得租金收入 3 000 元(不含增值税),房屋租赁过程中缴纳的可扣除相关税费为 120 元,支付出租住房维修费 1 000 元,已知个人出租住房取得的所得按 10% 的税率征收个人所得税,每次收入不超过 4 000 元的,减除费用 800 元。王某当月出租住房应缴纳个人所得税税额的下列计算列式中,正确的是(　　)。

A. (3 000－120－1 000－800)×10%＝108 元(元)

B. (3 000－120－800)×10%＝208 元(元)

C. (3 000－120－1 000)×10%＝188 元(元)

D. (3 000－120－800－800)×10%＝128 元(元)

12. 根据《个人所得税法》的规定,下列关于"每次收入"确定的表述中,不正确的是(　　)。

A. 财产租赁所得,以 1 个月内取得的收入为一次

B. 特许权使用费所得,以 1 个月内取得的收入为一次

C. 劳务报酬所得属于同一事项连续取得收入的,以 1 个月内取得的收入为一次

D. 股息所得,以支付股息时取得的收入为一次

二、多选题

1. 根据《个人所得税法》的规定,下列纳税人中,以每月工资薪金收入减除费用4 800元后的余额为应纳税所得额来计算缴纳个人所得税的有(　　)。

A. 在境外任职并取得工资、薪金所得的中国公民

B. 在境内外商投资企业工作并取得工资薪金所得的中国公民

C. 在境内事业单位工作并取得工资、薪金所得的外籍专家

D. 在境内外国企业工作并取得工资、薪金所得的外籍人员

2. 根据《个人所得税法》的规定,下列收入中,按照"财产转让所得"税目征收个人所得税的有(　　)。

A. 取得的剧本使用费收入

B. 转让设备的收入

C. 转让股权的收入

D. 转让非专利技术的收入

3. 根据《个人所得税法》的规定,下列收入中,按照"劳务报酬所得"税目缴纳个人所得税的有(　　)。

    A. 提供商标权的使用权取得的收入   B. 技术服务收入

    C. 法律服务收入   D. 设计服务收入

4. 关于劳务报酬所得按"每次"取得收入计缴个人所得税的下列表述中,正确的有( )。

    A. 孙某用 3 个月时间为某网站提供设计服务,服务完成后一次取得报酬 18 000 元,孙某应将 18 000 元平均分配到 3 个月,以每月分配的金额 6 000 元作为一次收入计缴个人所得税

    B. 张某兼职为某企业授课,每月 4 次,每次报酬 1 000 元,张某应以 1 000 元作为一次收入计缴个人所得税

    C. 陈某用 2 个月时间为某公司翻译外国专著,翻译完成后一次取得报酬 5 000 元,陈某应将 5 000 元作为一次收入计缴个人所得税

    D. 王某为某夜场演唱,每月 8 次,每次报酬 800 元,王某应以当月报酬合计 6 400 元作为一次收入计缴个人所得税

5. 根据《个人所得税法》的规定,下列关于稿酬所得计征个人所得税的表述中,正确的有( )。

    A. 同一作品在报刊上连载取得收入的,以连载完成后取得的所有收入合并为一次,计征个人所得税

    B. 同一作品先在报刊上连载,然后再出版,应当将所有收入合并作为一次,计征个人所得税

    C. 同一作品出版、发表后,因添加印数而追加稿酬的,应与以前出版、发表时取得的稿酬合并为一次,计征个人所得税

    D. 同一作品在出版和发表时,以预付稿酬或者分次支付稿酬等形式取得的稿酬收入,应合并为一次,计征个人所得税

6. 根据《个人所得税法》的规定,下列个人所得中,应按"劳务报酬所得"税目征收个人所得税的有( )。

    A. 某大学教授从甲企业取得的咨询费

    B. 某公司高管从乙大学取得的讲课费

    C. 某设计院设计师从丙公司取得的设计费

    D. 某编剧从丁电视剧制作单位取得的剧本使用费

7. 根据《个人所得税法》的规定,下列各项中,暂免征收个人所得税的有( )。

    A. 外籍个人以现金形式取得的住房补贴

    B. 外籍个人从外商投资企业取得的股息、红利所得

    C. 个人转让自用 3 年,并且是唯一的家庭生活用房取得的所得

    D. 个人购买福利彩票,一次中奖收入 10 000 元

8. 根据《个人所得税法》的规定,个人发生的下列公益性捐赠支出中,准予税前全额扣除的有( )。

    A. 通过非营利社会团体向公益性青少年活动场所的捐赠

    B. 通过国家机关向贫困地区的捐赠

    C. 通过非营利社会团体向农村义务教育的捐赠

    D. 通过国家机关向红十字事业的捐赠

9. 根据《个人所得税法》的规定,下列各项中,不属于免征个人所得税的是(　　)。

A. 马某取得的保险赔款

B. 张某取得的加班补贴

C. 陈某取得的特许权经济赔偿收入

D. 王某获得的县级人民政府颁发的教育方面的奖金

10. 根据《个人所得税法》的规定,下列纳税人中,应在规定时间内到主管税务机关办理个人所得税申报的有(　　)。

A. 从中国境内两处取得工资、薪金所得的赵某

B. 从中国境外取得所得的王某

C. 从中国境内两处取得 1 万元稿酬的李某

D. 年所得 15 万元的张某

三、判断题

1. 个人独资企业和合伙企业不缴纳企业所得税,只对投资者个人或自然人合伙人取得的生产经营所得征收个人所得税。　　　　　　　　　　　　　　　　　　　　(　　)

2. 中国居民丁某在境外工作,只就来源于中国境外的所得征收个人所得税。　(　　)

3. 劳务报酬所得是指个人独立从事"雇佣"的各种劳务所取得的所得。即一般"兼职"所取得的所得。　　　　　　　　　　　　　　　　　　　　　　　　　　(　　)

4. 退休人员再任职取得的收入,免征个人所得税。　　　　　　　　　(　　)

5. 雇员取得除"全年一次性奖金"以外的其他各种名目奖金,如半年奖、季度奖、加班奖、先进奖、考勤奖等,一律将全部奖金与当月工资、薪金收入合并,计算征收个人所得税。(　　)

6. 个体工商户通过公益性社会团体或者县级以上人民政府及其部门,用于《公益事业捐赠法》规定的公益事业的捐赠,捐赠额不超过其应纳税所得额 12% 的部分可以据实扣除。

(　　)

7. 个人对企事业单位承包、承租经营后,工商登记改变为个体工商户的,取得的承包、承租经营所得,按个体工商户的生产、经营所得项目缴纳个人所得税。　　　　(　　)

8. 个人担任公司董事,且不在公司任职、受雇的,其担任董事职务所取得的董事费收入,按照"劳务报酬所得"税目缴纳个人所得税。　　　　　　　　　　　　　(　　)

9. 个人出版画作品取得的所得,应按"劳务报酬所得"税目计缴个人所得税。　(　　)

10. 个人取得的住房转租收入,应按"财产转让所得"税目征收个人所得税。　(　　)

项目六　其他税种的纳税筹划

任务一　熟悉关税的纳税筹划

➤ **任务达成目标**

1. 了解关税的相关法律政策、税率与计税依据，掌握关税应纳税额的计算；
2. 熟悉关税的纳税筹划方法；
3. 了解外汇汇率的标价方法。

➤ **核心技能**

能对进口商品（货物）进行纳税筹划。

➤ **任务思维导图**

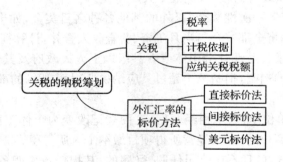

➤ **任务知识**

一、关税的基础知识

关税是指一国海关根据该国法律的规定，对通过其关境的进出口货物课征的一种税收。按照进出口商品流向分类，关税一般可以分为进口关税、出口关税、过境关税三类。我国对进出境货物征收的主要有进口关税和出口关税两类。

1985年3月7日，国务院发布了《中华人民共和国进出口关税条例》。1987年1月22日，第六届全国人民代表大会常务委员会第十九次会议通过《中华人民共和国海关法》，其中第五章为"关税"。2003年11月，国务院根据《海关法》重新修订并发布了《中华人民共和国进出口关税条例》。作为具体实施办法，《中华人民共和国海关进出口货物征税管理办法》已于2004年12月15日审议通过，自2005年3月1日起施行。《2017年关税调整方案》已经国务院关税税则委员会第七次全体会议审议通过，并报国务院批准，自2017年1月1日起实施。

通常的关税纳税方式是由接受按进(出)口货物正式进(出)口的通关手续申报的海关逐票计算应征关税并填发关税缴款书,由纳税人凭以向海关或指定的银行办理税款交付或转账入库手续后,海关(凭银行回执联)办理结关放行手续。征税手续在前,结关放行手续在后,有利于税款及时入库,防止拖欠税款。

二、关税税率

根据新的《关税条例》的规定,我国进口关税的法定税率包括最惠国税率、协定税率、特惠税率和普通税率。

1. 最惠国税率

最惠国税率适用原产于与我国共同适用最惠国待遇条款的世界贸易组织成员国或地区的进口货物;或原产于与我国签定有相互给予最惠国待遇条款的双边贸易协定的国家或地区的进口货物;以及原产于中华人民共和国境内的进口货物。

2. 协定税率

协定税率适用原产于与我国签订有含关税优惠条款的区域性贸易协定的有关缔约方的进口货物。

3. 特惠税率

特惠税率适用原产于与我国签订有特殊优惠关税协定的国家或地区的进口货物。

4. 普通税率

普通税率适用原产于上述国家或地区以外的国家和地区的进口货物;或者原产地不明的国家或者地区的进口货物。

三、关税的计税依据

我国对进出口货物征收关税,主要采取从价计征的办法,以商品价格为标准征收关税。因此,关税主要以进出口货物的完税价格为计税依据。

1. 进口货物的完税价格

一般贸易项下进口的货物以海关审定的成交价格作为基础的到岸价格作为完税价格。

(1) 在货物成交过程中,进口人在成交价格外另支付给卖方的佣金,应计入成交价格,而向境外采购代理人支付的买方佣金则不能列入,如已包括在成交价格中应予以扣除。

(2) 卖方付给进口人的正常回扣,应从成交价格中扣除。

(3) 卖方违反合同规定延期交货的罚款,卖方在货价中冲减时,罚款则不能从成交价格中扣除。

(4) 到岸价格是指包括货价以及货物运抵我国关境内输入地点起卸前的包装费、运费、保险费和其他劳务费等费用构成的一种价格。它还应包括为了在境内生产、制造、使用或出版、发行的目的而向境外支付的与该进口货物有关的专利、商标、著作权,以及专有技术、计算机软件和资料等费用。

(5) 为避免低报、瞒报价格偷逃关税,进口货物的到岸价格不能确定时,本着公正、合理原则,海关应当按照规定估定完税价格。

2. 出口货物的完税价格

出口货物应当以海关审定的货物售予境外的离岸价格,扣除出口关税后作为完税价格。

其计算公式为：

$$出口货物完税价格＝离岸价格÷（1＋出口税率）$$

（1）离岸价格应以该项货物运离关境前的最后一个口岸的离岸价格为实际离岸价格。

（2）若该项货物从内地起运，则从内地口岸至最后出境口岸所支付的国内段运输费用应予以扣除。

（3）离岸价格不包括装船以后发生的费用。出口货物在成交价格以外支付给国外的佣金应予以扣除，未单独列明的则不予扣除。

（4）出口货物在成交价格以外，买方还另行支付的货物包装费，应计入成交价格。

（5）当离岸价格不能确定时，完税价格由海关估定。

四、关税应纳税额的计算

1. 从价计税应纳税额

$$关税税额＝应税进（出）口货物的数量×单位完税价格×适用税率$$

2. 从量计税应纳税额

$$关税税额＝应税进（出）口货物的数量×单位货物税额$$

3. 复合计税应纳税额

$$关税税额＝应税进（出）口货物的数量×单位货物税额＋应税进（出）$$
$$口货物的数量×单位完税价格×适用税率$$

此外，实践中还有一种关税类型叫作滑准税，是指关税的税率随着进口商品价格的变动而反方向变动的一种税率形式，即价格越高，税率越低，税率为比例税率。因此，实行滑准税税率时，进口商品应纳关税税额的计算方法为：

$$关税税额＝应税进（出）口货物数量×单位完税价格×滑准税税率$$

五、外汇汇率的标价方法

货币外汇汇率是以另一国货币来表示本国货币的价格，其高低最终由外汇市场决定。折算两个国家的货币，要先确定用哪个国家的货币作为标准。由于确定的标准不同，存在着外汇汇率的两种标价方法。

（1）直接标价法又称为应付标价法，是以一定单位（1、100、1 000、10 000）的外国货币为标准来计算应付出多少单位本国货币。就相当于计算购买一定单位外币应付多少本币，所以叫作应付标价法。包括中国在内的世界上绝大多数国家目前都采用直接标价法。在国际外汇市场上，日元、瑞士法郎、加元等均为直接标价法，如在中国范围内人民币对美元的汇率表示为：USD100＝CNY689。

在直接标价法下，若一定单位的外币折合的本币数额多于前期，则说明外币币值上升或本币币值下跌，叫作外汇汇率上升；反之，如果用比原来少的本币即能兑换到同一数额的外币，这说明外币币值下跌或本币币值上升，叫作外汇汇率下跌，即外币的价值与汇率的涨跌成反比。

（2）间接标价法又称为应收标价法。它是以一定单位（如1个单位）的本国货币为标准，来计算应收若干单位的外国货币。在国际外汇市场上，欧元、英镑、澳元等均为间接标价法。如欧元对美元汇率为1.383 0，即1欧元兑1.383 0美元。如在中国范围内美元对人民币的汇率转变为间接标价法表示为：CNY100＝USD(10 000/689)＝USD14.51。

在间接标价法中，本国货币的数额保持不变，外国货币的数额随着本国货币币值的对比变化而变动。如果一定数额的本币能兑换的外币数额比前期少，这表明外币币值上升，本币币值下降，即外汇汇率上升；反之，如果一定数额的本币能兑换的外币数额比前期多，则说明外币币值下降，本币币值上升，也就是外汇汇率下跌，即外币的价值和汇率的升跌成反比。

此外，在国际外汇市场上还有一种标价方法——美元标价法，又称为纽约标价法，主要用于外汇市场上交易行情表。在美元标价法下，各国均以美元为基准来衡量各国货币的价值（即以一定单位的美元为标准来计算应该汇兑多少他国货币的表示方法），而非美元外汇买卖时，根据各自对美元的比率套算出买、卖双方货币的汇价。这里应注意的是，除英镑、欧元、澳元和纽币外，美元标价法基本已在国际外汇市场上通行。

其特点是所有外汇市场上交易的货币都对美元报价，除英镑等极少数货币外，对一般货币均采用以美元为外币的直接标价。

➤ 任务导入

美国和日本的企业都发明了一种特殊的用于钢结构产品生产的全自动机器设备，且市场上没有确定的市场价格，我国的甲企业想进口这种设备，预计这种设备未来的价格将达到500万美元，远远高于现在市场上类似设备的价格260万美元。

（1）如从美国进口，甲企业以180万美元的价格成交。该设备运抵我国入关前发生的运费和保险费为20万美元，另外应支付由买方负担的经纪费1.4万美元，包装材料和包装劳务费6.2万美元，特许权使用费5.9万美元，与该设备有关的境外开发设计费4.3万美元。

（2）如从日本进口，甲企业以18 000万日元的价格成交。该设备运抵我国入关前发生的运费和保险费为2 300万日元，另外应支付由买方负担的经纪费150万日元，包装材料和包装劳务费700万日元，特许权使用费500万日元，与该设备有关的境外设计开发费600万日元。

（3）如果甲企业是美国（或日本）企业在中国设立的自己的设备组装兼销售公司，甲企业将原来进口整台设备改为进口散装设备零部件。

全套零部件的境外成交价格折合人民币为1 100万元，其他费用折合为人民币后分别为：为该设备运抵我国入关前发生的运费和保险费为90万元，另外应支付由买方负担的经纪费10万元，包装材料和包装劳务费55万元，特许权使用费35万元，与该设备有关的境外开发设计费40万元。

已知零部件的关税税率为15％，整台设备的关税税率为20％。

请对甲企业的上述业务进行纳税筹划。

➤ 任务实施

一、熟悉关税的计税原理并设计纳税筹划思路

一般贸易项下进口的货物以海关审定的"成交价格"为基础的"到岸价格"作为完税价格，按照从价计税的方式计税。

$$应纳关税税额＝应税进口货物的完税价格×税率$$

　　纳税人进口货物时,应当选择同类货物中成交价格比较低或者运输、保险费等相对较低的货物,以降低关税价格,从而降低进口关税。根据以上任务,我们不妨提出以下方案:

　　方案一:从美国进口。

　　方案二:从日本进口。

　　方案三:从日本进口,甲企业以150万美元作为完税价格申报。

　　方案四:进口零部件,自己组装加工。

二、假定不考虑进口环节的其他税费,计算不同方案下的应纳关税税额

　　方案一:从美国进口,假设海关填发税款缴款书之日的外汇牌价为:

　　USD＄100＝CNY￥688.45(买入价)

　　USD＄100＝CNY￥691.21(卖出价)

　　则关税税款计算如下:

　　(1)审核申报价格,符合"成交价格"条件,查询税号,确定税率;

　　(2)根据填发缴款书当日的人民币外汇牌价,将进口货物折算成人民币。

　　当天的美元外汇汇价为:外汇的买卖中间价＝USD＄100＝CNY￥(688.45＋691.21)÷2＝CNY￥689.83,即1美元＝6.898 3元人民币。

　　关税完税价格＝(180＋20＋1.4＋6.2＋5.9)×6.898 3＝1 472.79(万元人民币)

　　应纳关税＝1 472.79×20％＝294.56(万元人民币)

　　方案二:从日本进口,假设海关填发税款缴款书之日的外汇牌价为:

　　JPY￥100＝CNY￥6.092 7(买入价)

　　JPY￥100＝CNY￥6.135 4(卖出价)

　　则关税税款计算如下:

　　(1)审核申报价格,符合"成交价格"条件,查询税号,确定税率;

　　(2)根据填发缴款书当日的人民币外汇牌价,将进口货物折算成人民币。

　　当天的日元外汇汇价为:外汇的买卖中间价＝JPY￥100＝CNY￥(6.092 7＋6.135 4)÷2＝CNY￥6.114 1,即100日元＝6.114 1元人民币。

　　如从日本进口,甲企业以18 000万日元的价格成交。该设备运抵我国入关前发生的运费和保险费为2 300万日元,另外支付由买方负担的经纪费150万日元,包装材料和包装劳务费700万日元,特许权使用费500万日元,与该设备有关的境外设计开发费600万日元。则:

　　关税完税价格＝(18 000＋2 300＋150＋700＋500＋600)×6.114 1÷100＝1 360.39(万元人民币)

　　应纳关税＝1 360.39×20％＝272.08(万元人民币)

　　方案三:从日本进口,但以150万美元为基础估算完税价格并作为申报价格。

　　由于类似设备的市场价格仅为150万美元,海关一般会认为以150万美元为基础估算的完税价格是合理的。假设海关填发税款缴款书之日的外汇牌价与方案一相同,即1美元＝6.898 3元人民币。其他成交条件也不变,则:

　　关税完税价格＝(150＋20＋1.4＋6.2＋5.9)×6.898 3＝1 265.84(万元人民币)

　　应纳关税＝1 265.84×20％＝253.17(万元人民币)

　　方案四:进口零部件,自己组装加工。则:

应纳关税＝(1 100＋90＋10＋55＋35＋40)×15％＝199.5(万元)

各方案应纳关税税额的分析比较见下表 6-1：

表 6-1　各方案应纳关税税额的分析比较　　　　　　　　　　　　　　　万元

方案 关税	方案一	方案二	方案三	方案四
关税税额	294.56	272.08	253.17	199.50

由此看出,方案二与方案一相比,少缴纳关税 22.48(294.56－272.08)万元;方案四缴纳关税最少,但有一定的前提条件,即甲企业可以组装加工成产成品,且花的成本费用要比节省的税收少。方案三缴纳的关税虽然少于方案一和方案二,但这种方法属于典型的避税筹划方案,且有被海关进行纳税调整或处罚的可能,最好不要选用。实践中,若企业进口货物,不能仅考虑关税税负,还应考虑货物质量、售后服务等因素。因此,综合考虑后,方案二是最优方案。

➤ 任务完成结论

关税纳税人一般可以选择进口同类货物中成交价格较低,或运输、保险费用较低的货物,或者当产品没有确定的市场价格时,可以选择类似产品的市场价格进行申报,以降低完税价格,但要注意估定风险。如果条件允许,原材料和零部件的关税税率比产成品的低,可优先选择进口原材料和零部件,然后自己加工成产成品,但要注意自己的组装成本。

任务二　熟悉车辆购置税的纳税筹划

➤ 任务达成目标

1. 能恰当选择汽车经销商的增值税纳税人身份进行纳税筹划;
2. 会降低车辆购置税的计税依据进行纳税筹划;
3. 尽量将进口车的工具件和零部件单独报关。

➤ 核心技能

会对车辆购置税进行纳税筹划。

➤ 任务思维导图

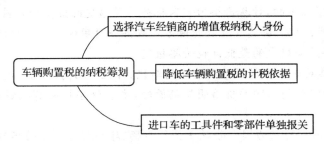

➢ 任务知识

车辆购置税是对在中国境内购置规定车辆的单位和个人征收的一种税,就其性质而言,属于直接税的范畴。2000 年 10 月 22 日,国务院颁布了《中华人民共和国车辆购置税暂行条例》(中华人民共和国国务院令第 294 号),从 2001 年 1 月 1 日起施行车辆购置税。凡在我国境内购置规定的车辆(以下简称应税车辆)的单位和个人征收车辆购置税。

2015 年 2 月 1 日起施行的《车辆购置税征收管理办法》(国家税务总局令第 33 号)第四条规定,"车辆购置税实行一车一申报制度";第五条规定,"纳税人购买自用应税车辆的,应自购买之日起 60 日内申报纳税;进口自用应税车辆的,应自进口之日起 60 日内申报纳税;自产、受赠、获奖或者以其他方式取得并自用应税车辆的,应自取得之日起 60 日内申报纳税";第六条规定,"免税车辆因转让、改变用途等原因,其免税条件消失的,纳税人应在免税条件消失之日起 60 日内到主管税务机关重新申报纳税。免税车辆发生转让,但仍属于免税范围的,受让方应当自购买或取得车辆之日起 60 日内到主管税务机关重新申报免税"。

➢ 任务导入-1

李某欲购买一辆轿车自用,现有两个汽车经销商可供选择:一是作为小规模纳税人的车辆经销商甲公司,车款为 154 500 元(含增值税);二是作为一般纳税人的车辆经销商乙公司,车款也为 154 500 元(含增值税)。

请对李某的购车行为进行纳税筹划。

➢ 任务实施-1

一、熟悉车辆购置税的计税依据并设计纳税筹划思路

依据《车辆购置税征收管理办法》第九条的规定:

车辆购置税计税价格按照以下情形确定:

(一)纳税人购买自用的应税车辆,计税价格为纳税人购买应税车辆而支付给销售者的全部价款和价外费用,不包含增值税税款。

(二)纳税人进口自用的应税车辆:

计税价格＝关税完税价格＋关税＋消费税

(三)纳税人购买自用或者进口自用应税车辆,申报的计税价格低于同类型应税车辆的最低计税价格,又无正当理由的,计税价格为国家税务总局核定的最低计税价格。

(四)纳税人自产、受赠、获奖或者以其他方式取得并自用的应税车辆的计税价格,主管税务机关参照国家税务总局规定的最低计税价格核定。

(五)国家税务总局未核定最低计税价格的车辆,计税价格为纳税人提供的有效价格证明注明的价格。有效价格证明注明的价格明显偏低的,主管税务机关有权核定应税车辆的计税价格。

(六)进口旧车、因不可抗力因素导致受损的车辆、库存超过 3 年的车辆、行驶 8 万公里以上的试验车辆、国家税务总局规定的其他车辆,计税价格为纳税人提供的有效价格证明注明的

价格。纳税人无法提供车辆有效价格证明的,主管税务机关有权核定应税车辆的计税价格。

(七)免税条件消失的车辆,自初次办理纳税申报之日起,使用年限未满 10 年的,计税价格以免税车辆初次办理纳税申报时确定的计税价格为基准,每满 1 年扣减 10%;未满 1 年的,计税价格为免税车辆的原计税价格;使用年限 10 年(含)以上的,计税价格为 0。

2006 年 12 月 1 日起执行的《国家税务总局关于确定车辆购置税计税依据的通知》(国税函〔2006〕1139 号)规定,对车辆经销商为消费者开具的机动车销售统一发票,凡经销商不能提供增值税一般纳税人证明的,对车辆购置税的纳税人一律按 3% 的征收率换算车辆购置税计税依据;对经销商能提供增值税一般纳税人证明的,对车辆购置税的纳税人按 17% 的增值税税率换算车辆购置税计税依据。主管税务机关在计征车辆购置税确定计税依据时,计算车辆不含增值税价格的计算方法与增值税相同,即:

$$不含税价=(全部价款+价外费用)÷(1+增值税税率或征收率)$$

因此,在车辆购置价格相同的情况下,消费者应尽量从作为一般纳税人的车辆经销商处购买,以降低车辆购置税税负。

二、计算不同方案下的应纳车辆购置税税额

方案一:从小规模纳税人甲公司处购买。则:

车辆购置税计税价格=154 500÷(1+3%)=150 000(元)

应纳车辆购置税=150 000×10%=15 000(元)

方案二:从一般纳税人乙公司处购买。则:

车辆购置税计税价格=154 500÷(1+17%)=132 051.28(元)

应纳车辆购置税=132 051.28×10%=13 205.13(元)

➤ 任务完成结论-1

由以上计算可知,方案二比方案一少缴纳车辆购置税 1 794.87(15 000－13 205.13)元,从税负的角度来考虑,应当选择方案二。当然选择车辆经销商的增值税纳税人身份,不能单纯地以车辆购置税的税负大小为标准,还应考虑售后服务、企业形象等各方面因素。

➤ 任务导入-2

甲公司从乙汽车销售公司(增值税一般纳税人)购买一辆商务轿车自用,支付车款 369 900元(含增值税)。另外,支付临时牌照费 500 元,随车购买工具用具 5 000 元,代收保险金 1 200元,车辆装饰费 20 000 元。各项款项均由乙公司开具发票。

请对甲公司的上述业务进行纳税筹划。

➤ 任务实施-2

一、熟悉车辆购置税的计税原理并设计纳税筹划思路

《车辆购置税暂行条例》第六条规定:

车辆购置税的计税价格根据不同情况,按照下列规定确定:

(一)纳税人购买自用的应税车辆的计税价格,为纳税人购买应税车辆而支付给销售者的全部价款和价外费用,不包括增值税税款。

(二)纳税人进口自用的应税车辆的计税价格的计算公式为:

计税价格=关税完税价格+关税+消费税

(三)纳税人自产、受赠、获奖或者以其他方式取得并自用的应税车辆的计税价格,由主管税务机关参照本条例第七条规定的最低计税价格核定。

对于价外费用,《车辆购置税征收管理办法》第十条明确规定:"价外费用是指销售方价外向购买方收取的基金、集资费、违约金(延期付款利息)和手续费、包装费、储存费、优质费、运输装卸费、保管费以及其他各种性质的价外收费,但不包括销售方代办保险等而向购买方收取的保险费,以及向购买方收取的代购买方缴纳的车辆购置税、车辆牌照费。"因此,纳税人应尽量将各项费用由有关单位(企业)另行开具票据,避免将价外费用并入计税价格。

二、计算不同方案下的应纳车辆购置税税额

方案一:各项款项均由乙公司开具发票。则:

车辆购置税计税价格=(369 900+500+1 200+5 000+2 000)÷(1+17%)=323 589.74(元)

应纳车辆购置税=323 589.74×10%=32 358.97(元)

方案二:各项费用由相关单位另行开具发票。则:

车辆购置税计税价格=369 900÷(1+17%)=316 153.85(元)

应纳车辆购置税=316 153.85×10%=31 615.38(元)

➤ 任务完成结论-2

由以上计算可知,方案二比方案一少缴纳车辆购置税 743.59(32 358.97-31 615.38)元。因此购车时,若将各项费用由相关单位另行开具发票,可降低车辆购置税的计税依据,从而减轻车辆购置税税负。但对于增值税一般纳税人来说,不仅要考虑车辆购置税应纳税额,还应考虑进项税额抵扣的问题。因为车辆不含增值税价格的计算方法与增值税的计税依据相同。

➤ 任务导入-3

某商贸物流有限公司主要从事果品采购、分拣、分销等业务,随着市场销售规模的扩大,现准备添置 20 辆运输车辆,这些运输工具主要在农村使用,而且不需要太高的车速。该公司有以下两种购置方案可供选择:

方案一:购买某种四轮载货车,单价 50 000 元(含增值税);

方案二:购买农用三轮车,单价为 40 000 元(含增值税)。

假设销售方适用增值税税率为 17%。

请对该公司的上述业务进行纳税筹划。

➤ 任务实施-3

一、熟悉车辆购置税的税收优惠政策并设计纳税筹划思路

现行《车辆购置税暂行条例》第九条规定:"车辆购置税的免税、减税,按照下列规定执行:(一)外国驻华使馆、领事馆和国际组织驻华机构及其外交人员自用的车辆,免税;(二)中国人民解放军和中国人民武装警察部队列入军队武器装备订货计划的车辆,免税;(三)设有固定装置的非运输车辆,免税;(四)有国务院规定予以免税或者减税的其他情形的,按照规定免税或者减税。"

第二条规定:"车辆购置税的征税、免税、减税范围按照车辆购置税条例的规定执行。"

根据财政部、国家税务总局《关于农用三轮车免征车辆购置税的通知》(财税〔2004〕66号)的规定,自2004年10月1日起对农用三轮车免征车辆购置税。这里所说的农用三轮车是指柴油发动机,功率不大于7.4 kW,载重量不大于500 kg,最高车速不大于40 km/h的三个车轮的机动车。

商贸物流企业购置运输工具需要缴纳车辆购置税。如果物流业务多发生在农村,在农用三轮车与其他车辆的运输能力大体相当的情况下,就可以考虑购置农用三轮车作为运输工具,利用我国对部分农用车辆的优惠政策进行纳税筹划。

二、计算不同方案下的应纳车辆购置税税额

方案一:购买某种四轮载货车,单价50 000元(含增值税),则:

应纳车辆购置税=50 000×20÷(1+17%)×10%=85 470.09(元)

方案二:购买农用三轮车,单价为40 000元(含增值税),则:

根据财税〔2004〕66号文件的规定,农用三轮车不需要缴纳车辆购置税。应纳车辆购置税为0。

➤ 任务完成结论-3

由以上计算可知,方案二比方案一少缴纳车辆购置税85 470.09(85 470.09－0)元。相当于能多购置2辆农用三轮车。在不影响企业正常生产经营活动的前提下,纳税人选择购置农用三轮车,不仅节省了购车费用,而且可以享受到免征车辆购置税的税收优惠。当然,车辆购置税的纳税人在进行纳税筹划决策时,不仅要考虑现行的相关税法条例,还要随时关注国家的税制改革动向,如国家税务总局公布从2016年8月1日起施行的《关于设有固定装置非运输车辆免征车辆购置税有关事项的公告》(国家税务总局公告2016年第43号)就对设有固定装置非运输车辆免征车辆购置税进行了规定。只有这样,才能在最大限度上降低企业的税收负担,防范涉税风险,实现税后利益的最大化。

➤ 任务导入-4

甲公司从德国进口一辆奔驰S级轿车自用,报关进口时,海关核定的完税价格为150万元(包含随同报关的工具件、零部件20万元),消费税税率为25%,增值税税率为17%。假设进口小轿车整车的关税税率为25%,进口零部件的关税税率为10%。

请对其进行纳税筹划。

➢ **任务实施- 4**

一、熟悉关税、消费税、车辆购置税的计税原理并设计纳税筹划思路

我国对于进口汽车主要征收的税种包括三大类,分别是关税、增值税、消费税。根据现行《税法》的有关规定,进口小轿车整车适用关税税率相对较高,而进口零部件所适用的税率则较低。

因此,纳税人进口小轿车报关时,应尽量将进口车的工具件和零部件单独报关进口,以降低车辆购置税的组成计税价格,进而减轻车辆购置税税负。

另外,值得关注的是,根据财政部、国家税务总局《关于对超豪华小汽车加征消费税有关事项的通知》(财税〔2016〕129 号)的规定,自 2016 年 12 月 1 日起,我国对超豪华小汽车在零售环节加征 10% 的消费税。所谓的超豪华小汽车,是指每辆零售价格在 130 万元及以上的乘用车和中轻型商用客车。该通知明确,将超豪华小汽车销售给消费者的单位和个人为超豪华小汽车零售环节纳税人。

二、计算不同方案下的应纳车辆购置税税额

方案一:该公司报关进口奔驰 S 级轿车整车,则:

应纳关税＝150×25%＝37.5(万元)

组成计税价格＝(150＋37.5)÷(1－5%)＝197.37(万元)

进口环节应纳消费税＝197.37×25%＝49.34(万元)

进口环节应纳增值税＝197.37×17%＝33.55(万元)

应纳车辆购置税＝197.37×10%＝19.74(万元)

进口环节应纳税额合计＝37.5＋49.34＋33.55＋19.74＝140.13(万元)

方案二:该公司进口奔驰 S 级轿车报关时,将轿车的工具件和零部件 20 万元单独报关。则:

应纳关税＝(150－20)×25%＋20×10%＝34.5(万元)

组成计税价格＝(150＋34.5)÷(1－5%)＝194.21(万元)

进口环节应纳消费税＝194.21×25%＝48.55(万元)

进口环节应纳增值税＝194.21×17%＝33.02(万元)

应纳车辆购置税＝194.21×10%＝19.42(万元)

进口环节应纳税额合计＝34.5＋48.55＋33.02＋19.42＝135.49(万元)

➢ **任务完成结论- 4**

由以上计算可知,方案二比方案一少缴纳税款 4.64(140.13－135.49)万元,其中少缴纳车辆购置税 0.32(19.74－19.42)万元。纳税人将进口车的工具件和零部件单独报关,不仅可以节省车辆购置税,同时还可以少缴纳关税、消费税及增值税,从而大大降低了购车单位的整体税负。

旧版　　　　　新版

任务三　熟悉车船税的纳税筹划

➤ 任务达成目标

1. 熟悉车船税的相关法律政策、计税依据与税率；
2. 掌握车船税的纳税筹划方法。

➤ 核心技能

会对车船税进行纳税筹划。

➤ 任务思维导图

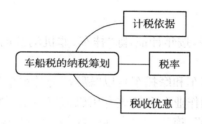

➤ 任务知识

车船税是指对在我国境内应依法到公安、交通、农业、渔业、军事等管理部门办理登记的车辆、船舶，根据其种类，按照规定的计税依据和年税额标准计算征收的一种财产税。我国对车船课税历史悠久。早在公元前 129 年(汉武帝元光六年)，我国就开征了算商车。明清时，曾对内河商船征收船钞。从 2007 年 7 月 1 日开始，有车族需要在投保交强险时缴纳车船税。现行的《中华人民共和国车船税法》是由第十一届全国人民代表大会常务委员会第十九次会议于 2011 年 2 月 25 日通过，自 2012 年 1 月 1 日起施行。根据 2016 年 5 月 1 日起施行的《国家税务总局关于保险机构代收车船税开具增值税发票问题的公告》(国家税务总局公告 2016 年第 51 号)的规定："保险机构作为车船税扣缴义务人，在代收车船税并开具增值税发票时，应在增值税发票备注栏中注明代收车船税税款信息。具体包括：保险单号、税款所属期(详细至月)、代收车船税金额、滞纳金金额、金额合计等。该增值税发票可作为纳税人缴纳车船税及滞纳金的会计核算原始凭证。"

全面试行营业税改征增值税后，根据 2016 年 12 月 3 日起施行的《财政部关于印发〈增值税会计处理规定〉(财会〔2016〕22 号)的通知》的规定："营业税金及附加"科目名称调整为"税金及附加"科目，该科目核算企业经营活动中发生的消费税、城市维护建设税、资源税、教育费附加及房产税、土地使用税、车船使用税、印花税等相关税费；利润表中的"营业税金及附加"项目调整为"税金及附加"项目。故车船税在实行全面"营改增"之后，就不在"管理费用"科目核算了，而是在"税金及附加"科目核算。其会计分录如下：

借：税金及附加——车船税

　　贷：银行存款

➤ 任务导入

甲企业(增值税一般纳税人)主要从事陆路、内河多式联运业务,本年度需要购置乘用汽车20辆,轮船1艘,现有以下两种方案可供选择:方案一:购买排气量为2.5升的乘用汽车和净吨位为2 000吨的船。方案二:购买排气量为2.8升的乘用汽车和净吨位为2 050吨的船。

已知:当地政府规定的车船税税目税额为:

2.5升的乘用车税额为720元/年,2.8升的乘用车税额为1 800元/年,净吨位2 000吨的船舶适用税额为4元/吨,净吨位2 050吨的船舶适用税额为5元/吨。

请对甲企业的上述业务进行纳税筹划。

➤ 任务实施

一、熟悉车船税的计税原理及税收优惠政策

1. 车船税的计税依据

现行车船税采用定额税率,按年计征,除"挂车、非机动驳船、拖船"减半征收外,一般车船的计税依据为:

(1) 载人(乘用车、商用客车和摩托车):以"辆数"为计税单位。

(2) 载货(商用货车、专用作业车和轮式专用机械车):以"整备质量吨位数"为计税单位。

(3) 机动船舶、非机动驳船、拖船:以"净吨位数"为计税单位。

(4) 游艇:以"艇身长度"为计税单位。

2. 车船税的税率

根据《车船税法》附车船税税目税额表,具体见下表6-2:

表6-2 车船税税目税额表

税 目		计税单位	年基准税额	备 注
乘用车按发动机汽缸容量(排气量)分档	1.0升(含)以下的	每辆	60元至360元	核定载客人数9人(含)以下
	1.0升以上至1.6升(含)的		300元至540元	
	1.6升以上至2.0升(含)的		360元至660元	
	2.0升以上至2.5升(含)的		660元至1 200元	
	2.5升以上至3.0升(含)的		1 200元至2 400元	
	3.0升以上至4.0升(含)的		2 400元至3 600元	
	4.0升以上的		3 600元至5 400元	
商用车	客车	每辆	480元至1 440元	核定载客人数9人以上,包括电车
	货车	整备质量每吨	16元至120元	包括半挂牵引车、三轮汽车和低速载货汽车等
挂车		整备质量每吨	按照货车税额的50%计算	

（续表）

税 目		计税单位	年基准税额	备 注
其他车辆	专项作业车	整备质量每吨	16 元至 120 元	不包括拖拉机
	轮式专用机械车		16 元至 120 元	
摩托车		每辆	36 元至 180 元	
船舶	机动船舶	净吨位每吨	3 元至 6 元	拖船、非机动驳船分别按照机动船舶税额的50%计算
	游艇	艇身长度每米	600 元至 2 000 元	

注：(1) 车辆的具体适用税额由省、自治区、直辖市人民政府依照本法所附《车船税税目税额表》规定的税额幅度和国务院的规定确定。

(2) 船舶的具体适用税额由国务院在《车船税法》法所附《车船税税目税额表》规定的税额幅度内确定。

不难看出，车船税的税率事实上属于一种全额累进的定额税率，即车船的适用等级越高（大），适用的单位税额也就越高（大）。故纳税人在购置车船时，可以利用税率临界点进行筹划。

3. 应纳税额的计算

（1）一般情形。

$$应纳税额＝辆数（整备质量吨位数、净吨位、艇身长度）×年基准税额$$

（2）购置的新车船。

$$应纳税额＝年基准税额÷12×应纳税月份数$$

应注意的是，车船税自纳税义务发生的"当月"起按月计算。

根据《车船税法》第三条的规定：

下列车船免征车船税：

（一）捕捞、养殖渔船；

（二）军队、武装警察部队专用的车船；

（三）警用车船；

（四）依照法律规定应当予以免税的外国驻华使领馆、国际组织驻华代表机构及其有关人员的车船。

另外，在车船税里面，对于农业用拖拉机和渔业用船舶是免征车船税的。纳税人如果有用于农业或渔业的车船，一定要注明用途，并与其他用途的车船分开，这样可以避免多缴车船税。

二、计算不同方案下的车船税应纳税额

方案一：购买排气量为 2.5 升的乘用汽车和净吨位为 2 000 吨的船，则：

甲企业应纳车船税＝720×20＋2 000×4＝14 400＋8 000＝22 400(元)

方案二:购买排气量为 2.8 升的乘用汽车和净吨位为 2 050 吨的船,则:

甲企业应纳车船税＝1 800×20＋2 050×5＝36 000＋10 250＝46 250(元)

➤ 任务完成结论

由以上计算可以看出,方案二比方案一使得甲公司少缴纳车船税 23 850(46 250－22 400)元,因此,从税负的角度来考虑,应当选择方案二。实践中,纳税人在不影响生产经营的情况下,购置排气量(净吨位)比较小(低)的车船,一方面,有利于节能环保;另一方面,可以降低企业税负,可谓一举两得。

任务四　熟悉契税的纳税筹划

➤ 任务达成目标

1. 会通过签订等价交换合同进行免纳契税的筹划。

2. 能通过签订分立合同从而降低契税的计税依据进行纳税筹划。

3. 会通过改变抵债不动产的接收人或减少涉税环节进行纳税筹划。

➤ 核心技能

会对契税进行纳税筹划。

➤ 任务思维导图

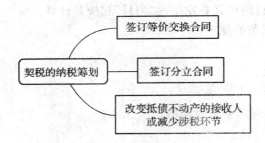

➤ 任务知识-1

契税是指国家在"土地、房屋""权属转移"时,按照当事人双方签订的合同(契约),以及所确定价格的一定比例,向权属"承受人"征收的一种税。即"谁买房,谁交契税"。契税的应纳税范围包括土地使用权出售、赠予和交换,房屋买卖,房屋赠予,房屋交换等。我国于 1997 年 7 月 7 日发布了《中华人民共和国契税暂行条例》(国务院第 224 号令),并于同年 10 月 1 日起开始实施。纳税人与房或地有关的应纳税种见图 6－1:

根据财政部、国家税务总局颁布,于 2016 年 5 月 1 日起执行的《关于"营改增"后契税、房产税、土地增值税、个人所得税计税依据问题的通知》(财税〔2016〕43 号)第一条的规定:"计征契税的成交价格不含增值税。"

契税是对房屋买卖、典当、赠予或交换而承受房屋所有权的一种税,属于资本性支出。值得注意的是,按照《企业所得税法》第二十八条第一款的规定:"企业发生的支出应当区分收益性支出和资本性支出。收益性支出在发生当期直接扣除;资本性支出应当分期扣除或者计入有关资产成本,不得在发生当期直接扣除。"因此,纳税人在购置房屋或土地使用权时发生的契税支出,应该计入相关资产成本,通过计提折旧方式逐期计入成本。

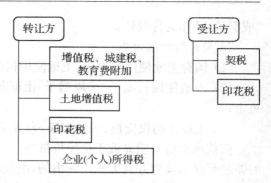

图 6-1 纳税人与房或地有关的应纳税种

关于契税的会计处理办法,财政部在 1998 年 10 月 14 日复财政部驻云南省财政监察专员办事处的函(财会字〔1998〕36 号)中明确规定如下:企业和事业单位取得土地使用权、房屋所有权按规定缴纳的契税,计入所取得土地使用权和房屋所有权的成本。企业缴纳的契税,借记"固定资产""无形资产"等科目;贷记"银行存款"科目。

➤ 任务导入-1

某市甲公司有一宗市值 1 800 万元的土地使用权,乙公司有一栋市值 1 600 万元的厂房,双方有进一步合作意向,现有以下三种方案可供选择:

方案一:甲公司将土地使用权转让给乙公司,乙公司将厂房转让给甲公司;

方案二:双方签订土地使用权与房屋所有权交换合同,由乙公司向甲公司支付差价 200 万元;

方案三:双方签订土地使用权与房屋所有权交换合同,乙公司事先按照甲公司意愿先对自己的厂房进行装修,装修费用为 200 万元。

假定当地契税税率规定为 4%,以上价格均不含增值税。

请根据以上业务对双方进行纳税筹划。

➤ 任务实施-1

一、熟悉契税的计税原理

1. 契税的征收范围

根据《契税暂行条例》的规定,契税的征收范围包括:

(1) 国有土地使用权出让;

(2) 土地使用权转让(不包括农村集体土地承包经营权的转移),包括出售、赠予和交换;

(3) 房屋买卖;

(4) 房屋赠予;

(5) 房屋交换。

国有土地使用权出让、土地使用权出售、房屋买卖,以

"成交价格"作为计税依据。

2. 契税的计税依据

(1) 国有土地使用权出让、土地使用权出售、房屋买卖,为成交价格;

(2) 土地使用权赠予、房屋赠予,由征收机关参照土地使用权出售、房屋买卖的市场价格核定;

(3) 土地使用权交换、房屋交换,为所交换的土地使用权、房屋的价格的差额。

前款成交价格明显低于市场价格并且无正当理由的,或者所交换土地使用权、房屋的价格的差额明显不合理并且无正当理由的,由征收机关参照市场价格核定。

根据 1997 年 10 月 1 日起施行的《中华人民共和国契税暂行条例细则》第十条的规定:"土地使用权交换、房屋交换,交换价格不相等的,由多交付货币、实物、无形资产或者其他经济利益的一方缴纳税款。交换价格相等的,免征契税。土地使用权与房屋所有权之间相互交换,按照前款征税。"所以当双房交换不等价的房屋时,如果能通过一定的手段降低双方交换房屋的差价,或者改变合同的订立方式,签订等价交换合同,就可以降低甚至免于缴纳契税。

二、计算不同方案下的契税应纳税额

方案一:甲公司将土地使用权转让给乙公司,乙公司将厂房转让给甲公司,则:

甲公司应纳契税＝1 600×4%＝64(万元)

乙公司应纳契税＝1 800×4%＝72(万元)

甲、乙双方应纳契税合计＝64+72＝136(万元)

方案二:双方签订土地使用权与房屋所有权交换合同,由乙公司向甲公司支付差价 200 万元,则:

甲公司应纳契税＝0

乙公司应纳契税＝200×4%＝72(万元)

甲、乙双方应纳契税合计＝0+72＝72(万元)

方案三:双方签订土地使用权与房屋所有权交换合同,乙公司事先按照甲公司意愿先对自己的厂房进行装修,装修费用为 200 万元。此时厂房的市值变为 1 800 万元,双方属于等价交换,因此不必缴纳契税。

➢ 任务完成结论-1

从以上方案分析不难看出,方案三通过改变合同的订立方式,使双方的交换价值相等,方案三缴纳契税最少,因此应当选择方案三。

➢ 任务导入-2

甲公司有一生产基地拟转让给乙公司经营,该生产基地有厂房一栋,占地 2 000 平方米,市值 800 万元(其中,厂房评估价格为 200 万元,2 000 平方米土地评估价格为 400 万元);另外该基地还有其他附属设施,评估价格为 200 万元。若乙公司按照整体评估价 800 万元购买,假定当地契税税率规定为 4%,以上价格均不含增值税。

请对乙公司上述业务的契税进行纳税筹划。

➤ 任务实施- 2

一、熟悉契税的计税原理并设计筹划思路

根据财政部、国家税务总局《关于房屋附属设施有关契税政策的批复》（财税〔2004〕126号）的规定："一、对于承受与房屋相关的附属设施（包括停车位、汽车库、自行车库、顶层阁楼以及储藏室，下同）所有权或土地使用权的行为，按照契税法律、法规的规定征收契税；对于不涉及土地使用权和房屋所有权转移变动的，不征收契税。二、采取分期付款方式购买房屋附属设施土地使用权、房屋所有权的，应按合同规定的总价款计征契税。三、承受的房屋附属设施权属如为单独计价的，按照当地确定的适用税率征收契税；如与房屋统一计价的，适用与房屋相同的契税税率。"因此，购入不动产时，凡不属于房屋的部分应分别核算。

按照上述规定，提出纳税筹划方案如下：

方案一：甲公司与乙公司签订一份销售合同，合同总价款为 800 万元。

方案二：甲公司与乙公司签订两份销售合同，第一份合同为销售生产厂房及占地 2 000 平方米土地使用权的合同，合同总价款为 600 万元；第二份合同为销售独立于房屋之外的附属设施的合同，合同总价款为 200 万元。

二、计算不同方案下的契税应纳税额

方案一：甲公司与乙公司签订一份销售合同。则：

乙公司应纳契税税额＝800×4％＝32（万元）

方案二：甲公司与乙公司签订两份销售合同，乙公司只就第一份购销合同缴纳契税，则：

乙公司应纳契税税额＝600×4％＝24（万元）

➤ 任务完成结论- 2

由以上计算可知，方案二比方案一少缴纳契税 8（32－24）万元，因此应当选择方案二。实践中，纳税人购置不动产时，凡不属于房屋的部分，一定要分别核算，从而控制契税的计税依据，进而节约契税支出。

➤ 任务导入- 3

甲公司现欠乙公司货款 300 万元，准备用公司名下市值为 300 万元的商品房进行偿还抵债。乙公司接受甲公司商品房抵债后又以 300 万元的价格转售给丙公司偿还所欠债务 300 万元，假定当地契税税率规定为 4％，以上价格均不含增值税。

请对上述业务进行纳税筹划。

➤ 任务实施- 3

一、熟悉契税的计税原理

根据《契税暂行条例》第一条的规定："在中华人民共和国境内转移土地、房屋权属，承受的单位和个人为契税的纳税人。"第八条规定：

土地、房屋权属以下列方式转移的,视同土地使用权转让、房屋买卖或者房屋赠予征税:

(一)以土地、房屋权属作价投资、入股;

(二)以土地、房屋权属抵债;

(三)以获奖方式承受土地、房屋权属;

(四)以预购方式或者预付集资建房款方式承受土地、房屋权属。

由于每发生一次土地、房屋权属转移,权属承受方就要缴纳一次契税,因此,若有可能,通过减少权属转移环节就可以达到减少契税税负的目的。

二、设计筹划思路

在本任务中,甲公司最终需要将抵债商品房转让给丙公司,甲公司抵债商品房在乙公司账面上只属于过渡性质,却需要多缴纳契税 12(300×4%)万元,在甲、乙、丙三方欠款均相等的情况下,若考虑签订三方偿还债务协议,约定由甲公司直接将抵债商品房转让给丙公司,由丙公司直接将 300 万元房款汇给甲公司,甲公司在收到丙公司房款后再转给乙公司用于偿还债务,乙公司在收到甲公司房款后再转给丙公司用于偿还债务。经过上述筹划后,三方欠款清欠完毕,且乙公司可享受免征契税优惠,节约契税支出 12 万元。

➤ 任务完成结论-3

实践中,有时受业务信赖度所限,甲、乙、丙三方纳税人进行综合避税的可能性不是很大,但这不失为一种解决之路。此外,在契税的纳税筹划中,还要注意与土地增值税的对接问题,并结合增值税与企业所得税的相关减免政策,综合考虑纳税人的税负支出,方能取得综合节税收益。

任务五　熟悉房产税的纳税筹划

➤ 任务达成目标

1. 能合理选择计征方式进行纳税筹划;
2. 会利用房产税的征税范围进行筹划;
3. 熟悉通过自用的地下建筑的转换进行避税的相关原理;
4. 能根据企业具体实际合理确定房产租金,进而进行纳税筹划;
5. 能根据企业具体实际合理选择投资方式进行房产税纳税筹划;
6. 能利用房产修理的税收优惠政策,创造条件进行纳税筹划。

➤ 核心技能

会对房产税进行纳税筹划。

➤ 任务思维导图

➤ 任务知识-1

房产税是以房产为征税对象,按照房产的计税价值或房产租金收入向房产所有人或经营管理人等征收的一种税。1986 年 9 月 15 日,国务院正式发布了《中华人民共和国房产税暂行条例》,从当年 10 月 1 日开始实施,2011 年 1 月 8 日,根据《国务院关于废止和修改部分行政法规的决定》进行了修订。

房产税有以下几个特点:

(1) 房产税属于财产税中的个别财产税,其征税对象只是房屋。

(2) 房产税的征税范围限于城镇的经营性房屋。对建在城市、县城、建制镇和工矿区的经营性房屋征税,对建在农村的房屋不管是否用于经营,都不征税。

(3) 区别房屋的经营使用方式规定征税办法。对于自用的按房产计税余值征收,税率 1.2%;对于出租、出典的房屋按租金收入征税,税率 12%,其中对个人出租住房,按 4% 的税率征收房产税。

房产税的这些特点提供了一定的纳税筹划空间。

➤ 任务导入-1

某市甲企业现有 5 栋闲置库房,房产原值为 3 000 万元,甲企业经研究提出以下两种利用方案:

方案一:将闲置库房出租收取租赁费,年租金收入为 300 万元;

方案二:配备保管人员将库房改为仓库,为客户提供仓储服务,收取仓储费,年仓储收入为 300 万元,但需每年支付给保管人员工资 3 万元。已知当地房产原值的扣除比例为 25%。

请对上述业务进行纳税筹划。

➤ 任务实施-1

一、熟悉房产税的计税原理并设计纳税筹划思路

《房产税暂行条例》规定,房产税的计税依据是房产的计税价值或房产的租金收入。根据财政部、国家税务总局颁布,于 2016 年 5 月 1 日起执行的《关于"营改增"后契税、房产税、土地增值税、个人所得税计税依据问题的通知》(财税〔2016〕43 号)第二条的规定:"房产出租的,计征房产税的租金收入不含增值税。"按照房产计税价值征税的,称为从价计征。从价计征的,房

产税的税率为 1.2%。其计算公式为：

$$应纳税额＝房产原值×（1－扣除比例）×1.2\%$$

按照房产租金收入计征的，称为从租计征。从租计征的，房产税的税率为 12%。其中对个人按市场价格出租的居民住房，房产税暂减按 4% 的税率征收。其计算公式为：

$$应纳税额＝租金收入（包括货币收入和实物收入）×12\%（或 4\%）$$

房屋是自用还是出租，不妨先计算确定一下从价计征与从租计征的临界点。

$$从价计征应纳房产税＝房产原值×（1－25\%）×1.2\%$$

$$从租计征应纳房产税＝租金×12\%$$

注：这里的扣除比例为 25%，租金为年租金。

按照国务院办公厅 2016 年 5 月 17 日发布的《关于加快培育和发展住房租赁市场的若干意见》（国办发〔2016〕39 号）的规定："对依法登记备案的住房租赁企业、机构和个人，给予税收优惠政策支持。落实营改增关于住房租赁的有关政策，对个人出租住房的，由按照 5% 的征收率减按 1.5% 计算缴纳增值税；对个人出租住房月收入不超过 3 万元的，2017 年年底之前可按规定享受免征增值税政策；对房地产中介机构提供住房租赁经纪代理服务，适用 6% 的增值税税率；对一般纳税人出租在实施'营改增'试点前取得的不动产，允许选择适用简易计税办法，按照 5% 的征收率计算缴纳增值税。对个人出租住房所得，减半征收个人所得税；对个人承租住房的租金支出，结合个人所得税改革，统筹研究有关费用扣除问题。"

假定，甲企业出租房屋时，同时要按照 5% 的征收率缴纳增值税、按照 7% 的税率缴纳城市维护建设税、按照 3% 的税率缴纳教育费附加、按照 2% 的税率缴纳地方教育费附加。则：

当从价计征和从租计征税负水平相等时：

$$房产原值×（1－25\%）×1.2\%＝租金×12\%＋租金×5\%×（1＋7\%＋3\%＋2\%）$$

可以得出纳税无差别平衡点如下：

租金/房产原值＝5.11%，即当租金/房产原值＜5.11% 时，房屋出租即从租计征房产税税负较轻；当租金/房产原值＞5.11% 时，房屋自用即从价计征房产税税负较轻。

二、计算不同方案下的房产税应纳税额

方案一：采用出租方案。则：

甲企业应纳房产税＝300×12%＝36（万元）

甲企业应纳增值税＝300×5%＝15（万元）

甲企业应缴纳城建税、教育费附加及地方教育费附加＝15×（7%＋3%＋2%）＝1.8（万元）

甲企业应纳税额合计＝36＋15＋1.8＝52.8（万元）

方案二：采用自用仓储方案。则：

甲企业应纳房产税＝3 000×（1－25%）×1.2%＝27（万元）

甲企业应纳增值税＝300×5%＝15（万元）

甲企业应缴纳城建税、教育费附加及地方教育费附加＝15×（7%＋3%＋2%）＝1.8（万元）

甲企业合计应纳税额＝27＋15＋1.8＝43.8（万元）

加上应支付给保管人员工资 3 万元,甲企业共支出 46.8(43.8＋3)万元。

> **任务完成结论-1**

由以上计算可知,方案二比方案一少支出 6(52.8－46.8)万元,因此应当选择方案二。事实上,从甲企业年租金 300÷房产原值＝10%＞5.11%的纳税无差别平衡点,我们也可以得出,房屋自用即从价计征房产税税负较轻。

> **任务知识-2**

根据《房产税暂行条例》第一条的规定:"房产税在城市、县城、建制镇和工矿区征收。"意味着,在这范围之外的房产(包括农村的房产)不用征收房产税。税法规定,房产税的征税对象是房屋。而独立于房屋之外的建筑物,如围墙、烟囱、水塔、菜窖、室外游泳池等也不属于房产税的征税对象。企业自用房产依照房产原值一次减除 10%～30%后的余值按 1.2%的税率计算缴纳。房产原值是指纳税人按照会计制度规定,在账簿"固定资产"科目中记载的房屋原价。因此,对于自用房产应纳房产税的筹划应当紧密围绕房产原值的会计核算进行,只要在会计核算中尽量把未纳入房产税征税范围的围墙、烟囱、水塔、变电塔、室外游泳池、池、窑、罐等建筑单独记账,就可把那些本不用缴纳的房产税省下来。

> **任务导入-2**

甲公司准备在某西部省份的某中等城市兴建工业园,工业园区计划除建造厂房、办公用房外,还包括厂区围墙、烟囱、水塔、变电塔、停车场、游泳池等建筑物,预计工程造价 4 亿元人民币,其中,厂房、办公用房(含地下车库)工程造价为 2.8 亿元,其他独立建筑附属设施造价为 1.2 亿元。假定该省规定房产税的扣除比例为 30%。

请对甲公司的上述业务进行纳税筹划。

> **任务实施-2**

一、熟悉房产税的特殊计税原理与税收政策并设计纳税筹划思路

根据财政部、国家税务总局 2005 年 12 月 23 日发布,于 2006 年 1 月 1 日起执行的《关于具备房屋功能的地下建筑征收房产税的通知》(财税〔2005〕181 号)对具备房屋功能的地下建筑的房产税政策明确规定:

一、凡在房产税征收范围内的具备房屋功能的地下建筑,包括与地上房屋相连的地下建筑以及完全建在地面以下的建筑、地下人防设施等,均应当依照有关规定征收房产税。上述具备房屋功能的地下建筑是指有屋面和维护结构,能够遮风避雨,可供人们在其中生产、经营、工作、学习、娱乐、居住或储藏物资的场所。

二、自用的地下建筑,按以下方式计税:

1. 工业用途房产,以房屋原价的 50%—60%作为应税房产原值。

应纳房产税的税额＝应税房产原值×[1－(10%～30%)]×1.2%

2. 商业和其他用途房产,以房屋原价的 70%—80%作为应税房产原值。

应纳房产税的税额＝应税房产原值×[1－(10％～30％)]×1.2％

房屋原价折算为应税房产原值的具体比例,由各省、自治区、直辖市和计划单列市财政和地方税务部门在上述幅度内自行确定。

3. 对于与地上房屋相连的地下建筑,如房屋的地下室、地下停车场、商场的地下部分等,应将地下部分与地上房屋视为一个整体按照地上房屋建筑的有关规定计算征收房产税。

三、出租的地下建筑,按照出租地上房屋建筑的有关规定计算征收房产税。

另外,根据财政部、海关总署、国家税务总局于 2011 年 7 月 27 日发布的《关于深入实施西部大开发战略有关税收政策问题的通知》(财税〔2011〕58 号)第二条的规定:"自 2011 年 1 月 1 日至 2020 年 12 月 31 日,对设在西部地区的鼓励类产业企业减按 15％的税率征收企业所得税。上述鼓励类产业企业是指以《西部地区鼓励类产业目录》中规定的产业项目为主营业务,且其主营业务收入占企业收入总额 70％以上的企业。《西部地区鼓励类产业目录》另行发布。"

二、计算不同方案下的房产税应纳税额

方案一:将这 4 亿元都作为房产原值,则甲公司从工业园建成后的次月起就应缴纳房产税。

甲公司每年需缴纳的房产税＝40 000×(1－30％)×1.2％＝336(万元)

方案二:公司经过筹划,把除厂房、办公用房(含地下车库)外的建筑设施,如停车场、游泳池等设施都建成露天的,并且把这些独立建筑物的造价同厂房、办公用房(含地下车库)的造价分开,单独核算,则这部分建筑物的造价不计入房产原值,不用缴纳房产税。这样,甲公司从工业园建成后的次月起应缴纳房产税。

甲公司每年缴纳的房产税＝28 000×(1－30％)×1.2％＝235.2(万元)

➤ 任务完成结论- 2

由以上计算可以看出,经过降低房产税的计税依据,甲公司今后缴纳房产税时,每年可以少缴纳房产税 100.8(336－235.2)万元,且该企业还能享受 15％的所得税税收优惠政策。但有些时候将停车场、游泳池等设施都建成露天的,受地域条件的限制,未必适合企业经营的需要。

➤ 任务知识- 3

按照《房产税暂行条例》的规定,房产税依照房产原值一次减除 10％～30％后的余值计算缴纳。在确定计税房产原值后,地下建筑的房产税计算方法与原计算方法一致。由于自用房产用途不同因而计税方式有异,可以通过转换地下建筑用途进行相应的纳税筹划而节税。

➤ 任务导入- 3

某省某单位有单独自用的 A、B 两处应税地下建筑设施,其中,A 设施现为工业用途房产,房产原值为 500 万元;B 设施现用于非工业用途房产,房产原值为 800 万元。同时,该省规定,房产税依照房产原值一次减除 30％后的余值计算缴纳;工业用途地下建筑房产可以原价的 60％作为应税房产原值;商业和其他用途地下建筑房产可以原价的 80％作为应税房产原值。假设上述两

处应税地下建筑设施均可以用于工业或非工业用途。

请对该单位的上述业务进行纳税筹划。

> **任务实施-3**

一、熟悉房产税地下建筑物的计税原理并设计纳税筹划思路

由于城市土地资源的稀缺性,越来越多的地下空间被利用,对于单独自用的地下建筑,财税〔2005〕181号文件已经做了明确规定。但要注意的是,不是所有的地下房屋在计算房产计税余值时都按财税〔2005〕181号文件第二条的规定,只是单独建造的地下房屋才按财税〔2005〕181号文件第二条规定计算房产计税余值,对于非独立的与地上房屋相连的地下房屋、建筑物,如房屋的地下室、地下停车场、商场的地下部分等,应将地下部分与地上房屋视为一个整体,按地上房屋计算房产计税余值的方法确定房产计税余值。且财税〔2005〕181号文件对征收房产税的"地下房屋"给出的概念比较笼统,在具体操作中什么样的地下建筑不属于"房屋",不征收房产税,还得依据《财政部国家税务总局关于房产税和车船使用税几个业务问题的解释与规定》(〔1987〕财税地字第3号)第一条关于"房产"的解释中第二款的规定,独立于房屋之外的建筑物,如围墙、烟囱、水塔、变电塔、油池油柜、酒窖菜窖、酒精池、糖蜜池、室外游泳池、玻璃暖房、砖瓦石灰窑以及各种油气罐等,不属于房产。

因此,纳税人可以通过将单独的地下设施用于工业或非工业用途的转换,来达到减轻税负的目的。

二、计算不同方案下的房产税应纳税额

方案一:若该单位维持现状,则:

工业用途房产每年应纳的房产税税额=$500 \times 60\% \times (1-30\%) \times 1.2\% = 2.52$(万元)

非工业用途房产每年应纳的房产税税额=$800 \times 80\% \times (1-30\%) \times 1.2\% = 5.376$(万元)

该单位应纳房产税合计=$2.52+5.376=7.896$(万元)

方案二:如果该单位进行纳税筹划,将B设施现用于工业用途房产,A设施改作非工业用途房产。则:

工业用途房产每年应纳的房产税税额=$800 \times 60\% \times (1-30\%) \times 1.2\% = 4.032$(万元)

非工业用途房产每年应纳的房产税税额=$500 \times 80\% \times (1-30\%) \times 1.2\% = 3.36$(万元)

该单位应纳房产税合计=$4.032+3.36=7.392$(万元)

> **任务完成结论-3**

由以上计算可以看出,方案二比方案一减少缴纳房产税0.504(7.896-7.392)万元。但是要注意的是,实践中,不能仅考虑房产税,有时工业用途房产与商业用途房产不能随意转换。

根据2002年7月1日国土资源部颁布实施的《招标拍卖挂牌出让国有土地使用权规定》(国土资源部令第11号)的规定,"商业、旅游、娱乐和商品住宅等各类经营性用地,必须以招标、拍卖或者挂牌方式出让"。

2003年8月1日施行的《协议出让国有土地使用权规定》(国土资源部令第21号)第十六条规定:

以协议出让方式取得国有土地使用权的土地使用者,需要将土地使用权出让合同约定的土地用途改变为商业、旅游、娱乐和商品住宅等经营性用途的,应当取得出让方和市、县人民政府城市规划部门的同意,签订土地使用权出让合同变更协议或者重新签订土地使用权出让合同,按变更后的土地用途,以变更时的土地市场价格补交相应的土地使用权出让金,并依法办理土地使用权变更登记手续。

出让土地申请改变用途等土地使用条件,经出让方和规划管理部门同意,原土地使用权人可以与市、县国土资源管理部门签订或重新签订《国有土地使用权出让合同》,调整国有土地使用权出让金,但法律、法规、规定等明确应当收回土地使用权重新公开出让的除外。

原土地使用权人应当按照国有土地使用权出让合同变更协议或重新签订的国有土地使用权出让合同约定,及时补缴土地使用权出让金额,并按规定办理土地登记。

调整国有土地使用权出让金额应当根据批准改变用途等土地使用条件时的土地市场价格水平,按下式确定:

应当补缴的土地出让金额=批准改变时的新土地使用条件下土地使用权市场价格-批准改变时原土地使用条件下剩余年期土地使用权市场价格。

所以,企业在具体的生产经营过程中,要综合考虑各种因素,才能做出合理决策。

➤ 任务知识-4

实践中,房地产租赁形式五花八门,纳税人若采用从租计征的方式出租房产,以租金收入为计税依据,适用税率为12%。由于税率较高,租金收入的变化对房产税的影响较大。企业或个人在与承租人签订租赁合同时,租金收入应避免包括物业管理费、水电费等;否则,纳税人将会加大税基,虚增计税依据,造成税负加重。因此,划分不同的费用项目是节税的关键。

➤ 任务导入-4

某市甲公司20×7年将一栋2年前建成的功能齐全的商业楼租赁给乙公司做写字楼用,乙公司每年支付给甲公司的租金为3 000万元(含增值税),其中包含水电费400万元,物业管理费及网络宽带费600万元。假定不考虑企业所得税及其他税费,该企业租赁收入适用增值税税率5%,城建税及教育费附加、地方教育费附加分别为7%、3%和2%。

请对甲公司的上述业务进行纳税筹划。

➤ 任务实施-4

一、熟悉房产税从租计征方式的纳税筹划思路

实践中,对于出租方的代收项目收入,应当与实际租金收入分账核算,分别签订合同,从而降低从租计征的计税依据,减少应纳税额。

二、计算不同方案下的房产税应纳税额

方案一:甲公司与乙公司签订租赁合同,租金总额3 000万元。则:
甲公司应纳增值税=3 000×5%=150(万元)

甲公司应纳城建税及教育费附加＝150×(7%＋3%＋2%)＝18(万元)

甲公司应纳房产税＝3 000×12%＝360(万元)

不考虑企业所得税及其他税费的情况,则:

甲公司应纳各项税费合计＝150＋18＋360＝528(万元)

方案二:若将水电费及物业管理费等从总租赁合同中分离出来单独签订合同,物业管理费由承租方与物业公司签订合同,水电费按照承租人实际耗用的数量和规定的价格标准结算并代收代缴,则这些费用都可以从租赁费中扣除,从而缩减税基(水电费及物管费涉及的其他税收此处忽略不计)。则:

甲公司应纳增值税＝(3 000－400－600)×5%＝100(万元)

甲公司应纳城建税及教育费附加＝100×(7%＋3%＋2%)＝12(万元)

甲公司应纳房产税＝(3 000－400－600)×12%＝240(万元)

不考虑企业所得税及其他税费的情况,则:

甲公司应纳各项税费合计＝100＋12＋240＝352(万元)

➤ 任务完成结论-4

由以上计算可以看出,方案一比方案二减少缴纳房产税120(360－240)万元,加上节约的增值税等流转税,甲公司全年节税176(528－352)万元,因此应当选择方案二。

另外,还有一种类似的情况,纳税人将房屋及相应的设施(如机器设备、办公家具、附属品等)一并出租,签订租赁合同时,若合并签订,则全部租金一起缴纳增值税及房产税;若分别签订两份合同,则设施的租金只缴纳5%的增值税,而不缴纳12%的房产税。

仍以之前的任务为例,甲公司与乙公司双方签订的协定内容修改为:甲公司将商业楼连同相应的设施租给乙公司,租金为3 600万元。若只订立一份租赁合同,则甲公司缴纳的税款如下:

甲公司应纳增值税＝3 600×5%＝180(万元)

甲公司应纳城建税及教育费附加＝180×(7%＋3%＋2%)＝21.6(万元)

甲公司应纳房产税＝3 600×12%＝432(万元)

不考虑企业所得税及其他税费的情况,则:

甲公司应纳各项税费合计＝180＋21.6＋432＝633.6(万元)

按照这个合同,附属的设施也缴纳了12%的房产税。

如果甲公司与乙公司协商,并进行纳税筹划,把之前的租赁合同分为商业楼租赁与附属设施租赁合同,商业楼租金为2 000万元(物业管理费由乙公司再跟物业公司签订合同,水电费按照乙公司实际耗用的水电费数量和规定的价格标准结算并代收代缴),附属设施租金为600万元,则甲公司应缴纳的税款如下:

甲公司应纳增值税＝2 600×5%＝130(万元)

甲公司应纳城建税及教育费附加＝130×(7%＋3%＋2%)＝15.6(万元)

甲公司应纳房产税＝2 000×12%＝240(万元)

不考虑企业所得税及其他税费的情况,则:

甲公司应纳各项税费合计＝130＋15.6＋240＝385.6(万元)

由以上计算可知,纳税筹划后甲公司可节税248(633.6－385.6)万元。

➤ 任务知识- 5

根据国家税务总局《关于安徽省若干房产税业务问题的批复》（国税函发〔1993〕368 号文）的规定，对投资联营的房产，在计征房产税时应区别对待。对于以房产投资联营，投资者参与投资利润分红、共担风险的，按房产余值作为计税基础计征房产税；对以房产投资，收取固定收入、不承担联营风险的，实际是以联营名义取得房产租金，应由出租方按租金收入计征房产税。

"营改增"后，对于以不动产、无形资产投资入股，参与接受投资方利润分配、共同承担投资风险的行为，应该按照销售征收增值税，同时接受投资方可以抵扣进项税额。其理由如下：

（1）以无形资产、不动产投资入股属于获得其他经济利益的行为，应该按照销售征收增值税。根据财政部、国家税务总局《关于全面推开营业税改征增值税试点的通知》（财税〔2016〕36 号）文件的规定，销售服务、无形资产或者不动产是指有偿提供服务、有偿转让无形资产或者不动产。有偿是指取得货币、货物或者其他经济利益。纳税人将不动产、无形资产投资入股换取股权行为，属于取得其他经济利益，属于有偿转让无形资产或者不动产，因此应该征收增值税。

（2）被投资方取得投资方投入的不动产、无形资产后，可以抵扣进项税额。财税〔2016〕36 号规定，适用一般计税方法的试点纳税人，2016 年 5 月 1 日后取得并在会计制度上按固定资产核算的不动产或者 2016 年 5 月 1 日后取得的不动产在建工程，其进项税额应自取得之日起分 2 年从销项税额中抵扣，第一年抵扣比例为 60％，第二年抵扣比例为 40％。取得不动产，包括以直接购买、接受捐赠、接受投资入股、自建以及抵债等各种形式取得不动产。也就是说，"取得不动产"包括投资方接受投资入股的方式，同理，投资方接受投资入股取得的无形资产也可以一次性抵扣进项税额。

➤ 任务导入- 5

甲公司位于市区，但由于设备落后，导致产品质量不高，出现滞销，20×7 年 4 月 1 日，该公司决定利用位置较好的厂房一栋（账面原值为 800 万元）用于投资联营，现有以下两套对外投资方案可供选择：

方案一：收取固定收入，不承担风险，当年取得的固定收入共计为 100 万元。

方案二：投资者参与投资利润分红，共担风险，当年取得的分红为 100 万元。

假设不考虑其他税费因素，当地房产原值减除比例为 30％。该企业出租房产适用 5％ 的增值税征收率，城市维护建设税税率为 7％，教育费附加征收率为 3％，地方教育费附加征收率为 2％。

请对甲公司的上述业务进行纳税筹划。

➤ 任务实施- 5

一、熟悉房产税投资方式的选择并设计纳税筹划思路

实践中，投资人对房地产投资联营一般有以下两种方式：

方式一：以房产投资联营，投资者参与投资利润分红、共担风险的，房产所有权已经转移给被投资方，由被投资方按照"房产余值"作为计税依据计征房产税。

方式二：以房产投资收取固定收入、不承担经营风险的，视同出租，房产所有权未发生转移，由投资方按照"租金收入"作为计税依据计征房产税。

以上两种投资方式下的房产税的计税依据和适用税率都是不同的。通过比较两种计税方式下房产税税负与其他税负合计额的大小,最终选择税负较低的方案。

二、计算不同方案下的房产税应纳税额

方案一:甲公司收取固定收入,不承担风险。则:

甲公司1—3月应纳房产税=800×(1−30%)÷12×3×1.2%=1.68(万元)

甲公司将原有房产用于生产经营,从生产经营之月起,缴纳房产税。则:

甲公司4—12月应纳房产税=100×12%=12(万元)

甲公司应纳增值税、城市维护建设税、教育费附加、地方教育费附加=100×5%×(1+7%+3%+2%)=5.6(万元)

假定不考虑其他税费因素,则:

甲公司20×7年全年应纳税费合计=1.68+12+5.6=19.28(万元)

方案二:甲公司以厂房作为投资,与其他企业合作,参与投资利润分红,共担风险。该厂房作为自用房,只需按照房产余值作为计税依据计征房产税,无须缴纳增值税、城建税、教育费附加、地方教育费附加。假定不考虑其他税费因素,则:

甲公司20×7年全年应纳税费即为房产税=800×(1−30%)×1.2%=6.72(万元)

➤ 任务完成结论- 5

由以上计算可以看出,方案二比方案一使得甲企业少缴纳税款12.56(19.28−6.72)万元。实践中,被投资者应考虑不同的房地产投资方式,其投资联营的风险及收益也会有差别,虽然投资者参与投资利润分红、共担风险的投资方式有可能会节省税负,但是不如收取固定的投资收益更为稳妥。故投资者应该综合考虑,做出合理的决策。

➤ 任务知识- 6

根据国家税务总局《关于房产税部分行政审批项目取消后加强后续管理工作的通知》(国税函〔2004〕839号)文件的规定:

一、纳税人因房屋大修导致连续停用半年以上的,在房屋大修期间免征房产税,免征税额由纳税人在申报缴纳房产税时自行计算扣除,并在申报表附表或备注栏中作相应说明。

二、纳税人房屋大修停用半年以上需要免征房产税的,应在房屋大修前向主管税务机关报送相关的证明材料,包括大修房屋的名称、坐落地点、产权证编号、房产原值、用途、房屋大修的原因、大修合同及大修的起止时间等信息和资料,以备税务机关查验。

根据国家税务总局《关于进一步明确房屋附属设备和配套设施计征房产税有关问题的通知》(国税发〔2005〕173号)的规定:

一、为了维持和增加房屋的使用功能或使房屋满足设计要求,凡以房屋为载体,不可随意移动的附属设备和配套设施,如给排水、采暖、消防、中央空调、电气及智能化楼宇设备等,无论在会计核算中是否单独记账与核算,都应计入房产原值,计征房产税。

二、对于更换房屋附属设备和配套设施的,在将其价值计入房产原值时,可扣减原来相应

设备和设施的价值；对附属设备和配套设施中易损坏、需要经常更换的零配件，更新后不再计入房产原值。

➤ 任务导入－6

甲公司于20×7年年底决定对已有的某栋厂房进行大修理，该厂房的账面价值是1 000万元，使用年限为20年，已使用15年，修理后可使该房产延长使用年限至10年。现有以下两个方案可供选择：

方案一：对房屋进行修理，自20×8年1月1日开始，所耗用的时间为5个月，领用生产用原材料200万元，进项税额为34万元，人工费26万元。

方案二：耗用相同的成本，自20×8年1月1日开始，所耗用的时间为7个月。假设当地房产原值减除比例为30%。

请对甲公司的上述业务进行纳税筹划。

➤ 任务实施－6

一、熟悉房产维修的税收优惠政策并设计纳税筹划思路

纳税人对房屋的修理，应提前向主管地税机关申请，报送相关的证明材料，尽量使房屋停用半年以上，这样可以获取大修理期间免征房产税的税收优惠。这里要注意的是，纳税人对原有房屋进行改建、扩建的，要相应增加房屋的原值。

二、计算不同方案下的房产税应纳税额

方案一：对房屋进行修理，自20×8年1月1日开始，所耗用的时间为5个月，则：

甲公司1—5月应纳房产税合计＝1 000×(1−30%)×1.2%÷12×5＝3.5(万元)

甲公司6—12月应纳房产税合计＝(1 000+200+34+26)×(1−30%)×1.2%÷12×7＝6.174(万元)

甲公司全年应纳房产税合计＝3.5+6.174＝9.674(万元)

方案二：对房屋进行修理，自20×8年1月1日开始，所耗用的时间为7个月，则：

甲公司1—7月免征房产税。

甲公司6—12月应纳房产税合计＝(1 000+200+34+26)×(1−30%)×1.2%÷12×5＝4.41(万元)

➤ 任务完成结论－6

由以上计算可知，方案二比方案一少缴房产税5.264(9.674−4.41)万元，因此应当选择方案二。实践中，通过适当延长修理时间便会换取税收上的优惠，但要注意延长修理时间应以不影响正常的生产经营为前提。

任务六　熟悉城镇土地使用税的纳税筹划

➤ 任务达成目标

1. 会利用城镇土地使用税税率的规定进行纳税筹划；
2. 能利用城镇土地使用税的税收优惠进行纳税筹划。

➤ 核心技能

会对城镇土地使用税进行纳税筹划。

➤ 任务思维导图

➤ 任务知识-1

城镇土地使用税是国家在"城市、县城、建制镇和工矿区"范围内,对使用土地的单位和个人,以其实际占用的土地面积为计税依据,按照规定的税额计算征收的一种税。我国于 1988 年 9 月 27 日发布了《中华人民共和国城镇土地使用税暂行条例》(国务院令第 17 号),至目前,共经历三次修改。2016 年 2 月 3 日,国家税务总局印发了《城镇土地使用税管理指引》(税总发〔2016〕18 号),进一步加强了城镇土地使用税征收管理工作。

➤ 任务导入-1

甲企业准备投资设厂,需要占用土地 20 亩。现有以下两种方案可供选择：

方案一：把厂址设在某中等城市的城区,当时城镇土地适用的税率为 20 元/平方米；

方案二：把厂址设在某县城的城区,当时城镇土地适用的税率为 10 元/平方米；

假定不考虑其他税费因素,请对该公司的上述业务进行纳税筹划。

➤ 任务实施-1

一、熟悉城镇土地使用税的计税原理并设计纳税筹划思路

根据我国《城镇土地使用税暂行条例》的规定,只有在城市、县城、建制镇和工矿区范围内使用土地才需要征收税费,具体征收时以纳税人实际占用的土地面积为计税依据,按规定税额对使用土地的单位和个人征收。其税额标准按大城市、中等城市、小城市和县城、建制镇、工矿区分别确定,在每平方米 0.6～30 元之间。土地使用税按年计算、分期缴纳,采取的是有幅度的差别定额税率,税额最低(0.6 元)与最高(30 元)相差 50 倍。其具体见下表 6-3：

表 6 - 3　城镇土地使用税税率表

级　别	人口/人	每平方米税额/元
大城市	50 万以上	1.5～30
中等城市	20 万～50 万	1.2～24
小城市	20 万以下	0.9～18
县城、建制镇、工矿区	12%	0.6～12

按照《城镇土地使用税暂行条例》的规定,城镇土地使用税实行按年计算、分期缴纳的征收方法,具体纳税期限由省、自治区、直辖市人民政府确定(具体如何分期缴纳,应咨询企业的地税局税务专管员)。

二、计算不同方案下的城镇土地使用税应纳税额

方案一:把厂址设在某中等城市的城区,则:

甲企业应纳城镇土地使用税＝20×666.67×20＝266 668(元)

方案二:把厂址设在某县城的城区,则:

甲企业应纳城镇土地使用税＝20×666.67×10＝133 334(元)

➤ 任务完成结论- 1

由以上计算可以看出,方案二比方案一使得甲企业少缴纳城镇土地使用税 133 334(26 6668－133 334)元,因此应当选择方案二。但在实践工作中要注意的是,将企业设在地理位置相对偏远的县城或者乡镇,有可能会影响企业的经营业绩,因此,企业应综合考虑各种因素,并做出合理决策。

➤ 任务知识- 2

根据《城镇土地使用税暂行条例》第六条的规定:

下列土地免缴土地使用税:

(一)国家机关、人民团体、军队自用的土地;

(二)由国家财政部门拨付事业经费的单位自用的土地;

(三)宗教寺庙、公园、名胜古迹自用的土地;

(四)市政街道、广场、绿化地带等公共用地;

(五)直接用于农、林、牧、渔业的生产用地;

(六)经批准开山填海整治的土地和改造的废弃土地,从使用的月份起免缴土地使用税 5年至 10 年;

(七)由财政部另行规定免税的能源、交通、水利设施用地和其他用地。

➤ 任务导入- 2

甲企业生产经营用地分布于某市的三个地域,第一块土地的土地使用权属于某免税单位,

面积 6 000 平方米,其中危险品仓库占地面积 1 000 平方米;第二块土地的土地使用权属于甲企业,面积 30 000 平方米,其中企业办学校 5 000 平方米,医院 3 000 平方米;第三块土地的土地使用权属于甲企业与乙企业共同拥有,面积 10 000 平方米,实际使用面积各 50%。假定甲企业所在地城镇土地使用税单位税额为每平方米 8 元。

请对甲企业全年应缴纳的城镇土地使用税进行纳税筹划。

➤ 任务实施-2

一、熟悉城镇土地使用税的特殊税收优惠政策并设计纳税筹划思路

根据国家税务局《关于印发〈关于土地使用税若干具体问题的解释和暂行规定〉的通知》(国税地字〔1988〕第 015 号)的规定,企业办的学校、医院、托儿所、幼儿园,其用地能与企业其他用地明确区分的,可以比照由国家财政部门拨付事业经费的单位自用地土地,免征土地使用税。

根据国家税务局《关于印发〈关于土地使用税若干具体问题的补充规定〉的通知》(国税地字〔1989〕第 140 号)的规定:"免税单位无偿使用纳税单位的土地(如公安、海关等单位使用铁路、民航等单位的土地),免征城镇土地使用税。纳税单位无偿使用免税单位的土地,纳税单位应照章缴纳城镇土地使用税。纳税单位与免税单位共同使用、共有使用权土地上的多层建筑,对纳税单位可按其占用的建筑面积占建筑总面积的比例计征城镇土地使用税。对企业厂区(包括生产、办公及生活区)以内的绿化用地,应照章征收土地使用税。厂区以外的公共绿化用地和向社会开放的公园用地,暂免征收土地使用税。对于各类危险品仓库、厂房所需的防火、防爆、防毒等安全防范用地,可由各省、自治区、直辖市税务局确定,暂免征收土地使用税;对仓库库区、厂房本身用地,应照章征收土地使用税。"

二、计算不同方案下的城镇土地使用税应纳税额

方案一:若甲企业用地未做明确区分,未分别核算面积,且土地使用权共有的,共有各方都是纳税人。则:

甲企业应纳城镇土地使用税 = 6 000×8+30 000×8+10 000×50%×8=328 000(元)

方案二:若甲企业对各种用地做了明确区分,分别核算各自面积,则危险品仓库、医务室、学校等免征城镇土地使用税,则:

甲企业应纳城镇土地使用税 =(6 000-1 000)×8+(30 000-5 000-3 000)×8+10 000×50%×8=40 000+176 000+40 000=256 000(元)

➤ 任务完成结论-2

由以上计算可以看出,方案二比方案一使得甲企业少缴纳城镇土地使用税 72 000(328 000-256 000)元,因此应当选择方案二。实践中,分别核算会加大核算人员工作量,但对于企业来讲是值得的。

➤ 能力拓展

根据财政部 2016 年 12 月 3 日颁布施行的《关于印发〈增值税会计处理规定〉的通知》(财会〔2016〕22 号)的规定,全面试行营业税改征增值税后,"营业税金及附加"科目名称调整为

"税金及附加"科目,该科目核算企业经营活动发生的消费税、城市维护建设税、资源税、教育费附加及房产税、土地使用税、车船使用税、印花税等相关税费;利润表中的"营业税金及附加"项目调整为"税金及附加"项目。甲企业经计算,每月应预提城镇土地使用税 2 842.13 元,每半年缴纳一次。请按照以下节点做出会计分录:

甲企业的会计分录如下:

(1) 按月预提城镇土地使用税时:

借:税金及附加   2 842.13

    贷:预提费用   2 842.13

(2) 定期上缴城镇土地使用税时:

城镇土地使用税＝2 842.13×6＝17 052.78(元)

借:应交税费——应交城镇土地使用税   17 052.78

    贷:银行存款   17 052.78

(3) 结转应纳的城镇土地使用税时:

借:预提费用   17 052.78

    贷:应交税费——应交城镇土地使用税   17 052.78

任务七　熟悉土地增值税的纳税筹划

➤ 任务达成目标

1. 能通过分立不动产销售合同,分散不动产销售收入,降低土地增值额的方法进行纳税筹划;

2. 能通过增加中间销售环节,分散不动产销售收入,降低土地增值额的方法进行纳税筹划;

3. 能通过生地变熟地后进行交易转让,增加可扣除项目金额的方法进行纳税筹划;

4. 会采用利息支出平衡点进行测算,增加了扣除项目金额的方法进行纳税筹划。

➤ 核心技能

会对土地增值税进行纳税筹划。

➤ 任务思维导图

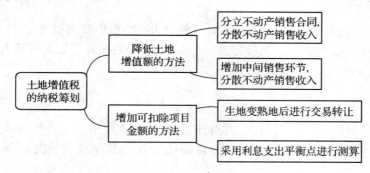

➤ **任务知识-1**

近些年,我国房地产等相关企业的发展如日中天,逐渐发展成为国家的支柱产业之一,与房地产相关的企业是土地增值税的纳税大户,也是各级地税机关核查征收的重点之一。众所周知,土地增值税是对"转让""国有"土地使用权、地上建筑物及其附着物并取得收入的单位和个人,就其转让房地产所取得的增值额征收的一种税。我国已于 1993 年 11 月 26 日通过了《中华人民共和国土地增值税暂行条例》,自 1994 年 1 月 1 日起执行,同时执行的还有中华人民共和国土地局颁布的《中华人民共和国土地增值税暂行条例实施细则》。2016 年 11 月 10日,国家税务总局发布了《关于"营改增"后土地增值税若干征管规定的公告》(国家税务总局公告 2016 年第 70 号),对"营改增"后土地增值税征收管理工作做了进一步明确。

➤ **任务导入-1**

某市甲房地产企业 20×6 年建造的精装修住宅 10 幢,总售价定为 1.4 亿元(其中,毛坯房售价收入 1 亿元,精装修售价收入 4 000万元);与商品房相关的土地使用权支付额和开发成本共计 4 800万元(其中分摊的精装修成本 1 200 万元)。该企业没有按房地产项目计算分摊银行借款利息。该项目所在省政府规定计征土地增值税时房地产开发费用扣除比例按国家规定允许的最高比例执行。假定甲企业销售房屋适用 5% 的增值税征收率、装饰装潢适用 11% 的增值税税率,城建税税率为 7%,教育费附加为 3%,地方教育费附加为 2%,不考虑印花税等其他税费因素。以上价格均不含增值税。

请对甲企业的上述业务进行纳税筹划。

➤ **任务实施-1**

一、熟悉出售商品房计征土地增值税的计税原理及步骤,并设计纳税筹划思路

现行土地增值税实行"四级超率累进税率",计算公式为:

$$应纳税额＝增值额×适用税率－扣除项目金额×速算扣除系数$$

纳税人一般通过以下步骤进行计算:

第一步:计算扣除项目合计 $= \sum 5/4/3/2$,注意扣除项目归集时的具体内容,即:

对于新建商品房,房地产开发企业共扣除 5 项,非房地产开发企业共扣除 4 项,二者的主要区别在于房地产开发企业可以享受(取得土地使用权支付的金额＋房地产开发成本)两项加计 20% 扣除,非房地产开发企业则无此项优惠。

对于转让存量房(或土地使用权)的扣除项目合计,转让存量房扣 3 项,转让土地使用权扣 2 项,二者的主要区别在于房屋的评估价格。

第二步:计算增值额＝转让房地产的收入－扣除项目金额。

这里应注意的是,根据财政部、国家税务总局颁布,于 2016 年 5 月 1 日起执行的《关于"营改增"后契税房产税土地增值税个人所得税计税依据问题的通知》(财税〔2016〕43 号)第三条的规定："土地增值税纳税人转让房地产取得的收入为不含增值税收入。《中华人民共和国土地增值税暂行条例》等规定的土地增值税扣除项目涉及的增值税进项税额，允许在销项税额中计算抵扣的，不计入扣除项目，不允许在销项税额中计算抵扣的，可以计入扣除项目。"

第三步：计算增值率＝增值额÷扣除项目金额。

第四步：根据增值率确定适用的税率，具体见下表6－4：

表6－4　土地增值税四级超率累进税率表

级次	级　　距	税率	速算扣除系数	税额计算公式	说　　明
1	增值额未超过扣除项目金额50%的部分	30%	0	增值额30%	扣除项目指取得土地使用权所支付的金额；开发土地的成本、费用；新建房及配套设施的成本、费用或旧房及建筑物的评估价格；与转让房地产有关的税金；财政部规定的其他扣除项目
2	增值额超过扣除项目金额50%，未超过100%的部分	40%	5%	增值额40%－扣除项目金额5%	
3	增值额超过扣除项目金额100%，未超过200%的部分	50%	15%	增值额50%－扣除项目金额15%	
4	增值额超过扣除项目金额200%的部分	60%	35%	增值额60%－扣除项目金额35%	

第五步：计算应纳税额。

土地增值税＝增值额×税率—扣除项目金额×速算扣除系数

根据财税〔2016〕36号附件2《营业税改征增值税试点有关事项的规定》：

1. 一般纳税人销售其2016年4月30日前取得（不含自建）的不动产，可以选择适用简易计税方法，以取得的全部价款和价外费用减去该项不动产购置原价或者取得不动产时的作价后的余额为销售额，按照5%的征收率计算应纳税额。纳税人应按照上述计税方法在不动产所在地预缴税款后，向机构所在地主管税务机关进行纳税申报。

2. 一般纳税人销售其2016年4月30日前自建的不动产，可以选择适用简易计税方法，以取得的全部价款和价外费用为销售额，按照5%的征收率计算应纳税额。纳税人应按照上述计税方法在不动产所在地预缴税款后，向机构所在地主管税务机关进行纳税申报。

3. 一般纳税人销售其2016年5月1日后取得（不含自建）的不动产，应适用一般计税方法，以取得的全部价款和价外费用为销售额计算应纳税额。纳税人应以取得的全部价款和价外费用减去该项不动产购置原价或者取得不动产时的作价后的余额，按照5%的预征率在不动产所在地预缴税款后，向机构所在地主管税务机关进行纳税申报。

4. 一般纳税人销售其2016年5月1日后自建的不动产，应适用一般计税方法，以取得的全部价款和价外费用为销售额计算应纳税额。纳税人应以取得的全部价款和价外费用，按照5%的预征率在不动产所在地预缴税款后，向机构所在地主管税务机关进行纳税申报。

5. 小规模纳税人销售其取得（不含自建）的不动产（不含个体工商户销售购买的住房和其他个人销售不动产），应以取得的全部价款和价外费用减去该项不动产购置原价或者取得不动产时的作价后的余额为销售额，按照5%的征收率计算应纳税额。纳税人应按照上述计税方法在不动产所在地预缴税款后,向机构所在地主管税务机关进行纳税申报。

6. 小规模纳税人销售其自建的不动产,应以取得的全部价款和价外费用为销售额,按照5%的征收率计算应纳税额。纳税人应按照上述计税方法在不动产所在地预缴税款后,向机构所在地主管税务机关进行纳税申报。

7. 房地产开发企业中的一般纳税人,销售自行开发的房地产老项目,可以选择适用简易计税方法按照5%的征收率计税。

8. 房地产开发企业中的小规模纳税人,销售自行开发的房地产项目,按照5%的征收率计税。

9. 房地产开发企业采取预收款方式销售所开发的房地产项目,在收到预收款时按照3%的预征率预缴增值税。

10. 个体工商户销售购买的住房,应按照附件3《营业税改征增值税试点过渡政策的规定》第五条的规定征免增值税。纳税人应按照上述计税方法在不动产所在地预缴税款后,向机构所在地主管税务机关进行纳税申报。

11. 其他个人销售其取得(不含自建)的不动产(不含其购买的住房),应以取得的全部价款和价外费用减去该项不动产购置原价或者取得不动产时的作价后的余额为销售额,按照5%的征收率计算应纳税额。

按照国家税务总局《关于"营改增"后土地增值税若干征管规定的公告》(国家税务总局公告2016年第70号)第三条的规定:关于与转让房地产有关的税金扣除问题:(一)"营改增"后,计算土地增值税增值额的扣除项目中"与转让房地产有关的税金"不包括增值税。(二)"营改增"后,房地产开发企业实际缴纳的城市维护建设税(以下简称"城建税")、教育费附加,凡能够按清算项目准确计算的,允许据实扣除。凡不能按清算项目准确计算的,则按该清算项目预缴增值税时实际缴纳的城建税、教育费附加扣除。其他转让房地产行为的城建税、教育费附加扣除比照上述规定执行。

根据我国《企业所得税法》的相关规定,房地产企业的创新支出和安置残疾人支出可以加计扣除,除此之外的加计扣除项目一律不得扣除。

二、计算不同方案下的土地增值税应纳税额

方案一:企业不进行纳税筹划,则甲企业应缴纳的各项税金计算如下:

应缴纳增值税＝14 000×5%＝700(万元)

应缴纳城市维护建设税、教育费附加及地方教育费附加＝700×(7%+3%+2%)＝84(万元)

扣除金额合计＝4 800+4 800×10%+84+4 800×20%＝6 324(万元)

土地增值额＝14 000−6 324＝7 676(万元)

增值率＝7 676÷6 324×100%＝121.38%

适用税率为第三档,税率50%、速算扣除系数为15%。

应纳土地增值税＝7 676×50%−6 324×15%＝3 838−948.6＝2 889.4(万元)

应缴纳企业所得税＝[14 000−(4 800+4 800×10%+84)−2 889.4]×25%＝5 746.6×25%＝1 436.65(万元)

甲企业税后利润＝5 746.6−1 436.65＝4 309.95(万元)

方案二：甲企业改变销售合同签订方式，将毛坯房销售和精装修装饰分别签订合同，毛坯房销售合同定为售价收入 1 亿元，精装修装饰合同定为装饰收入 4 000 万元，总合同收入不变，经分立合同后，企业应缴纳的各项税金计算如下：

（1）毛坯房销售合同应缴纳的各项税金计算如下：

应缴纳增值税＝10 000×5％＝500（万元）

应缴纳城市维护建设税、教育费附加及地方教育费附加＝500×（7％＋3％＋2％）＝60（万元）

扣除金额合计＝（4 800－1 200）＋4 800×10％＋60＋（4 800－1 200）×20％＝3 600＋480＋60＋720＝4 860（万元）

土地增值额＝10 000－4 860＝5 140（万元）

增值率＝5 140÷4 860×100％＝105.76％

适用税率为第三档，税率50％，速算扣除系数为15％。

甲企业应纳土地增值税＝5 140×50％－4 860×15％＝2 570－729＝1 841（万元）

（2）精装修装饰合同应缴纳的各项税金计算如下：

应缴纳增值税＝4 000×11％＝440（万元）

应缴纳城市维护建设税、教育费附加及地方教育费附加＝440×（7％＋3％＋2％）＝52.8（万元）

甲企业应缴纳企业所得税＝毛坯房销售＋精装修装饰＝｛［10 000－（4 800－1 200）－（4 800－1 200）×10％－60－1 841］＋（4 000－1 200－52.8）｝×25％＝（4 139＋2 747.2）×25％＝6 886.2×25％＝1 721.55（万元）

甲企业税后利润＝6 886.2－1 721.55＝5 164.65（万元）

➢ 任务完成结论-1

由以上计算可以看出，方案二比方案一使得甲企业的净利润增加 854.7（5 164.65－4 309.95）万元，因此应当选择方案二。

➢ 任务知识-2

一般来讲，出售土地使用权应缴纳增值税、城建税和教育费附加、土地增值税、印花税。

根据财政部、国家税务总局《关于全面推开营业税改征增值税试点的通知》（财税〔2016〕36号）第一条的规定："中华人民共和国境内销售服务、无形资产或者不动产的单位和个人，为增值税纳税人，应当缴纳增值税，不缴纳营业税。"

财税〔2016〕36 号附件 1《营业税改征增值税试点实施办法》第十五条规定："增值税税率：（二）提供交通运输、邮政、基础电信、建筑、不动产租赁服务，销售不动产，转让土地使用权，税率为11％。"

附《销售服务、无形资产、不动产注释》第二条规定，销售无形资产是指转让无形资产所有权或者使用权的业务活动。无形资产是指不具实物形态，但能带来经济利益的资产，包括技术、商标、著作权、商誉、自然资源使用权和其他权益性无形资产。

技术包括专利技术和非专利技术。

自然资源使用权包括土地使用权、海域使用权、探矿权、采矿权、取水权和其他自然资源使用权。

根据上述规定,转让土地属于增值税应税税目:无形资产—自然资源使用权,应按适用税率11％计缴增值税,不适用销售不动产差额纳税的规定。

根据财政部、国家税务总局《关于进一步明确全面推开营改增试点有关劳务派遣服务、收费公路通行费抵扣等政策的通知》(财税〔2016〕47 号)第三条第二款的规定:"纳税人转让 2016 年 4 月 30 日前取得的土地使用权,可以选择适用简易计税方法,以取得的全部价款和价外费用减去取得该土地使用权的原价后的余额为销售额,按照 5％的征收率计算缴纳增值税。"

根据《印花税暂行条例》的规定,产权转移书据,包括财产所有权和版权、商标专用权、专利权、专有技术使用权等转移书据,按所载金额 0.05％贴花。由立合同人缴纳。因此,出售土地使用权,就是财产所有权转让,应按出售价格依 0.05％计算缴纳印花税。

根据国家税务总局《关于修订土地增值税纳税申报表的通知》(税总函〔2016〕309 号)填报说明中对"取得土地使用权所支付的金额"的描述,表第 6 栏"取得土地使用权所支付的金额",按纳税人为取得该房地产开发项目所需要的土地使用权而实际支付(补缴)的土地出让金(地价款)及按国家统一规定缴纳的有关费用的数额填写。

地产公司采用一般计税方法计算增值税时,以全部价款和价外费用中扣除土地出让金后的余额为销售额。土地出让金虽然不产生相应的进项税额,但实际上起到了与抵扣进项税额相同的作用,但发生作用的名义和环节不同。土地出让金是差额计税时销售额的扣除项目,其抵税作用发生在含税销售额的计算环节,而不是进项税额的抵扣环节。故土地出让金全额计入土地增值税的扣除项目,与财税〔2016〕43 号文的规定并不矛盾。这对于地产公司是利好。

➢ 任务导入-2

某市甲集团公司现有一宗"营改增"前购入的土地准备出售给乙公司,原土地购入成本为 2 000 万,现准备以 8 000 万元出售,假定甲公司销售土地使用权适用增值税征收率为 5％,城建税税率为 7％,教育费附加为 3％,地方教育费附加为 2％,以上价格均不含增值税。

请对甲公司的上述业务进行纳税筹划。

➢ 任务实施-2

一、熟悉出售土地使用权计征土地增值税的计税原理,并设计纳税筹划思路

根据以上规定,出售土地使用权应按照 11％的增值税税率缴纳增值税。如果纳税人出售的是 2016 年 4 月 30 日前取得的土地使用权,也可以选择按购销差价依 5％的征收率计算增值税。比如,土地使用权购入 1 000 万元,现在卖 3 100 万元,则应纳增值税为 100〔(3 100－1 000)÷(1＋5％)×5％〕万元。

二、计算不同方案下应缴纳的各项税金

方案一:甲公司正常申报纳税,则:

甲公司应缴纳增值税＝(8 000－2 000)÷(1＋5％)×5％＝285.71(万元)

应缴纳城市维护建设税、教育费附加及地方教育费附加＝285.71×(7％＋3％＋2％)＝34.29(万元)

应缴纳印花税＝8 000×0.05％＝4(万元)

扣除金额合计＝2 000＋34.29＋4＝2 038.29(万元)

土地增值额＝8 000－2 038.29＝5 961.71(万元)

增值率＝5 961.71÷2 038.29×100％＝292.49％

适用税率为第四档,税率60％、速算扣除系数为35％。

甲公司应纳土地增值税＝5 961.71×60％－2 038.29×35％＝3 577.03－713.40＝2 863.63(万元)

甲公司应纳企业所得税＝(8 000－2 038.29－2 863.63)×25％＝3 098.08×25％＝774.52(万元)

甲公司税后利润＝3 098.08－774.52＝2 323.56(万元)

方案二:甲集团公司将土地作价4 000万元出售给下属全资子公司A公司,再由A公司作价8 000万元出售给乙公司。则:

甲公司应缴纳各项税金计算如下:

甲公司应缴纳增值税＝(4 000－2 000)÷(1＋5％)×5％＝95.23(万元)

应缴纳城市维护建设税及教育费附加＝95.23×(7％＋3％＋2％)＝11.43(万元)

应缴纳印花税＝4 000×0.05％＝2(万元)

扣除金额合计＝2 000＋11.43＋2＝2 013.43(万元)

土地增值额＝4 000－2 013.43＝1 986.57(万元)

增值率＝1 986.57÷2 013.43×100％＝98.67％

适用税率为第二档,税率40％、速算扣除系数为5％。

甲公司应纳土地增值税＝1 986.57×40％－2 013.43×5％＝794.62－100.67＝693.95(万元)

甲公司应纳企业所得税＝(4 000－2 013.43－693.95)×25％＝1 292.62×25％＝323.16(万元)

甲公司税后利润＝1 292.62－323.16＝969.46(万元)

A公司应缴纳各项税金计算如下:

假设A公司销售土地使用权适用税率为11％,则:

A公司应缴纳增值税＝(8 000－4 000)×11％＝440(万元)

应缴纳城市维护建设税、教育费附加及地方教育费附加＝440×(7％＋3％＋2％)＝52.8(万元)

应缴纳印花税＝8 000×0.05％＝4(万元)

扣除金额合计＝4 000＋52.8＋4＝4 056.8(万元)

土地增值额＝8 000－4 056.8＝3 943.2(万元)

增值率＝3 943.2÷4 056.8×100％＝97.20％

适用税率为第二档,税率40％、速算扣除系数为5％。

A公司应纳土地增值税＝3 943.2×40％－4 056.8×5％＝1 577.28－202.84＝1 374.44(万元)

A公司应纳企业所得税＝(8 000－4 056.8－1 374.44)×25％＝2 568.76×25％＝642.19(万元)

A 公司税后利润＝2 568.76－642.19＝1 926.57(万元)

> **任务完成结论-2**

经过以上纳税筹划不难看出,方案二中甲集团公司合并其全资子公司 A 后,税后利润合计为 2 896.03(969.46＋1 926.57)万元,比筹划前方案一甲集团公司税后利润增加 572.47 (2 896.03－2 323.56)万元。这还是考虑了"营改增"后转让土地使用权按 11％的税率全额计税的情形。若 A 公司能按照 5％的预征率进行申报缴纳的话,该集团公司节税会更多,通过增加交易环节虽然增加了税金及附加等相关税收成本,但它可以有效降低土地增值税,达到总体税负最低的目的。因此,综合考虑后应当选择方案二。

> **任务知识-3**

为了鼓励投资者将更多的资金投向房地产开发。根据国家税务总局 1995 年 3 月 16 日印发的《土地增值税宣传提纲》(国税函发〔1995〕110 号)第六条第二款的规定:"对取得土地使用权后投入资金,将生地变为熟地转让的,计算其增值额时,允许扣除取得土地使用权时支付的地价款、交纳的有关费用,和开发土地所需成本再加计开发成本的 20％以及在转让环节缴纳的税款。"但如果对取得土地或房地产使用权后,未进行开发即转让的,计算其增值额时,只允许扣除取得土地使用权时支付的地价款,缴纳的有关费用,以及在转让环节缴纳的税金。这样规定,其目的主要是抑制"炒"买"炒"卖地皮的行为。

> **任务导入-3**

甲公司为国有工业企业,在 A 市内有一宗土地,原土地购入价款为 4 000 万元,现该地块市值为 1.2 亿元,如今,因为经营困难,甲公司欲以 1.2 亿元的价格转让该地块。假定甲公司销售土地使用权适用的增值税税率为 11％,城建税税率为 7％,教育费附加为 3％,地方教育费附加为 2％,以上价格均不含增值税。

请对甲公司的上述业务进行纳税筹划。

> **任务实施-3**

一、熟悉土地增值税税收优惠政策并设计纳税筹划思路

根据国税函发〔1995〕110 号文件的规定,若甲公司投入少量资金将该宗土地进行"三通一平",提前做好水通、电通、路通和场地平整等基本建设项目开工等工作,将其由生地变为熟地后转让,就可以得到 20％的加计扣除优惠。

二、计算不同方案下的土地增值税应纳税额

方案一:甲公司正常缴纳税金,则:

甲公司应缴纳增值税＝(12 000－4 000)×11％＝880(万元)

甲公司应缴纳城市维护建设税、教育费附加及地方教育费附加＝880×(7％＋3％＋2％)＝105.6(万元)

甲公司应缴纳印花税＝12 000×0.05％＝6(万元)

甲公司扣除金额合计＝4 000＋105.6＋6＝4 111.6（万元）

甲公司土地增值额＝12 000－4 111.6＝7 888.4（万元）

增值率＝7 888.4÷4 111.6×100％＝191.86％

适用税率为第三档，税率50％、速算扣除系数为15％。

甲公司应纳土地增值税＝7 888.4×50％－4 111.6×15％＝3 944.2－616.74＝3 327.46（万元）

甲公司应纳企业所得税＝（12 000－4 111.6－3 327.46）×25％＝4 560.94×25％＝1 140.24（万元）

甲公司税后利润＝4 560.94－1 140.24＝3 420.7（万元）

方案二：若甲公司投入100万元进行"三通一平"，则：

甲公司应缴纳增值税＝（12 000－4 000）×11％＝880（万元）

应缴纳城市维护建设税、教育费附加及地方教育费附加＝880×（7％＋3％＋2％）＝105.6（万元）

应缴纳印花税＝12 000×0.05％＝6（万元）

扣除金额合计＝（4 000＋100）＋（105.6＋6）＋（4 000＋100）×20％＝4 100＋111.6＋820＝5 031.6（万元）

土地增值额＝12 000－5 031.6＝6 968.4（万元）

增值率＝6 968.4÷5 031.6×100％＝138.49％

适用税率为第三档，税率50％、速算扣除系数为15％。

甲公司应纳土地增值税＝6 968.4×50％－5 031.6×15％＝3 484.2－754.74＝2 729.46（万元）

甲公司应纳企业所得税＝［12 000－4 100－（105.6＋6）－2 729.46］×25％＝5 058.94×25％＝1 264.74（万元）

甲公司税后利润＝5 058.94－1 264.74＝3 794.21（万元）

➤ 任务完成结论- 3

由以上计算可以看出，方案二比方案一使得甲公司的税后利润增加373.51（3 794.21－3 420.7）万元，因此应当选择方案二。

➤ 任务知识- 4

根据《土地增值税暂行条例实施细则》第七条的规定：

条例第六条所列的计算增值额的扣除项目，具体为：

（一）取得土地使用权所支付的金额，是指纳税人为取得土地使用权所支付的地价款和按国家统一规定交纳的有关费用。

（二）开发土地和新建房及配套设施（以下简称房地产开发）的成本，是指纳税人房地产开发项目实际发生的成本（以下简称房地产开发成本），包括土地征用及拆迁补偿费、前期工程费、建筑安装工程费、基础设施费、公共配套设施费、开发间接费用。

土地征用及拆迁补偿费，包括土地征用费、耕地占用税、劳动力安置费及有关地上、地下附着物拆迁补偿的净支出、安置动迁用房支出等。

前期工程费,包括规划、设计、项目可行性研究和水文、地质、测绘、"三通一平"等支出。

建筑安装工程费,是指以出包方式支付给承包单位的建筑安装工程费,以自营方式发生的建筑安装工程费。

基础设施费,包括开发小区内道路、供水、供电、供气、排污、排洪、通讯、照明、环卫、绿化等工程发生的支出。

公共配套设施费,包括不能有偿转让的开发小区内公共配套设施发生的支出。

开发间接费用,是指直接组织、管理开发项目发生的费用,包括工资、职工福利费、折旧费、修理费、办公费、水电费、劳动保护费、周转房摊销等。

(三)开发土地和新建房及配套设施的费用(以下简称房地产开发费用),是指与房地产开发项目有关的销售费用、管理费用、财务费用。

财务费用中的利息支出,凡能够按转让房地产项目计算分摊并提供金融机构证明的,允许据实扣除,但最高不能超过按商业银行同类同期贷款利率计算的金额。其他房地产开发费用,按本条(一)、(二)项规定计算的金额之和的百分之五以内计算扣除。

凡不能按转让房地产项目计算分摊利息支出或不能提供金融机构证明的,房地产开发费用按本条(一)、(二)项规定计算的金额之和的百分之十以内计算扣除。

上述计算扣除的具体比例,由各省、自治区、直辖市人民政府规定。

(四)旧房及建筑物的评估价格,是指在转让已使用的房屋及建筑物时,由政府批准设立的房地产评估机构评定的重置成本价乘以成新度折扣率后的价格。评估价格须经当地税务机关确认。

(五)与转让房地产有关的税金,是指在转让房地产时缴纳的营业税、城市维护建设税、印花税。因转让房地产交纳的教育费附加,也可视同税金予以扣除。

(六)根据条例第七条(五)项规定,对从事房地产开发的纳税人可按本条(一)、(二)项规定计算的金额之和,加计百分之二十的扣除。

➤ 任务导入- 4

甲房地产开发企业欲转让一幢住宅,取得土地使用权支付金额和房地产开发成本为3 000万元。现有以下两种方案可供选择:

方案一:甲企业向金融机构借款开发项目,能够按转让房地产项目计算分摊利息支出,并能提供金融机构的贷款证明;

方案二:甲企业全部使用自有资金开发项目,没有利息支出。

请对甲企业的上述业务进行纳税筹划。

➤ 任务实施- 4

一、熟悉房地产开发企业作为财务费用的利息支出的列支方式的相关政策,并设计纳税筹划思路

房地产开发费用一般是指与房地产开发项目有关的三项期间费用,即销售费用、管理费用、财务费用。但开发费用在从转让收入中减除时,不是按实际发生额,而是按《实施细则》中规定的标准扣除,标准的选择取决于财务费用中利息支出的不同处理方法。

第一种方式:根据国家税务总局《关于土地增值税清算有关问题的通知》(国税函〔2010〕220号)第三条第一款的规定,财务费用中的利息支出,凡能够按转让房地产项目计算分摊并提供金融机构证明的,允许据实扣除,但最高不能超过按商业银行同类同期贷款利率计算的金额。其他房地产开发费用,在按照"取得土地使用权所支付的金额"与"房地产开发成本"金额之和的5%以内计算扣除。即允许扣除的房地产开发费用用公式表示为:

房地产开发费用=利息+(取得土地使用权所支付的金额+房地产开发成本)×5%以内

这里关于利息的扣除要注意以下两点:

(1) 不能超过按商业银行同类同期银行贷款利率计算的金额。

(2) 不包括加息、罚息。

第二种方式:根据《国家税务总局关于土地增值税清算有关问题的通知》(国税函〔2010〕220号)第三条第二款的规定,凡不能按转让房地产项目计算分摊利息支出或不能提供金融机构证明的,房地产开发费用在按"取得土地使用权所支付的金额"与"房地产开发成本"金额之和的10%以内计算扣除。即允许扣除的房地产开发费用用公式表示为:

房地产开发费用=(取得土地使用权所支付的金额+房地产开发成本)×10%以内

纳税人全部使用自有资金,没有利息支出的,按照以上方法扣除。

由于土地增值税是以土地增值额与扣除项目金额的比率大小按相适用的税率累进计算征收的,扣除项目金额越大,增值额越小。两者比率越小,适用的税率越低,税额越小。所以,企业应先预计转让房地产可分摊利息支出,按照规定的两种扣除方式衡量并选择扣除费用较大的方式。

假设第一种方式可扣除比率为 M,第二种方式可扣除比率为 N,则利息支出平衡点为 $(M-N)×$(取得土地使用权所支付的金额+房地产开发成本)。当预计利息支出大于利息支出平衡点时,采用第一种方式有利;当前者小于后者时,第二种方式有利;当前者等于后者时,两种方式均可。

二、计算不同方案下的土地增值税应纳税额

当预计利息支出为240万元时,按照方案一计算允许扣除的房地产开发费用为390(240+3 000×5%)万元,按照方案二计算允许扣除的房地产开发费用为300(3 000×10%)万元。此时采取方案一对企业有利。

当预计利息支出为120万元时,按照方案一计算允许扣除的房地产开发费用为270(120+3 000×5%)万元,按照方案二计算允许扣除的房地产开发费用为300(3 000×10%)万元。此时采取方案二对企业有利。

当预计利息支出等于150万元时,按照两种方案计算允许扣除的房地产开发费用相等,可能会增加借贷成本等,但对纳税人的实际土地增值税税负并无实质性差别。

➤ 任务完成结论-4

一般地,当纳税人判断是否提供金融机构证明,关键在于看所发生的能够扣除的利息支出占税法规定的开发成本的比例,若超过5%,则提供金融机构证明比较有利;若未超过5%,则不提供金融机构证明比较有利。

任务八　熟悉印花税的纳税筹划

➤ 任务达成目标

1. 能通过合理减少合同参与人的方式进行纳税筹划；
2. 能通过恰当减少合同签订环节的方式进行纳税筹划；
3. 能通过巧立合同，分别核算经济业务事项等进行纳税筹划。

➤ 核心技能

会根据不同情形进行印花税纳税筹划。

➤ 任务思维导图

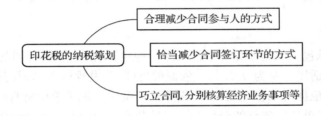

➤ 任务知识-1

印花税是以经济活动或经济交往中，书立、领受具有法律效力的应税凭证的行为为征税对象征收的一种税。印花税因其采用在应税凭证上粘贴印花税票的方法缴纳税款而得名。我国于 1988 年 8 月 6 日由国务院修订颁布了《中华人民共和国印花税暂行条例》，并于同年 10 月 1 日起施行，2011 年 1 月 8 日对《国务院关于废止和修改部分行政法规的决定》进行了修订。印花税的纳税人，按照所书立、使用、领受的应税凭证不同，又可分为立合同人、立据人、立账簿人、领受人、使用人、各类电子应税凭证的签订人等。

➤ 任务导入-1

因合作需要，现由甲、乙、丙、丁四方签订了购销合同，乙、丙、丁三方利益基本一致，合同总金额为 2 000 万元，印花税税率为 0.3‰。

请对上述业务进行纳税筹划。

➤ 任务实施-1

一、熟悉印花税的计税原理及相关政策并设计纳税筹划思路

依据现行《印花税法》及其暂行条例的相关规定，纳税人在各类经济合同订立后，不论合同是否履行，都应按合同上所记载"金额""收入"或"费用"为计税依据履行纳税义务。大部分应税凭证按照计税金额纳税，计税金额以全额为主；余额计税的有两个，即货物运输合同和技术

合同。需要注意的是,根据《印花税暂行条例》第八条的规定:"同一凭证,由两方或者两方以上当事人签订并各执一份的,应当由各方就所执的一份各自全额贴花。"

二、计算不同方案下的印花税应纳税额

方案一:甲、乙、丙、丁四方签订购销合同。则:

四方缴纳印花税合计＝2 000×0.3‰×4＝2.4(万元)

方案二:由乙、丙、丁推举一名代表与甲方签订购销合同。则:

双方缴纳印花税合计＝2 000×0.3‰×2＝1.2(万元)

➤ 任务完成结论-1

由以上计算可以看出,方案二比方案一少缴纳印花税1.2(2.4－1.2)万元,从税负的角度来考虑,应当选择方案二。但要注意的是,执行这种方案的前提是乙、丙、丁三方利益一致,以便减少合同签订的参与方后不影响合同的效力和各方利益。若乙、丙、丁三方利益不一致,或推举出的代表与甲方签约后出现违约等情形,则不适合采用这种纳税筹划方法。

➤ 任务知识-2

建筑安装工程承包合同是印花税中常见的一种应税凭证,该种合同的计税依据为合同上记载的承包金额,其适用税率为0.03%。依据现行《印花税暂行条例》及其暂行条例的相关规定,该种合同的计税依据为承包金额,不得剔除任何费用。施工单位将自己承包的建设项目分包或转包给其他施工单位所签订的分包合同或转包合同,应以新的分包合同或转包合同所载金额为依据计算印花税应纳税额。

➤ 任务导入-2

甲建筑公司与A单位签订一份建筑承包合同,合同金额6 000万元(含相关费用50万元)。施工期间,甲建筑公司又将其中价值1 200万元的安装工程转包给乙公司,并签订转包合同。

请对上述业务进行纳税筹划。

➤ 任务实施-2

一、熟悉印花税的计税原理及相关法律政策,并设计纳税筹划思路

印花税作为一种典型的行为税,纳税人只要有应税行为发生,就应按税法规定纳税。尽管总承包合同已依法计税贴花,但新的分包或转包合同又是一种新的应税凭证,又发生了新的纳税义务。因此,该筹划的核心是减少合同签订环节,也就是减少工程的分包或转包,降低计税次数和金额,从而少缴纳印花税。

根据修订后于2011年7月1日起施行的《中华人民共和国建筑法》第二十八条的规定:"禁止承包单位将其承包的全部建筑工程转包给他人,禁止承包单位将其承包的全部建筑工程肢解以后以分包的名义分别转包给他人。"第二十九条规定:"建筑工程总承包单位可以将承包工程中的部分工程发包给具有相应资质条件的分包单位;但是,除总承包合同中约定的分包外,必须经建设单位认可。施工总承包的,建筑工程主体结构的施工必须由总承包单位自行完成。建筑工

程总承包单位按照总承包合同的约定对建设单位负责;分包单位按照分包合同的约定对总承包单位负责。总承包单位和分包单位就分包工程对建设单位承担连带责任。禁止总承包单位将工程分包给不具备相应资质条件的单位。禁止分包单位将其承包的工程再分包。"

根据住房和城乡建设部于 2014 年 10 月 1 日颁布施行的《建筑工程施工转包违法分包等违法行为认定查处管理办法(试行)》(建市〔2014〕118 号)中第六条的规定:"本办法所称转包,是指施工单位承包工程后,不履行合同约定的责任和义务,将其承包的全部工程或者将其承包的全部工程肢解后以分包的名义分别转给其他单位或个人施工的行为。"

第七条规定:

存在下列情形之一的,属于转包:

(一)施工单位将其承包的全部工程转给其他单位或个人施工的;

(二)施工总承包单位或专业承包单位将其承包的全部工程肢解以后,以分包的名义分别转给其他单位或个人施工的。

二、计算不同方案下的印花税应纳税额

方案一:甲建筑公司与 A 单位签订总包合同。则:

双方各自需要贴花的金额＝6 000×0.3‰＝1.8(万元)

甲建筑公司与乙公司签订分包合同。则:

双方各自需要贴花的金额＝1 200×0.3‰＝0.36(万元)

总包与分包应贴花的金额合计＝1.8＋0.36＝2.16(万元)

方案二:A 单位分别与甲建筑公司、乙公司签订合同。则:

A 单位与甲建筑公司双方各自需要贴花的金额＝4 800×0.3‰＝1.44(万元)

A 单位与乙公司双方各自需要贴花的金额＝1 200×0.3‰＝0.36(万元)

两份合同双方应贴花的金额合计＝1.44＋0.36＝1.8(万元)

➤ 任务完成结论-2

由以上计算可以看出,方案二比方案一少缴纳印花税 0.36(2.16－1.8)万元,从税负及避免行政处罚的角度来考虑,应当选择方案二。

➤ 任务知识-3

根据《印花税暂行条例施行细则》(财税字〔1988〕第 225 号)第十七条的规定:"同一凭证,因载有两个或者两个以上经济事项而适用不同税目税率,如分别记载金额的,应分别计算应纳税额,相加后按合计税额贴花;如未分别记载金额的,按税率高的计税贴花。"

➤ 任务导入-3

甲旅游集团公司欲定制一批员工工作服,乙服装厂生产工艺先进,经双方商定合作,该批服装总价值为 300 000 元,其中,加工所需要原材料 180 000 元,配料 20 000 元,加工费 100 000元。假定不考虑增值税及其他税费,购销合同是按购销金额的 0.3‰贴花,加工承揽合同是按加工或承揽收入的 0.5‰贴花。现有以下三种方案可供选择:

方案一:甲公司与乙服装厂签订合同,总金额为 300 000 元,合同中未分别注明材料费和加工费。

方案二:甲公司与乙服装厂签订合同,总金额为 300 000 元,合同中分别注明材料费和加工费。

方案三:甲公司与乙服装厂签订合同,总金额为 300 000 元。其中由甲公司提供原材料,乙服装厂按照甲公司设计样式代垫配料进行加工。

请对乙服装厂的上述业务进行纳税筹划。

➤ 任务实施-3

一、熟悉印花税的计税原理及税收优惠政策,并设计纳税筹划思路

对于加工承揽合同,计税依据为加工或承揽收入。如果是由受托方提供原材料的加工、定做合同,凡在合同中分别记载加工费金额与原材料金额的,加工费金额按"加工承揽合同",原材料金额按"购销合同"计税,两项税额相加数,即为合同应贴印花;若合同中未分别记载,则就全部金额依照加工承揽合同计税贴花。如果由委托方提供原材料金额的,原材料不计税,计税依据为加工费和辅料,适用税率为 0.5‰。

二、计算不同方案下的印花税应纳税额

方案一:甲公司与乙服装厂签订合同,总金额为 300 000 元,合同中未分别注明材料费和加工费。则:

双方应分别贴花的金额＝300 000×0.5‰＝150(元)

方案二:甲公司与乙服装厂签订合同,总金额为 300 000 元,合同中分别注明材料费和加工费。则:

乙服装厂应贴花的金额＝(180 000＋20 000)×0.3‰＋100 000×0.5‰＝60＋50＝110(元)

方案三:甲公司与乙服装厂签订合同,总金额为 300 000 元。其中由甲公司提供原材料,乙服装厂按照甲公司设计样式代垫辅料进行加工。则:

乙服装厂应贴花的金额＝(100 000＋20 000)×0.5‰＝60(元)

➤ 任务完成结论-3

由以上计算可以看出,以上三种方案中,方案一缴纳印花税最多,方案二次之,方案三最少。从税负的角度来考虑,应当选择方案三。由此可见,不同的合同签订方式对企业税负造成的影响也不一样。实践中,应选择恰当的方式订立合同,选择对纳税人有利的税率,以减少应缴纳的印花税。

此外,纳税人在起草经济合同时,双方当事人应充分地考虑到今后可能会遇到的种种情况,如合同不能完全履行或者只能部分履行、无固定期限的租赁合同、有些技术合同是约定提供技术后按照企业销售收入提成或按照实现的利润进行分成等,这些均属于金额难以确定的情况,我们不妨在签

订时先按定额 5 元进行贴花,以后结算时再按实际金额补提印花税。值得一提的是,补提印花税要抵减先前计提的 5 元,虽然金额较小,但"聚沙成塔,集腋成裘",点滴之处也不应放过,这才是进行纳税筹划的核心所在。

任务九 熟悉资源税的纳税筹划

➤ 任务达成目标

1. 能通过分别核算不同税目进行纳税筹划;
2. 能通过分别核算销售额与运杂费用进行纳税筹划。

➤ 核心技能

会对资源税进行纳税筹划。

➤ 任务思维导图

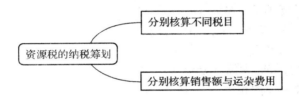

➤ 任务知识-1

资源税是指对在我国境内从事应税矿产品开采或生产盐的单位和个人征收的一种税。我国于 1994 年 1 月 1 日起开始施行《中华人民共和国资源税暂行条例》,财政部同年还发布了《资源税暂行条例实施细则》,两个文件修订后都于 2011 年 11 月 1 日起施行。根据《财政部 国家税务总局关于全面推进资源税改革的通知》(财税〔2016〕53 号)和《财政部 国家税务总局关于资源税改革具体政策问题的通知》(财税〔2016〕54 号)的规定,对资源税进行了重大调整。

➤ 任务导入-1

某油气田 20×7 年 12 月生产原油 6 400 吨,当月销售 6 100 吨,自用 5 吨,另有 2 吨在采油过程中用于加热、修井。当月销售原油平均价格为 3 000 元/吨,另外,当月销售天然气1 200万元。假设原油的适用税率均为销售额的 8%、天然气的适用税率均为销售额的 10%。

请对该油气田的上述业务进行纳税筹划。

➤ 任务实施-1

一、熟悉资源税的计税原理及税收优惠政策

现行资源税计税依据是指纳税人应税产品的销售数量和自用数量。其具体为:纳税人开

采或者生产应税产品销售的,以销售数量为课税数量;纳税人开采或者生产应税产品自用的,以自用数量为课税数量。

根据《资源税暂行条例》第四条的规定:"资源税的应纳税额,按照从价定率或者从量定额的办法,分别以应税产品的销售额乘以纳税人具体适用的比例税率或者以应税产品的销售数量乘以纳税人具体适用的定额税率计算。"

第五条规定:"纳税人开采或者生产不同税目应税产品的,应当分别核算不同税目应税产品的销售额或者销售数量;未分别核算或者不能准确提供不同税目应税产品的销售额或者销售数量的,从高适用税率。"

第六条规定:"纳税人开采或者生产应税产品,自用于连续生产应税产品的,不缴纳资源税;自用于其他方面的,视同销售,依照本条例缴纳资源税。"

第七条规定:

有下列情形之一的,减征或者免征资源税:
(一)开采原油过程中用于加热、修井的原油,免税。

二、计算不同方案下的资源税应纳税额

方案一:该油气田未将原油、天然气分开核算,则:

该油气田当月应缴纳资源税=[(6 100+5)×3 000÷10 000+1 200]×10%=3 031.5×10%=303.15(万元)

方案二:该油气田将原油、天然气分开核算,则:

该油气田当月应缴纳资源税=[(6 100+5)×3 000÷10 000×8%]+(1 200×10%)=146.52+120=266.52(万元)

> **任务完成结论-1**

由以上计算可以看出,方案二比方案一使得该油气田少缴纳资源税 36.63(303.15－266.52)万元,从税负的角度来考虑,应当选择方案二。实践中,纳税人应分别核算不同税目应税产品的销售额或销售数量,同时利用好现行资源税的税收优惠政策,以避免合计从高纳税的情况发生。但分别核算会增加纳税人核算成本支出,这点要值得考虑。

> **任务知识-2**

根据财政部、国家税务总局《关于资源税改革具体政策问题的通知》(财税〔2016〕54 号)第一条第一款的规定:"关于销售额的认定。销售额是指纳税人销售应税产品向购买方收取的全部价款和价外费用,不包括增值税销项税额和运杂费用。运杂费用是指应税产品从坑口或洗选(加工)地到车站、码头或购买方指定地点的运输费用、建设基金以及随运销产生的装卸、仓储、港杂费用。运杂费用应与销售额分别核算,凡未取得相应凭据或不能与销售额分别核算的,应当一并计征资源税。"

根据《中华人民共和国资源税暂行条例实施细则》第二条的规定:"资源税中的天然气是指专门开采或与原油同时开采的天然气,暂不包括煤矿生产的天然气。"

➤ 任务导入-2

位于县城的甲原煤生产企业为增值税一般纳税人,20×7年11月发生以下业务:

(1)购进挖掘机一台,获得的增值税专用发票上注明的价款为60万元,增值税税款为10.2万元。支付运费4万元,取得公路内河货运发票。

(2)购进低值易耗品,取得的增值税专用发票上注明的价税合计为8万元。

(3)开采原煤10 000吨,采取分期收款方式销售原煤9 000吨,每吨不含税单价600元(含从坑口到货运站的运输费用等运杂费100元,且该运杂费未取得相应凭据或不能与销售额分别核算)。购销合同约定,本月应收取1/3的价款,但实际只收取不含税价款120万元。

(4)为职工宿舍供暖,使用本月开采的原煤200吨;另将本月开采的原煤500吨无偿赠送给某有长期业务往来的客户。

(5)销售开采原煤过程中产生的天然气125千立方米,取得不含税销售额25万元。

(6)月末盘点时发现月初购进的低值易耗品的1/5因管理不善而丢失。

假设相关票据在本月通过主管税务机关认证并申报抵扣。增值税月初留抵税额为0。该企业煤矿所在地原煤的资源税税率为销售额的8%,天然气的适用税率均为销售额的10%。

请对该企业当月应缴纳的资源税进行纳税筹划。

➤ 任务实施-2

一、熟悉资源税的计税原理及税收优惠政策

根据财政部、国家税务总局《关于实施煤炭资源税改革的通知》(财税〔2014〕72号)的规定:

自2014年12月1日起在全国范围内实施煤炭资源税从价计征改革,同时清理相关收费基金。

煤炭资源税实行从价定率计征。煤炭应税产品(以下简称应税煤炭)包括原煤和以未税原煤加工的洗选煤(以下简称洗选煤)。应纳税额的计算公式如下:

应纳税额＝应税煤炭销售额×适用税率

关于应税煤炭销售额依照《中华人民共和国资源税暂行条例实施细则》第五条和本通知的有关规定确定。

(一)纳税人开采原煤直接对外销售的,以原煤销售额作为应税煤炭销售额计算缴纳资源税。

原煤销售额不含从坑口到车站、码头等的运输费用。

(二)纳税人将其开采的原煤,自用于连续生产洗选煤的,在原煤移送使用环节不缴纳资源税;自用于其他方面的,视同销售原煤,依照《中华人民共和国资源税暂行条例实施细则》第七条和本通知的有关规定确定销售额,计算缴纳资源税。

二、计算不同方案下的资源税应纳税额

方案一:甲企业运杂费未取得相应凭据或不能与销售额分别核算,则:

甲企业应纳资源税＝[(9 000×1/3)＋(200＋500)]×600÷10 000×8%＝17.76(万元)

方案二:甲企业运杂费取得相应凭据且能与销售额分别核算,则:

甲企业应纳资源税＝[(9 000×1/3)＋(200＋500)]×(600－100)÷10 000×8%＝14.8(万元)

➤ 任务完成结论-2

由以上计算可以看出,方案二比方案一使得甲企业少缴纳资源税 2.96(17.76－14.8)万元,从税负的角度来考虑,应当选择方案二。实践中,纳税人在销售应税产品时应分别核算销售额与运杂费用,并取得相应票据,从而避免运杂费用合并计入销售额缴纳资源税。但分别核算会增加纳税人核算成本支出,这点要值得考虑。

业 务 技 能 自 测

一、单选题

1. 2017 年 10 月,甲企业进口一辆小汽车自用,支付买价 17 万元,小汽车运抵我国关境内输入地点起卸前的运费和保险费共计 3 万元,运抵我国关境内输入地点起卸后的运费和保险费共计 2 万元,另支付购货佣金 1 万元。已知关税税率为 20%,消费税税率为 25%,城建税税率为 7%,教育费附加征收率为 3%,地方教育费附加 2%。假设无其他纳税事项,下列关于甲企业相关税金的计算,正确的是(　　　)。

A. 应纳进口关税 4.2 万元
B. 应纳进口环节消费税 8 万元
C. 应纳进口环节增值税 4.08 万元
D. 应纳城建税和教育费附加 1.34 万元

2. 甲汽车专卖店购入小汽车 12 辆,根据《车辆购置税暂行条例》的规定,下列行为中,应当由甲汽车专卖店作为纳税人缴纳车辆购置税的是(　　　)。

A. 将其中 6 辆销售给客户

B. 库存 3 辆尚未售出

C. 将其中 1 辆赠送给乙企业

D. 将其中 2 辆作为董事长、总经理的专用轿车

3. 某汽车贸易公司 2017 年 3 月进口 10 辆小轿车(非新能源或节约能源车辆),海关审定的关税完税价格为 25 万元/辆,当月销售 8 辆,取得含税销售收入 200 万元;2 辆公司自用,已知:小轿车关税税率为 28%,消费税税率为 9%,车辆购置税税率为 10%。该公司应纳车辆购置税(　　　)万元。

A. 25×2×(1＋28%)/(1－9%)×10%＝7.03

8. 根据《土地增值税暂行条例》的规定,纳税人转让旧房及建筑物,在计算土地增值税税额时,准予扣除的项目有(　　)。

A. 评估价格　　　　　　　　　　　　B. 转让环节缴纳的税金

C. 取得土地使用权所支付的地价款　　D. 重置成本价

9. 根据《印花税暂行条例》的规定,下列各项中,不属于印花税纳税人的有(　　)。

A. 合同的当事人　　B. 合同的担保人　　C. 合同的鉴定人　　D. 合同的证人

10. 根据《资源税暂行条例》的规定,下列各项中,应计入资源税销售额的有(　　)。

A. 收取的价款　　　　　　　　　　　B. 收取的逾期付款违约金

C. 收取的增值税销项税额　　　　　　D. 收取的单独核算的运杂费用

三、判断题

1. 进口货物适用的关税税率是以进口货物的原产地为标准的。　　　　　　　(　　)

2. 购置已征车辆购置税的车辆,需要再次缴纳车辆购置税。　　　　　　　　(　　)

3. 熊某于2017年5月12日购买1辆发动机汽缸容量为2升的乘用车。已知适用年基准税额480元。购置的新车船,购置当年的应纳税额自纳税义务发生的当月起按月计算。熊某2017年应缴纳车船税=480×9÷12=360元。　　　　　　　　　　　　　　(　　)

4. 耕地占用税以纳税人实际占用的耕地面积为计税依据,按照适用税额标准计算应纳税额,一次性缴纳。　　　　　　　　　　　　　　　　　　　　　　　　　　(　　)

5. 产权所有人、承典人均不在房产所在地的,房产税的纳税人为房产代管人或者使用人。
　　　　　　　　　　　　　　　　　　　　　　　　　　　　　　　　　　(　　)

6. 房屋的附属设施无论会计上如何核算一律不征收房产税。　　　　　　　　(　　)

7. 纳税人新征用的非耕地,自批准征用之日起满1年时,开始缴纳城镇土地使用税。
　　　　　　　　　　　　　　　　　　　　　　　　　　　　　　　　　　(　　)

8. 某公立高校将一处原用于教学已免缴契税的教学楼出租给某企业,要征收契税,但不需要补缴已经免缴的契税。　　　　　　　　　　　　　　　　　　　　　　(　　)

9. 房地产开发企业建造的商品房,在出售前不征收房产税,但对出售前房地开发企业已使用或出租、出借的商品房应按规定征收房产税。　　　　　　　　　　　　(　　)

10. 纳税人签订的商品房销售合同应按照"产权转移书据"税目计缴印花税。　　(　　)

业务技能自测参考答案与解析

项目一　纳税筹划概述

一、单选题

1. D　2. A

3. B　【解析】　根据《税收征管法》规定,纳税人未按规定设置、保管账簿或者保管记账凭证和有关资料,以及未按照规定将财务制度或者会计处理方法报送税务机关备查的,由税务机关责令限期改正,逾期不改的处 2 000 元以下罚款;情节严重的,处以 2 000 元以上 1 万元以下的罚款。

4. C　5. B

二、多选题

1. BCD　2. ACD　3. ABCD　4. ABD　5. ABC

三、判断题

1. ×　2. ×　3. √　4. √　5. ×

四、实践训练

答:避税与偷(逃)税的区别如下:

(1) 从手段上来看,偷(逃)税采取的是做假账、伪造凭证等违法手段,甚至是犯罪手段;避税采取的是非违法手段,是法律未禁止的行为。

(2) 从实现不缴或少缴税款的环节来看,偷(逃)发生在纳税义务发生之后,其实质是逃避已经发生的纳税义务;避税发生在纳税义务发生之前,是规避或减少纳税义务。

(3) 从政府的态度来看,偷(逃)是直接违反税法的,是一种违法行为,应受到法律的制裁;避税是钻法律的空子,虽然不符合立法本意,但并不直接违法税法,避税不应当受到法律制裁,政府只能通过完善法律来弥补漏洞。

项目二　增值税的纳税筹划

一、单选题

1. B　【解析】　我国从 2009 年 1 月 1 日起施行消费型增值税。其课税基数仅限于消费资料价值的部分,允许将当期购入的固定资产价款一次全部扣除。

2. C 【解析】 A、B、D均不属于视同销售行为。

3. A 4. D

5. C 【解析】 对于个体工商户以外的其他个人——自然人,不办理一般纳税人资格登记。

6. B 【解析】 按规定新登记为一般纳税人的小型商贸批发企业——辅导期管理期限为3个月。

7. D 【解析】 玉米胚芽属于初级农产品,适用11%的增值税税率。酸奶、鱼罐头、茶饮料都适用17%的增值税税率。

8. C 【解析】 A:我国增值税起征点只是适用于个人,不适用于登记为一般纳税人的个体工商户。B:2011年11月1日起的起征点规定,纳税人销售额未达到国务院财政、税务主管部门规定的增值税起征点的,免征增值税;达到起征点的,依照规定全额计算缴纳增值税。D:不含税销售额=3.02÷(1+3%)=2.93万元,小于3万元,免征增值税。

9. A 【解析】 根据《增值税暂行条例》中规定,纳税人采取"以旧换新"方式销售货物,不允许扣除旧货物的价款(金银首饰除外)。应纳增值税=(80 000+30 000)÷(1+17%)×17%+(580 000+110 000)×17%=133 282.91元。

10. D 【解析】 以物易物销售方式不直接涉及货币收支活动,但其实质仍是一种购销行为,因此,以物易物双方均应做购销处理,以各自发出的货物核算销售额并计算销项税额,开具增值税专用发票时以各自收到的货物核算购进额并计算进项税额。

11. C 【解析】 向购买方收取的销项税额不得并入销售额计征增值税。

12. A 【解析】 计税销售额=(793.26+1.3)÷(1+17%)=679.11(万元)

13. B 【解析】 该酒厂2017年5月增值税销项税额=50 000×17%+(23 400+3 000)÷(1+17%)×17%=12 335.90(元)

14. D 【解析】 面粉属于初级农产品,适用11%的低税率,可抵扣进项税额=20×11%=2.2万元。

15. A 【解析】 进项税额=5×11%+0.6×11%=0.62(万元);应纳的增值税=20×17%-0.62=2.78(万元)

16. D 【解析】 有下列情形之一者,应当按照销售额和增值税税率计算应纳税额,不得抵扣进项税额,也不得使用增值税专用发票:

① 一般纳税人会计核算不健全,或者不能够提供准确税务资料的。

② 应当申请办理一般纳税人资格登记而未申请的。

该修理厂本月应缴纳增值税=23.4÷(1+17%)×17%=3.40(万元)

17. B 【解析】 自2017年7月1日起,取得(开具)农产品销售发票或收购发票的,以农产品销售发票或收购发票上注明的农产品买价和11%的扣除率计算进项税额。本期可以抵扣的进项税额=(150 000×11%+50 000×11%+4 000×11%)×3/4=16 830(元)

18. C 【解析】 应缴纳的增值税=60 000÷(1+3%)×3%+5 000÷(1+3%)×2%=1 844.66(元)

19. D 【解析】 商业企业一般纳税人零售的烟、酒、食品、服装、鞋帽(不包括劳保专用部分)、化妆品等消费品不得开具增值税专用发票。

20. B 【解析】 纳税人销售货物或者提供应税劳务的,其增值税纳税义务发生时间为收讫销售款或者取得索取销售款凭据的当天;先开具发票的,为开具发票的当天。

二、多选题

1. ABD 【解析】 我国现行的增值税属于间接税,税收负担由商品最终消费者负担。

2. ABC 【解析】 认证服务属于鉴证咨询服务。

3. BCD 【解析】 A:不属于增值税的征税范围。

4. BCD 【解析】 单位或者个体工商户向其他单位或者个人无偿提供服务属于"营改增"试点规定的视同销售服务,但用于公益事业或者以社会公众为对象的除外。

5. CD 【解析】 A:将自产货物用于办公使用,间接为生产服务的,其进项税额准予抵扣,不属于将自产货物用于非应税项目,不视同销售;B:将外购的货物用于职工福利,属于不得抵扣项目,不属于视同销售。

6. BDE 【解析】 A、C:属于增值税兼营行为。

7. ACD 【解析】 个人转让商标权不属于"营改增"免税范围。

8. ABCD 【解析】 本题考核不属于价外费用的情形。

9. ABC 【解析】 A:小规模纳税人销售自己使用过的固定资产,应减按2%征收率征收增值税;B:小规模纳税人销售自己使用过的除固定资产以外的物品,应按3%的征收率征收增值税;C:增值税一般纳税人销售自己使用过的2009年1月1日以后购进的固定资产,按照适用税率征收增值税。

10. BC

11. ACD 【解析】 根据国家税务总局《不动产进项税额分期抵扣暂行办法》(总局〔2016〕15号)文件规定,2016年5月1日后取得并在会计制度上按固定资产核算的不动产或者2016年5月1日后取得的不动产在建工程,其进项税额应自取得之日起分2年从销项税额中抵扣,第一年抵扣60%,第二年抵扣40%。

需要分2年抵扣的不动产共有两项,分别是:① 取得的不动产,包括以直接购买、接受捐赠、接受投资入股、自建以及抵债等各种形式取得的不动产,并在会计制度上按固定资产核算的不动产。② 发生的不动产在建工程,包括新建、改建、扩建、修缮、装饰不动产。

不需进行分2年抵扣的不动产,即可以一次性抵扣的共有三项,分别是:① 房地产开发企业自行开发的房地产项目;② 融资租入的不动产;③ 在施工现场修建的临时建筑物。

12. BCD 【解析】 A:不属于非正常损失的情形。

13. AC 【解析】 B、D:属于不得从销项税额中抵扣的情形。

14. ABCD

15. ABCD

三、判断题

1. × 【解析】 提供加工、修理修配劳务是指有偿提供加工、修理修配劳务,即应税劳务,但单位或个体经营者聘用的员工为单位或雇主提供加工、修理修配劳务的,不包括在内。

2. × 【解析】 本题考核视同销售行为的确定。增值税一般纳税人将自产的货物无偿赠送他人,属于增值税的视同销售行为,应征收增值税。

3. √ 4. √

5. × 【解析】 纳税人销售自己使用过的、未抵扣进项税额的固定资产,减按2%征收率征税。

6. × 【解析】 本题考核现金折扣的增值税处理。现金折扣发生在销货之后,是纳税人的一种融资理财性质的费用支出,不得从销售额中减除。

7. √ 8. √

9. × 【解析】 将购进的货物用于集体福利或个人消费的,不属于视同销售货物,不缴纳增值税。

10. × 【解析】 增值税专用发票发票联作为购买方核算采购成本的记账凭证,也是购买方报送主管税务机关认证和留存备查的扣税凭证。

四、案例分析

1. (1) 该广告公司 20×7 年 6 月应向 B 区国税部门申报增值税和文化事业建设基金;应向 B 区地税部门申报城市维护建设税、教育费附加、地方教育费附加、印花税和水利建设基金。

① 销项税额＝106÷(1+6%)×6%+140.4÷(1+17%)×17%＝6+20.4＝26.4(万元)

进项税额＝16.4(万元)

应交增值税＝26.4－16.4＝10(万元)

② 应交城市维护建设税、教育费附加、地方教育费附加合计＝10×(7%+3%+2%)＝1.2(万元)

③ 应交文化事业建设基金＝106×3%＝3.18(万元)

应交印花税＝(106+140.4)×0.03%＝0.073 92(万元)

④ 应交水利建设基金＝[106÷(1+6%)+140.4÷(1+17%)]×0.06%＝0.132(万元)

(2) 账务处理:

① 借:应交税费——应交增值税(转出未交增值税)   100 000

　　贷:应交税费——未交增值税   100 000

② 借:税金及附加   31 800

　　贷:应交税费——其他应付款(文化事业建设基金)   31 800

③ 借:税金及附加   12 000

　　贷:应交税费——其他应付款(应交城市维护建设税)   7 000

　　　　应交税费——其他应付款(教育费附加)   3 000

　　　　应交税费——其他应付款(地方教育费附加)   2 000

④ 借:管理费用   739.20

　　贷:应交税费——应交印花税   739.20

⑤ 借:管理费用   1 320

　　贷:应交税费——其他应付款(水利建设基金)   1 320

2. 方案一:如果该企业对居民供热收入选择按增值税免税处理,则:

该企业的应税收入＝3 000×30%＝900(万元)

当期销项税额＝900×11%＝99(万元)

当期进项税额＝(2 500－2 500×70％)×17％＝127.5(万元)

应纳增值税税额＝99－127.5＝－28.5(万元)(即形成留抵税额 28.5 万元)

方案二：如果该企业对居民供热收入选择放弃享受增值税免税政策,则：

该企业的当期销项税额＝3 000×11％＝330(万元)

当期进项税额＝2 500×17％＝425(万元)

应纳增值税＝330－425＝－95(万元)(即形成留抵税额 95 万元)

从上述计算可以看出,如果供热企业所需主要原料煤炭的增值税税率由 11％调高至 17％,而从 2017 年 7 月 1 日起,销售暖气的增值税税率为 11％。由于企业的销项税税率和进项税税率的不同,存在"高抵低征"情况,即购进货物时为高税率,销售货物或提供劳务时为低税率。加之销售热价一般执行政府定价,向居民供热的售价偏低,部分供热企业享受免税反而使进项税转出大于免缴的销项税,导致多缴纳税款。如果选择放弃享受免税政策,企业的留抵税额大于选择享受免税政策的留抵税额。因此,在此类情况下,企业应结合具体实际,进行详细测算,确定最终适用的政策。本案例中,明显是选择方案二对企业有利。需要注意的是,做出上述判断还需要考虑未来几年企业经营及税金上可能的变化。

五、实践训练

1. 该商场销售价格明显偏低,适用纳税人最近时期内同类货物的平均销售价格确定,则：

销售额＝[120＋100＋(120＋100)÷2]×1 000＝330 000(元)

2. 该企业销项税额＝(78＋90＋200×1 500÷10 000)÷(1＋17％)×17％＝28.77(万元)

3. 纳税人采取以旧换新的方式销售金银首饰,以实际收到的不含税价款作为计税依据,则：

该金店应纳增值税销项税额＝[20×1 700÷(1＋17％)＋2 270÷(1－17％)＋5 000]×17％＝6 120(元)

4. 进项税额＝65 830×11％＋300 000×11％＝7 241.3＋33 000＝40 241.3(元)

采购成本＝65 830×(1－11％)＋300 000＝358 588.7(元)

5. 适用一般计税方法的纳税人,兼营简易计税方法计税项目、免征增值税项目而无法划分不得抵扣的进项税额,按照下列公式计算不得抵扣的进项税额：

不得抵扣的进项税额＝当期无法划分的全部进项税额×(当期简易计税方法计税项目销售额＋免征增值税项目销售额)÷当期全部销售额

该制药厂当月销项税额＝93 600÷(1＋17％)×17％＝80 000×17％＝13 600(元)

当月可抵扣的进项税额＝5 000＋(10 000－5 000－2 000)×80 000÷(20 000＋80 000)＝5 000＋2 400＝7 400(元)

当月应纳增值税税额＝13 600－7 400＝6 200(元)

6. 准予抵扣的进项税额＝34×(1－5％)＋(40×11％＋3×11％)×(1－60％)＝34.19(万元)

7. (1)可以抵扣的进项税额＝10.20＋8×(1－1/5)＝16.60(万元)

(2)销项税额＝9 000×0.05×1/3×17％＋(200＋500)×0.05×17％＝31.45(万元)

(3)应缴纳的增值税税额＝31.45－16.60＝14.85(万元)

8. 该公司增值税进项税额＝3 400＋1 000×11％＝3 510(元)

原材料成本＝20 000＋1 000＝21 000(元)

会计处理如下：

借：原材料　　　　　　　　　　　　　　　　　　　　　21 000

　　应交税费——应交增值税(进项税额)　　　　　　　　3 510

　　贷：银行存款　　　　　　　　　　　　　　　　　　　　24 510

9.(1)小规模纳税人购进货物时,所支付的增值税税额直接计入成本,不可抵扣。所以只有销项税额,没有进项税额。

应纳税额＝2 163÷(1＋3％)×3％＋2 060÷(1＋3％)×3％＋540＝663(元)

(2)会计处理如下：

① 借：银行存款　　　　　　　　　　　　　　　　　　　2 163

　　　贷：主营业务收入　　　　　　　　　　　　　　　　2 100

　　　　　应交税费——应交增值税　　　　　　　　　　　　63

② 借：库存商品　　　　　　　　　　　　　　　　　　　4 680

　　　贷：银行存款　　　　　　　　　　　　　　　　　　4 680

③ 借：银行存款　　　　　　　　　　　　　　　　　　　2 060

　　　贷：主营业务收入　　　　　　　　　　　　　　　　2 000

　　　　　应交税费——应交增值税　　　　　　　　　　　　60

　　借：银行存款　　　　　　　　　　　　　　　　　　18 540

　　　贷：主营业务收入　　　　　　　　　　　　　　　18 000

　　　　　应交税费——应交增值税　　　　　　　　　　　540

10.(1)根据业务(1),购进降压药原料及支付其运输费,取得增值税专用发票并经认证则：

进项税额＝85＋1.32＝86.32(万元)(准予抵扣)

(2)根据业务(2),用于免征增值税项目的购进货物、加工修理修配劳务、服务、无形资产和不动产,其进项税额不得抵扣。故购进免税药原料及其运费取得的增值税专用发票上注明的税额不得抵扣。

(3)根据业务(3),采取预收货款方式销售货物,其纳税义务发生时间为货物发出的当天。故当月对销售降压药取得的预收款500万元在会计上不确认收入,在税法上也不做销项税额处理。

(4)根据业务(4),将自产的货物无偿赠送其他单位或个人,视同销售。无同类药品销售价格的,则按组成计税价格确定销售额。

销项税额＝4.68×(1＋10％)×10×17％＝8.75(万元)

(5)根据业务(5),没收逾期未退还包装箱押金应并入当期销售额征税,但视为含税价款,应换算为不含税价款。

销项税额＝[450×1.5＋50×1.6＋23.4÷(1＋17％)]×17％＝131.75(万元)

甲制药厂3月份应纳增值税税额＝8.75＋131.75－86.32－18.75＝35.43(万元)

项目三　消费税的纳税筹划

一、单选题

1. B　【解析】　本题考查消费税的计税依据。纳税人自产的应税消费品用于换取生产资料和消费资料,投资入股和抵偿债务等方面,应当按纳税人同类应税消费品的最高销售价格作为计税依据。

2. A　【解析】　委托加工应税消费品以委托方为纳税人、受托方为代收代缴义务人。

3. C　【解析】　成品油在生产销售环节缴纳消费税。

4. D　【解析】　零售金银首饰、铂金首饰、钻石及钻石饰品的纳税人在零售时纳税,即生产、进口和批发环节均不征消费税。

5. D　【解析】　用于连续生产应税消费品的,不纳税。

6. B　【解析】　A:小汽车在生产环节(或者进口环节、委托加工环节)征收消费税,在零售环节不征收消费税;B:在委托加工环节征收消费税(由受托方在向委托方交货时代收代缴消费税;委托个人加工的应税消费品,由委托方收回后缴纳消费税);C:卷烟在生产环节、委托加工环节、进口环节和批发环节征收消费税,但在零售环节不征收消费税;D:钻石及钻石饰品在零售环节征收消费税,在进口环节不征收消费税;

7. C　【解析】　只有卷烟在批发环节加征一道消费税,鞭炮不在批发环节纳税。

8. D　【解析】　价外费用和逾期包装物押金均视为含税(增值税)收入;化妆品厂本月应缴纳消费税$=(46.8+1.5+1)\div(1+17\%)\times15\%=6.32$(万元)

9. A　【解析】　烟草批发企业将卷烟销售给其他烟草批发企业的,不缴纳消费税。

10. B　【解析】　A、D:"酒(除葡萄酒)""小汽车""高档手表"和"游艇"等税目不涉及抵扣的问题;C:纳税人用委托加工收回的已税珠宝、玉石为原料生产的改在零售环节征收消费税的"金银首饰",在计税时一律不得扣除委托加工收回的珠宝、玉石原料的已纳消费税税款。

11. B　【解析】　11月为生产香水领用香水精$=10+100-20=90$(万元),该公司当月应缴纳消费税$=100\times15\%-90\times15\%=1.5$(万元)

12. C　【解析】　C:纳税人委托加工应税消费品的,为纳税人提货的当天。

13. A　【解析】　B:纳税人总机构与分支机构不在同一省的,分别向各自机构所在地的主管税务机关申报纳税;C:进口的应税消费品,由进口人或者其代理人向报关地海关申报纳税;D:委托加工的应税消费品,受托方为个人的,由委托方向机构所在地的主管税务机关申报纳税。

14. B　【解析】　甲公司应缴纳城市维护建设税$=(34+22)\times7\%=3.92$(万元)

15. D　【解析】　对出口产品退还增值税、消费税的,不退还已缴纳的城市维护建设税和教育费附加;海关对进口产品代征的增值税、消费税,不征收城市维护建设税和教育费附加。即出口不退,进口不征。

二、多选题

1. ACD 【解析】 B：生产环节销售的普通化妆品不属于消费税的应税范围。

2. BC 【解析】 A：酒精属于比例税率征收消费税。根据《财政部 国家税务总局关于调整消费税政策的通知》（财税〔2014〕93 号）第二条和第五条的规定，自 2014 年 12 月 1 日起，取消汽车轮胎税目。

3. AD 【解析】 B、C：不属于外购应税消费品已纳税款的扣除。

4. BD 【解析】 A：外购货物用于个人消费的，不得抵扣进项税额；B、C、D：外购货物用于销售或用于投资、分配、无偿赠送的（视同销售货物），需要计算销项税额，对应的进项税额可以抵扣。

5. ABD 【解析】 C：实木地板在生产、委托加工、进口环节缴纳消费税。实木地板的保养服务不属于消费税的征税范围。

6. ABCD 【解析】 A、B、D：属于价外费用，应计征消费税；C：对酒类生产企业销售酒类产品（黄酒、啤酒除外）而收取的包装物押金，不论押金是否返还以及会计上如何核算，均应并入酒类产品的销售额，征收消费税。

7. BCD 【解析】 纳税人用于换取生产资料和消费资料、投资入股和抵偿债务等方面的应税消费品，应当以纳税人同类应税消费品的最高销售价格作为计税依据计算消费税。

8. AB 【解析】 C：啤酒实行从量定额征收；D：烟丝实行从价定率征收消费税。

9. BCD 【解析】 A：纳税人采取预收货款结算方式销售应税消费品的，为发出应税消费品的当天。

10. ABCD 【解析】 城市维护建设税和教育费附加的纳税人是指实际缴纳"增值税、消费税"的单位和个人，包括各类企业、行政单位、事业单位、军事单位、社会团体及其他单位，以及个体工商户和其他个人。

三、判断题

1. × 【解析】 纳税人自产自用的应税消费品，用于连续生产应税消费品的，不纳税；用于其他方面的（用于生产非应税消费品、在建工程、管理部门、馈赠、赞助、集资、广告、样品、职工福利、奖励等），视同销售，在移送使用时纳税。

2. √ 【解析】 纳税人采用"以旧换新（含翻新改制）"方式销售的金银首饰，应按"实际收取"的不含增值税的全部价款确定计税依据征收消费税。

3. √ 【解析】 纳税人通过自设非独立核算门市部销售的自产应税消费品，应按门市部"对外销售额或者销售数量"征收消费税。

4. × 【解析】 纳税人在被查补"两税"和被处以罚款时，应同时对其城市维护建设税进行补税、征收滞纳金和罚款。

5. × 【解析】 由受托方代扣代缴、代收代缴"两税"的单位和个人，其代扣代缴、代收代缴的城市维护建设税按"受托方"所在地适用税率执行。

四、实践训练

1. 啤酒每吨出厂价（含包装物及押金）在 3 000 元以上的，适用消费税税额是 250 元/吨；

每吨出厂价(含包装物及押金)在 3 000 元以下的,适用消费税税额是 220 元/吨。

A 型啤酒的单位售价＝[58 000＋3 000÷(1＋17％)]÷20＝3 028.21(元/吨)

适用的消费税税率是 250 元/吨,则:

应纳消费税＝20×250＝5 000(元)

B 型啤酒的单位售价＝(32 760＋1 500)÷(1＋17％)÷10＝2 928.21(元/吨)

适用的消费税税率是 220 元/吨,则:

应纳消费税＝10×220＝2 200(元)

该啤酒厂应缴纳的消费税合计＝5 000＋2 200＝7 200(元)

注意:啤酒采取从量计税,包装物押金不缴纳消费税,但包装物押金会影响适用单位税额的选择。

2. 第一步:熟悉税法并设计纳税筹划思路。

根据《中华人民共和国消费税暂行条例》的规定:"委托方是消费税的纳税义务人,委托加工的应税消费品,除受托方为个人外,由受托方在向委托方交货时代收代缴消费税税款;委托个人加工的应税消费品,由委托方收回后缴纳消费税。"对由受托方代征代扣增值税、消费税的单位和个人,由受托方按其所在地适用的税率代收代缴城市维护建设税。所以纳税人在进行委托时,可以选择城市维护建设税比自己低的受托地区的其他纳税人进行委托。

第二步:计算不同方案下的城建税应纳税额。

方案一:选择设在县城的乙公司作为受托方,则甲公司应纳城建税为:

应纳城建税＝100×5％＝5(万元)

方案二:选择设在乡镇的丙公司作为受托方,则甲公司应纳城建税为:

应纳城建税＝100×1％＝1(万元)

第三步:进行相关账务处理。

(1) 计提税费时:

借:税金及附加——城市维护建设税

　　贷:应交税费——应交城市维护建设税

(2) 结转税费时:

借:本年利润

　　贷:税金及附加——城市维护建设税

(3) 上缴税费时:

借:应交税费——应交城市维护建设税

　　贷:银行存款等

第四步:综合分析。

由以上计算不难看出,方案二要比方案一少缴纳城建税 4(5－1)万元。因此,从税负的角度来考虑,应当选择方案二。实践中,企业选择受托方的时候,不能只考虑受托方的地址或者城建税税负,还应该考虑受托方的信誉、加工质量等各种因素。

项目四　企业所得税的纳税筹划

一、单选题

1. D 【解析】 D:"不动产"转让所得按照不动产所在地确定;"动产"转让所得按照转让动产的企业或者机构、场所所在地确定;"权益性投资资产"转让所得按照被投资企业所在地确定。

2. B 【解析】 A:销售商品采用托收承付方式的,在办妥托收手续时确认收入;C:销售商品采用支付手续费方式委托代销的,在收到代销清单时确认收入。D:销售商品需要安装和检验的,在购买方接受商品以及安装和检验完毕时确认收入,如果安装程序比较简单,可在发出商品时确认收入。

3. A 【解析】 A:属于免税收入;B:属于不征税收入;C、D:属于应税收入。

4. C 【解析】 福利费扣除限额为 14(100×14%)万元,实际发生 12 万元,准予扣除 12 万元;工会经费扣除限额为 2(100×2%)万元,实际发生 2 万元,可以据实扣除;职工教育经费扣除限额为 2.5(100×2.5%)万元,实际发生 2 万元,可以据实扣除。

应调增应纳税所得额＝18.5−(12＋2＋2)＝2.5(万元)

5. A 【解析】 企业发生的与生产经营活动有关的业务招待费支出,按照发生额的 60% 扣除,但最高不得超过当年销售(营业)收入的 5‰。

业务招待费扣除限额＝(1 000＋100＋50＋100)×5‰＝6.25 万元＞10×60%＝6 万元,可以扣除 6 万元。

6. B 【解析】 利润总额＝3 000−2200−150−400−140−14−6−7−8＝75(万元)

公益性捐赠支出扣除限额＝75×12%＝9 万元,实际发生 8 万元,可以据实扣除。

7. C 【解析】 自然灾害等不可抗力因素造成的损失可以在收入总额中扣除。

8. C 【解析】 税前扣除限额＝100×7.8%×6/12＝3.9(万元)

实际发生的利息费用支出＝100×10%×6/12＝5 万元,超过了扣除限额,税前准予扣除 3.9 万元。

9. B 【解析】 2017 年甲企业广告费税前扣除限额＝3 000×15%＝450(万元)

当年实际发生额 400 万元＋上年结转广告费 60 万元＝460 万元,甲企业 2017 年税前准予扣除的广告费为 450 万元。

10. C 【解析】 企业应当自固定资产投入使用月份的次月起计算折旧。

11. B 【解析】 无形资产包括专利权、商标权、著作权、土地使用权、非专利技术、商誉等,但是自创商誉不得计算摊销费用扣除。

12. A 【解析】 茶叶精制加工厂不属于农业初加工企业,生产的产品不属于初级农产品。因此,不能享受上述增值税和企业所得税优惠政策。

13. C 【解析】 创业投资企业采取股权投资方式投资于未上市的中小高新技术企业 2 年以上的,可以按照其投资额的 70% 在持有股权满 2 年的当年抵扣该企业的应纳税所得额。

甲企业可以抵扣的数额＝120×70%＝84(万元)

14. D 【解析】 转让无形资产使用权所取得的收入,应计入其他业务收入;转让无形资产所有权所取得的收入,应计入"营业外收入"科目。

15. D 【解析】 该企业计算当年企业应纳税所得额时应扣除的租赁费用＝1.2÷12×10＝1(万元)

二、多选题

1. ABD 【解析】 C:权益性投资资产转让所得,按照被投资企业所在地确定。

2. ABCD

3. BCD 【解析】 增值税属于价外税,在计算企业所得税时不得扣除。

4. ABC 【解析】 准予结转扣除的项目包括职工教育经费、广告费和业务宣传费,以及创业投资的70%。

5. AB 【解析】 A:公益性捐赠支出税前扣除限额＝2 000×12%＝240 万元,实际发生额 200 万元,未超过扣除限额,准予在税前全额扣除;B:职工福利费税前扣除限额＝1 500×14%＝210 万元,实际发生额 160 万元,没有超过扣除限额,准予在税前全额扣除;C:职工教育经费税前扣除限额＝1 500×2.5%＝37.5 万元,实际发生额 40 万元,超过扣除限额,税前允许扣除的职工教育经费为 37.5 万元;D:2017 年 7 月至 2017 年 6 月期间的厂房租金支出 50 万元,应按租金所属年度分别在 2017 年度和 2018 年度扣除,而非全部在 2017 年度扣除。

6. AC 【解析】 罚金、罚款和被没收财物的损失不得扣除。但是纳税人按照经济合同规定支付的违约金(包括银行罚息)、罚款和诉讼费用,准予在税前扣除。

7. AD 【解析】 不得计算折旧扣除的固定资产主要有:

(1)"房屋、建筑物以外"未投入使用的固定资产;(2)以经营租赁方式租入的固定资产;(3)以融资租赁方式租出的固定资产;(4)已提足折旧仍继续使用的固定资产;(5)与经营活动无关的固定资产;(6)独立估价作为固定资产入账的土地;(7)其他不得计提折旧扣除的固定资产。

8. ACD 【解析】 留兰香属于香料作物,应减半征收企业所得税。

9. AC 【解析】 B:根据《企业所得税法实施条例》第六十四条的规定,生产性生物资产计算折旧的最低年限如下:(1)林木类生产性生物资产,为 10 年;(2)畜类生产性生物资产,为 3 年。

D:根据《企业所得税法实施条例》第六十条的规定,除国务院财政、税务主管部门另有规定外,固定资产计算折旧的最低年限如下:

(1)房屋、建筑物,为 20 年;(2)飞机、火车、轮船、机器、机械和其他生产设备,为 10 年;(3)与生产经营活动有关的器具、工具、家具等,为 5 年;(4)飞机、火车、轮船以外的运输工具,为 4 年;(5)电子设备,为 3 年。

10. ABCD

三、判断题

1. × 【解析】 居民企业应当就其来源于中国"境内、境外"的所得缴纳企业所得税。

2. × 【解析】 依照有关法律、行政法规和国家有关税法的规定,如会员费、合理的会议费、差旅费、违约金、诉讼费等项目可以扣除。

3. √

4. √

5. × 　【解析】　企业接受捐赠所得,属于企业所得税的征税对象。

6. × 　【解析】　根据相关规定,企业发生的职工福利费支出,不超过工资薪金总额的14%的部分,准予扣除,该公司2017年税前准予扣除的职工福利费为133(950×14%)万元。

7. √

8. × 　【解析】　如属同一法人主体,则企业之间支付的管理费不得扣除;营业机构非独立法人,支付的租金和特许权使用费则不得扣;金融机构之间支付的利息准予扣除。

9. × 　【解析】　停止使用的生产性生物资产,应当自停止使用月份的"次月"起停止计算折旧。

10. √

项目五　个人所得税的纳税筹划

一、单选题

1. C 　【解析】　A、B、D:在一个纳税年度(1月1日—12月31日)内,在中国境内居住时间均不满365日,不属于居民纳税人;C:在一个纳税年度(2017年1月1日—12月31日)内,且临时离境仅28天,不扣减其在华居住天数,在中国境内居住满365日。

2. A 　【解析】　A:应按"工资、薪金所得"税目征收个人所得税;B、C:不属于工资、薪金性质的"补贴、津贴",不征收个人所得税;D:属于免税收入。

3. B 　【解析】　年终加薪、劳动分红不分种类和取得的情况,一律按工资薪金所得课税。

4. D 　【解析】　A:属于"利息、股息、红利所得"税目,并享受免税的优惠;B:属于"财产租赁所得"税目;C:属于"偶然所得"税目。

5. C 　【解析】　外籍个人以非现金形式或实报实销形式取得的住房补贴、伙食补贴、搬迁费、洗衣费暂免征收个人所得税。

甲在中国期间每月应缴纳的个人所得税=(28 000−4 800)×25%−1 005=4 795(元)

6. D 　【解析】　(1)岗位津贴属于"工资、薪金所得"税目;(2)"全年一次性奖金"以外的季度奖金,应与当月工资、薪金收入合并,计征个人所得税。

7. A 　【解析】　个人转让房屋所得属于财产转让取得的所得。

8. B

9. A 　【解析】　B、C、D:属于"劳务报酬所得"税目。

10. C 　【解析】　同一作品出版、发表后,因添加印数而追加稿酬的,应与以前出版、发表时的稿酬合并计算为一次,计征个税。

11. D 　【解析】　(1)从2001年1月1日起,对个人出租住房取得的所得暂减按10%的税率征收个人所得税;(2)财产租赁所得,每次(月)收入不超过4 000元的,应纳税额=[每次(月)收入额−财产租赁过程中缴纳的可扣除税费−由纳税人负担的租赁财产实际开支的修缮费用(800元为限)−800]×10%;(3)王某当月出租住房应缴纳个人所得税=(3 000−120−800−800)×10%=128元。

12. B 【解析】 特许权使用费所得,以某项使用权的一次转让所取得的收入为一次。

二、多选题

1. ACD

2. BC 【解析】 A、D:应按"特许权使用费所得"税目征收个人所得税;B、C:应按"财产转让所得"税目征收个人所得税。

3. BCD 【解析】 B、C、D:应按"劳务报酬所得"税目缴纳个人所得税;A:应按"特许权使用费所得"税目缴纳个人所得税。

4. CD 【解析】 A、C:只有一次性收入的,以取得该项收入为一次;B、D:属于同一事项连续取得收入的,以1个月内取得的收入为一次。

5. ACD 【解析】 B:同一作品在报刊上连载取得收入的,以连载完成后取得的所有收入合并为一次,计征个人所得税。同一作品出版、发表后,因添加印数而追加稿酬的,应与以前出版、发表时取得的稿酬合并计算为一次,计征个人所得税。

6. ABC 【解析】 A、B、C:应按"劳务报酬所得"税目缴纳个人所得税;D:应按"特许权使用费所得"税目缴纳个人所得税。

7. BD 【解析】 A:外籍个人以非现金或者实报实销形式取得的住房补贴、伙食补贴、搬迁费、洗衣费,暂免征收个人所得税;B:外籍个人从外商投资企业取得的股息、红利所得,暂免征收个人所得税;C:个人转让自用达5年以上,并且是唯一的家庭生活用房取得的所得,暂免征收个人所得税;D:对个人购买福利彩票、赈灾彩票、体育彩票,一次中奖收入在1万元以下的(含1万元)暂免征收个人所得税,超过1万元的,全额征收个人所得税。

8. ACD

9. BCD 【解析】 D:王某获得的是县级(而非省级)人民政府颁发的奖金,不属于免征个人所得税的情形。

10. ABD 【解析】 C:从中国境内两处或者两处以上取得"工资、薪金所得"(不包括稿酬所得)的,应自行申报纳税。

三、判断题

1. √

2. × 【解析】 丁某属于居民纳税人,应当就其来源于中国境内和境外的所得向中国政府履行全面纳税义务。

3. × 【解析】 劳务报酬所得是指个人独立从事"非雇佣"的各种劳务所取得的所得。即一般"兼职"所取得的所得。

4. × 【解析】 退休人员再任职取得的收入,在减除按税法规定的费用扣除标准后,按"工资、薪金所得"应税项目缴纳个人所得税。

5. √

6. × 【解析】 个体工商户通过公益性社会团体或者县级以上人民政府及其部门,用于《公益事业捐赠法》规定的公益事业的捐赠,捐赠额不超过其应纳税所得额30%的部分可以据实扣除。

7. √ 【解析】 个人对企事业单位承包、承租经营后,工商登记改变为个体工商户的。

这类承包、承租经营所得,实际上属于个体工商户的生产、经营所得,应按个体工商户的生产、经营所得项目征收个人所得税,不再征收企业所得税。

8. √

9. ×　【解析】　出版、发表画作应按"稿酬所得"税目计缴个人所得税。

10. ×　【解析】　个人取得的财产转租收入,应按"财产租赁所得"税目缴纳个人所得税。

项目六　其他税种的纳税筹划

一、单选题

1. B　【解析】　A:小汽车运抵我国关境内输入地点起卸后的运费和保险费不计入关税完税价格;向境外采购代理人支付的买方佣金(购货佣金)不计入关税完税价格,甲企业应缴纳进口关税＝(17＋3)×20%＝4 万元。B:进口环节消费税＝(关税完税价格＋关税)÷(1－消费税税率)×消费税税率＝(17＋3＋4)÷(1－25%)×25%＝8 万元。C:进口环节增值税＝(关税完税价格＋关税＋消费税)×增值税税率＝(17＋3＋4＋8)×17%＝5.44 万元。D:城建税和教育费附加"进口不征、出口不退"。

2. D　【解析】　A、C:都不是自己最终使用,而应该是客户和受赠方缴纳车辆购置税。B:购入待售车辆不需要缴纳车辆购置税,待进一步处置时再行确定纳税人、缴纳车辆购置税。

3. A　【解析】　本题考核车辆购置税应纳税额的计算。本题中,只有公司自用的 2 辆车需要由该公司缴纳车辆购置税。组成计税价格＝25×2×(1＋28%)÷(1－9%)＝70.33 万元,车辆购置税＝70.33×10%＝7.03 万元。

4. C　【解析】　挂车按照货车税额的 50%计算车船税。该公司 2017 年应缴纳车船税＝10×20×40＋5×20×40×50%＋5×360＝11 800 元。

5. D

6. B　【解析】　幼儿园所有的、本身业务范围内使用的房屋免征房产税;企业经营性房产从价计征房产税,出租的房产从租计征房产税,则企业应纳房产税＝12 000×(1－30%)×1.2%＋80×12%＝110.4 万元。

7. A　【解析】　对企业的铁路专用线、公路等用地除另有规定者外,在企业厂区(包括生产、办公及生活区)以内的,应照章征收城镇土地使用税。本题中,甲公司当年的城镇土地使用税应纳税额＝30 000×5＝150 000 元。

8. D　【解析】　A:房屋的出租并不转移房屋权属,不属于契税的征税范围;B、C:应由土地使用权的承受方(而非市政府、甲公司)缴纳契税。

9. B　【解析】　土地增值税应纳税额＝增值额×适用税率－扣除项目金额×速算扣除系数＝(20 000－12 000)×40%－12 000×5%＝2 600 万元。

10. C　【解析】　加工承揽合同,按"加工、承揽收入"的 0.5‰贴花;财产保险合同,按"保险费收入"的 1‰贴花。甲公司应缴纳印花税合计＝30×0.5‰＋1×1‰＝0.016 万元。

二、多选题

1. ABCD

2. ABCD

3. BCD 【解析】 拖拉机不属于车船税的征税范围。

4. BC 【解析】 A、D:没有免征耕地占用税的优惠。

5. ACD 【解析】 房产税的纳税人是指在我国城市、县城、建制镇和工矿区(不包括农村)内拥有房屋产权的单位和个人。

6. ABCD

7. ABD 【解析】 A:国有土地使用权出让、土地使用权出售、房屋买卖,以成交价格作为计税依据;B:土地使用权赠予、房屋赠予,计税依据由征税机关参照土地使用权出售、房屋买卖的市场价格确定;D:土地使用权交换、房屋交换,计税依据为所交换土地使用权、房屋的"价格差额"。

8. ABC 【解析】 转让旧房应按房屋及建筑物的评估价格、取得土地使用权所支付的地价款和按国家统一规定缴纳的有关费用,以及在转让环节缴纳的税金作为扣除项目金额计征土地增值税。

9. BCD

10. AB 【解析】 资源税的销售额为纳税人销售应税产品向购买方收取的全部价款和价外费用,但不包括收取的增值税销项税额和运杂费。

三、判断题

1. √

2. × 【解析】 购置已征车辆购置税的车辆,无须再次缴纳车辆购置税。

3. √

4. √

5. √

6. × 【解析】 凡以房屋为载体,不可随意移动的附属设备和配套设施,如给排水、采暖、消防、中央空调、电气及智能化楼宇设备等,无论在会计核算中是否单独记账与核算,都应计入房产原值,计征房产税。

7. × 【解析】 纳税人新征用的非耕地,自批准征用次月起,开始缴纳城镇土地使用税。

8. × 【解析】 经批准减征、免征契税的纳税人,改变有关土地、房屋的用途的,就不再属于减征、免征契税范围,并且应当补缴已经减征、免征的税款。

9. ×

10. √

参考文献

[1] 庄粉荣. 纳税筹划实战精选百例［M］. 第 6 版. 北京：机械工业出版社，2016.

[2] 盖地. 税收筹划学［M］. 第 4 版. 北京：中国人民大学出版社，2015.

[3] 梁文涛. 纳税筹划［M］. 第 1 版. 北京：中国人民大学出版社，2016.

[4] 查方能. 纳税筹划［M］. 第 4 版. 大连：东北财经大学出版社，2015.

[5] 蔡昌. 纳税筹划实战［M］. 第 2 版. 北京：机械工业出版社，2013.

[6] 中国注册会计师协会. 税法［M］. 北京：经济科学出版社，2017.

[7] 中国注册会计师协会. 会计［M］. 北京：经济科学出版社，2017.

[8] 中国注册会计师协会. 财务成本管理［M］. 北京：经济科学出版社，2017.

[9] 欧阳宇翔. 律师视野下的税务实务问题［M］. 北京：法律出版社，2011.

[10] 邓玉玲. 浅谈企业增值税纳税筹划［J］. 财税研究，2016(16).

[11] 胡国强. 增值税纳税人类别选择的临界点［J］. 会计之友，2006(12)（上）.

[12] 何登录. "营改增"对中小企业的影响与对策［J］. 会计之友，2017(4).

[13] 周立冬. "营改增"后如何选择纳税人身份进行纳税筹划［J］. 中国建材，2017.1.

[14] 金英. "营改增"全面实施后企业纳税筹划新思路分析［J］. 中国建材，2017.1.

[15] 陈禹如. "营改增"企业的纳税筹划研究［D］. 黑龙江八一农垦大学，2016.

[16] 梁海光，王燕，王如峰. 增值税免税的含义、类别与纳税筹划［J］. 财会月刊，2016(13).

[17] 冯钰然. 中小企业增值税纳税筹划的方法研究［J］. 商场现代化，2016(8).

[18] 华培凯，白冰. 增值税纳税筹划研究［J］. 工业经济论坛，2016(3).

[19] 黄德军. 消费税的纳税筹划［J］. 现代商贸工业，2015(6)（上）.

[20] 银样军. 消费税的纳税筹划研究［J］. 财会月刊，2009(7)（上）.

[21] 孙平. 浅析如何通过纳税人主体身份的选择对企业所得税的纳税筹划［J］. 民营科技，2014(12).

[22] 饶明晓. 合理利用组织形式进行纳税筹划［J］. 现代商贸工业，2011(2).

[23] 李颖，王尤贵. 如何进行业务招待费纳税筹划［J］. 财会信报，2011(C02).

[24] 丁佳奇. 企业所得税纳税筹划方法研究［D］. 苏州大学，2013.

[25] 刘春姣，李素英，宋宁. 试论企业所得税纳税筹划中的会计核算处理及应用［J］. 财会研究，2010(9).

[26] 张晓锋. 基于新企业所得税法下小型微利企业的纳税筹划［J］. 财政监督，2011(11).

[27] 刁春玲. 纳税时间在企业所得税纳税筹划中的应用［J］. 会计与审计，2009(3).

[28] 孙作林. 试析固定资产折旧新政下的纳税筹划利益［J］. 财会月刊，2015(17).

[29] 成楠. 个人理财中的所得税纳税筹划研究［D］. 山东财经大学，2013.

[30] 王世杰. 企业视角下的个人所得税纳税筹划［D］. 天津大学，2014.

[31] 李宽. 企业职工薪酬的个人所得税纳税筹划研究［D］. 广东财经大学，2014.

［32］王炳荣.全年一次性奖金的个人所得税纳税筹划［J］.财会月刊,2012(6).

［33］杨晓丽.企业关税的计税依据筹划与会计处理［J］.现代商业,2012(7).

［34］尹可.浅谈进口企业关税的纳税筹划［J］.财税研究,2015(10).

［35］刘厚兵.房产税纳税筹划技巧大全［J］.财会信报,2007.3.5(D02).

［36］张源.我国房产税纳税筹划探析［J］.财务与会计,2011(5).

［37］陆英.契税的纳税筹划方法［J］.税收筹划,2011(4).

［38］陆英.土地增值税筹划有方［J］.公司理财,2010(1).

［39］安尼.关于房地产企业纳税筹划的研究［J］.财经界(学术版),2013(09).

［40］彭新媛.车辆购置税征管办法的变化及节税技巧［J］.财会月刊,2013(6).

［41］朱亚平.企业印花税筹划方法探讨［J］.鄂州大学学报,2013(1).